山大史学丛刊·实践教学系列

U0839327

多维度的田野

——“新文科”视野下历史学实践教学的探索

主　编　韩朝建
副主编　谭景玉　代国玺　任雅萱

山东大学出版社
SHANDONG UNIVERSITY PRESS
·济南·

图书在版编目(CIP)数据

多维度的田野："新文科"视野下历史学实践教学的探索/韩朝建主编.—济南：山东大学出版社，2023.10(重印)

ISBN 978-7-5607-7226-4

Ⅰ.①多… Ⅱ.①韩… Ⅲ.①史学—教学研究—高等学校 Ⅳ.①K0-42

中国版本图书馆 CIP 数据核字(2021)第 225314 号

责任编辑 傅 侃
封面设计 张 荔

多维度的田野

DUOWEIDU DE TIANYE

——"新文科"视野下历史学实践教学的探索

出版发行 山东大学出版社
社　　址 山东省济南市山大南路 20 号
邮政编码 250100
发行热线 (0531)88363008
经　　销 新华书店
印　　刷 济南升辉海德印业限公司
规　　格 787 毫米×1092 毫米 1/16
　　　　 15 印张 300 千字
版　　次 2021 年 10 月第 1 版
印　　次 2023 年 10 月第 2 次印刷
定　　价 58.00 元

前言

2018年5月，教育部高教司提出全面推进新工科、新医科、新农科、新文科建设，形成中国特色、世界水平的一流本科专业集群。此后，学界对新文科的内涵及其实现的路径进行了深入探讨。教育部新文科建设工作组组长樊丽明指出：“‘新文科’建设的要义在于引领学科方向，回应社会关切，坚持问题导向，打破学科壁垒，以解决新时代提出的新问题为指归。”[①]一般认为，新文科的内涵有如下三个方面：(1)在坚持以人为本的前提下，应对国家和社会发展需求，注重人才培养的实践导向和需求导向；(2)实现多层次的学科交叉，人文学科内部、人文与社会科学之间、人文社会科学与理工医农之间，通过多学科深度融合，最终以协同攻关的方式培养高端复合型人才；(3)在文科教育中应用新技术，如移动互联网、多媒体、人工智能、虚拟技术、大数据、云计算等。简言之，新文科新在三个特征：需求导向、学科融合、科技运用。[②]

习近平主席指出：“历史研究是一切社会科学的基础。”[③]历史学在“新文科”改革中的基础地位不言而喻。长期以来，国内高校历史学专业人才培养方案中不乏“能力培养”“厚基础”“宽口径”等表述，但是由于专业分类、师资训练、教学资源、课程体系等方面的制约，历史学专业究竟能在多大程度上符合其在人文社会科学中应有的地位，其实要打一个很大的问号。与其他偏应用型的专业相比，历史学与时代需求对接的主动性并不是很强烈，在学科融合、新技术运用方面的进展相对比较缓慢，因此“新文科”建设对历史学专业改革不仅是重要的刺激，而且也是重要的发展机遇。除此之外，近些年对各专业发展影响颇大的学科评估、专业评估等，客观上也使得历史学专业需要化被动为主动；在利用好既有专业优势的前提下，更加积极地求变图新。

① 樊丽明：《“新文科”：时代需求与建设重点》，《中国大学教学》2020年第5期。

② 参见梁志、章义和等：《“新文科”理念下的历史学本科人才培养路径初探》，《历史教学问题》2020年第5期。

③ 《习近平致第二十二届国际历史科学大会的贺信》，《人民日报》2015年8月24日。

对历史学专业而言，落实"新文科"理念的重要途径就是实践教学。不同类型高校的历史学专业对"实践教学"的要求不同，例如，研究型高校比较偏重学术训练，师范类院校强调中学教学实习，应用型高校偏实用，等等。但总的来说，历史学专业实践教学通常包含论文写作、教学实习、毕业实习、寒暑假实践、课程实践教学等训练内容，实际上，去掉"论文写作"这一历史学传统的学科训练内容外，其余实践内容都与"田野考察"或"社会调查"相关。这里的"田野"是相对于书本知识、理论知识而言，指通过田野调查获取知识和技能的方法。田野考察非常契合"新文科"的发展理念。首先，田野考察能锻炼学生组织调研、资料处理、语言与文字表达、团队合作、人际交往的能力，为日后从事相关行业进行准备。其次，田野考察除了需要历史学的文献搜集与阅读能力外，通常还广泛采用社会学、人类学、民俗学等学科的方法，体现了学科融合发展的特点。最后，田野考察过程中不仅需要综合运用各类电子设备，而且资料的搜集、处理与呈现也需要数字与媒体技术。

以田野考察为主要内容的实践教学还有一个优势，即它实际上基于各高校多年来的专业教学经验，因此具有深厚的学科积累、明显的专业优势与成熟的人才培养模式。例如，山东大学历史学专业就有田野考察的优良传统。20 世纪 50 年代，山东大学历史学专业的师生就在鲁西南、鲁西北等地开展了义和团历史的调研，即便在 20 世纪 60～70 年代困难诸多的环境下，这种田野调查工作仍然持续进行，并发展成山大历史学专业一个重要的研究方向。20 世纪 90 年代以来，国内其他高校的历史学专业亦重新兴起田野调查。例如，中山大学、厦门大学历史系本科教学开始采取田野教学的方法，主张吸收社会学、人类学等学科田野考察的方法。2005 年 11 月，中山大学历史系与华南师范大学历史系联合主办了"新时期历史学本科教学研讨会"，会上张侃、何文平提出，历史教学要走向社会、民间、田野，借助人类学的田野工作方法来加强教学效果。① 2008 年以来，中山大学历史系在大二的短学期开设"历史人类学的理论与实践"选修课程，课程由一两周的课堂教学加上田野点实践教学构成，根据授课教师总结的经验，该课程的特点是：历史现场解读文献；重视文献的收集与解读；重视思考问题的方法，正确对待文献、口述、仪式等各类文本。② 后来，中山大学历史系、厦门大学历史系以授课内容、田野教学资料为基础，分别出版了教材或成果汇编，为国内其他高校历史专业的田野实践提供了很好的示范。③ 再如，2004 年开始，华东师

① 参见朱卫斌：《"新时期历史学本科教学研讨会"综述》，《历史教学》2006 年第 1 期。

② 参见黄国信：《走向田野：历史学本科教学改革的一个尝试》，《历史教学》2014 年第 6 期。

③ 相关成果如黄国信、温春来主编：《西樵历史研究——历史学田野实践教学成果集》，广西师范大学出版社 2016 年版；黄国信、温春来编：《历史学田野实践教学的理论、方法与案例》，广西师范大学出版社 2017 年版；厦门大学民间历史文献研究中心编：《田野学步：厦门大学历史系本科田野调查报告集（2004～2010）》，厦门大学出版社 2017 年版。

范大学历史系安排基地班同学到上海周边省市从事田野考察，近年来，该系开设了“田野实践与档案调查”实践类课程以及跨学科的“GIS与历史研究”“大数据挖掘与E考据”课程，推进“江南市镇历史调查虚拟仿真试验项目”与“城市历史文科实验室”建设等。[①] 这些实践经验无疑是历史学专业实施“新文科”改革的重要基础与参照。

为在新时期推动山东大学历史学专业实践教学改革，2018年历史文化学院举办了“跨文化的历史教学”工作坊，共有境内外9所高校的22位学者参加；2019年历史文化学院举办了“跨学科的历史教学”工作坊，共有境内外16所高校的32位学者参加。参会学者都是各高校一线骨干教师，他们往往承担重要的教育教学改革课题，有的多次获得各类教学奖项，不少学者还兼任院长、系主任、教研室主任等基层教学组织负责人。工作坊主要采用PPT报告加评议的形式，就历史学实践教学的诸多问题开展讨论与交流。两次工作坊之后，我们督促参会学者在工作坊报告的基础上，结合近两年教育部开展“新文科”建设的精神与最新的教学成果完成教研论文。本书就是两次工作坊讨论的最终成果，也是近年国内高校历史学实践教学成果的重要呈现。

本书共分为5个专题板块，分别为“专业融合与反思”“田野教学的实践”“田野历史与文献”“课程思政与立德树人”“数字技术与媒体”。全书聚焦以田野考察为主要内容的历史学专业实践教学，展现了田野实践教学的多个维度，包括田野调查的专业定位、田野教学的历程、田野教学个案、田野教学与课程思政、田野与文献的结合、田野中对电子资料与数字技术的运用等诸多方面。大部分论文讨论的是历史学专业的教学，另外也有几篇论文从考古、文化产业、民俗学、人类学、新闻学等相关专业的角度探讨实践教学的情况，不仅体现了历史类实践教学的跨学科的特点，而且“它山之石，可以攻玉”，其实践教学的内容与方式对历史学专业无疑有宝贵的借鉴作用。

“专业融合与反思”板块共包含5篇文章，其共同特点是将田野实践教学置于学科、专业的层面进行思考。文章内容涵盖实践教学与专业定位、实践教学与人才培养目标、历史通识课程的设计、跨学科融合与教材编纂、相关专业中历史教学等问题。

朱振华以齐鲁师范学院为例，探讨了地方本科高校历史学专业在招生、学科地位等方面的困境，包括历史系专业教学模式单一、课程过于理论化、人才培养体系缺乏应用导向等问题。他认为应着眼于“应用型人才培养”这一地方本科院校历史专业的定位，并介绍了齐鲁师范学院以“走进田野”为导向的教学模式改革。齐鲁师范学院以“文化人类学”“中国社会史”“民俗学概论”“中国近现代史”等课程群改革为重点，在鲁中地区开展持续的田野实践教学，逐渐形成了自己的教学特色。

---

① 参见梁志、章义和等：《“新文科”理念下的历史学本科人才培养路径初探》，《历史教学问题》2020年第5期。

赵树国介绍了"新文科"建设背景下山东师范大学历史学专业的改革举措。该专业明确了"新文科"倡导的国家与社会需求导向，将培养中学教师作为人才培养的主要目标之一。通过在各中学开展教学实习，强化了学生的教学能力和授课技能。与此同时，作为实践教学的重要环节，该专业组织学生在寒暑假进行社会调研，学生也自办了《学史》等刊物，这些刊物成为展示其学习成果的重要平台。

邓庆平具体关注了面向不同专业学生的历史类通识课程的定位问题。她认为社会史因其"总体史"的研究旨趣、广大的研究领域、多学科的研究路径等特点，成为历史类通识课的优质选择之一。文章主要介绍了中国政法大学通识核心课"中国社会史"，"同一课程号下包含不同序列的平行课程或课程组"的设计方案，"理论共识＋基本一致的课程架构＋相对多元的专题内容"的中国社会史课程群。在实践内容方面，考虑到课堂授课的局限性，主要通过教师展示田野经验、学生呈现生活体验的方式，进行虚拟的"情境式"教学。

人类学专业的覃延佳、历史学专业的杜树海分享了他们合作编写《中国历史人类学简明读本》的一些收获。合编教材的难点在于历史学与人类学在讲授"历史人类学"课程时，往往从各自学科本位出发，历史学强调研究具体历史问题与案例讲解，而人类学更强调理论发展脉络与解释框架。二位学者认为教材编写应从研究经验出发，淡化学科分野，通过对若干核心学术概念与重要研究案例的解析，呈现历史人类学研究的核心成果及重要经验。

章军杰重点介绍了山东大学文化产业管理专业"文化产业史"课程的建设，从文化产业管理专业的角度发现历史学的"应用性"。该校文管专业虽然受到历史学专业的诸多影响，但它更强调历史文化资源的经济属性，培养学生强调应用性。其教学实践注重发挥学科优势，将文化产业发展置于大国文化崛起的历史经验中考察，强调时代性与人文性，同时指出历史思维的方法对文化产业研究的重要性。

"田野教学的实践"板块共包含6篇文章，共同特点是对田野实践教学的方案、工作内容、考察流程等提供操作性强、可借鉴的案例。具体内容包括香港高校开展田野实践教学的历程、以学生为中心设计的实践教学环节、田野实践教学与课堂教学的关系、田野实践教学的流程与教学案例等。在这方面，港台高校起步较早，因而积累了更为系统、丰富的经验。

蔡志祥主要回顾了香港高校田野实践教学产生、演变的历程。作者首先回顾了20世纪70年代以来香港中文大学开展口述历史计划、高流湾研究计划到成立华南地域社会研讨会、华南研究会的历程。1995年香港科技大学、中山大学成立华南研究资料中心，出版通讯，刊录田野案例与资料。1997年成立华南研究中心，此后举办系列讲座、会议、工作坊、研究生研讨班，同时建立资料库，收集、整理文献，出版《华南研究资料中心通讯》《历史人类学学刊》《华南研究文献丛刊》《泛珠三角历史与社会丛书》《香港文化遗产丛书》等。在跨学科的田野学习上，出台“香港历史文化与社会：大学与中学间的教学介面”计划，协助中学教师讲授本土历史课；举办“跨学科田野学习”的实践课程。此外，华南研究中心和华南研究会的师生每年还组织“花炮会”，参加滘西洪圣诞的进香活动。香港高校积累了田野实践教学的丰富经验与成果，至今仍深刻地影响着内地高校的教学与研究。

傅宝玉分享的是台湾“中大”开设的“地方知识与社会”课程的授课经验，提供了一个以学生为中心的实践教学案例。该课程的田野实践并非以获得具体的专业知识和技能为目标，而是更多关注“个人的生命经验与关怀”“希望学生学会如何观察与重新认识地方并在行动上重返地方”。在内容上，该课程设计了“三个主题”：什么是地方？什么是地方的人？地方的象征——历史如何空间化？并围绕这三个问题设计田野考察的内容，包括分析学生的自我介绍，在学校附近村落、桃园大溪市镇、中正公园等处的考察，辅之以各类视频，如南埔水圳、宝藏寺、蕙安女孩、台青蕉乐园等。该课程的一大特色是真正将学生置于中心地位，激发学生的自我反思。作者引用了大量的学生讨论、反思与反馈的文本，以说明教学效果。

李扬介绍了北京联合大学应用文理学院历史文博系以“应用史学”为标帜的人才培养模式。近年来，该系与故宫博物院合作培养文物保护修复人才，新增文博专业，形成独具特色的专业增长点，先后被评为北京市特色专业、教育部国家级专业综合改革试点专业。作者重点介绍了该系开展“北京名人故居调查”“北京非物质文化遗产调查与研究”两项主题调研的情况，这些调研不仅受到了北京市委和政协的认可，还在市里的学术科技作品竞赛中获得了奖项，学生也借此得到锻炼。该专业的实践教学模式对应用型高校的历史专业很有借鉴意义。

吕永昇、朱宝盈主要介绍了香港中文大学通识教育课程“中国通史”“中国文化导论”等采用田野教学的情况，指出教师可以把教室搬到校外，把学生带到历史现场和现实生活中去学习。作者重点展示了带学生沿着“屏山文物径”探访邓氏社区的田野教学经过，包括通过参访约公所、社坛、古井、古庙、宗祠、书房等各类宗族“文物”，以及探寻碑记、族谱、文书等各类宗族文献，以讨论华南宗族社会包括村落边界、村落的地缘关系与血缘关系等的特点。作者以田野中发现的“乡村通告”为例，引导学生对通告内容进行抽丝剥茧的分析，逐渐触及宗族运作的各个方面。实践证明，该课程的学生对这种教学模式给予了积极评价。

舒萍立足于人类学本科生的授课经验，认为从训练学生综合能力与素质方面考量，即便是理论课也需要实践环节。作者重点探讨了两种实践形式，即教师带领学生进行调查的“放养式调查”与学生自由组队、自行前往的“散养式调查”，认为这两种模式实质上是实践中以教师为中心还是以学生为中心的区分。作者分别以带领学生在威海调查韩国人社区，学生自主在济南调查丧葬用品店为案例，分析两种模式的利弊，认为“散养式调查”更有利于调动学生的学习主动性与能动性，学习效果也更佳。

中山大学作为国内历史人类学研究与教学的重要阵地，在这方面有丰富的经验。谢晓辉以中山大学历史系“历史人类学理论与实践”课程为例，指出历史学田野实践常见的误区，即过于偏重搜集文献材料，主张“到具体的田野点，结合田野调查，发现问题，解读史料，相互辩难与启发，度过一段全天沉浸于学术中的生活”。文章具体介绍了一次课程教学案例，包括前期准备、实习行程、学生撰写报告、效果评估等全部流程。该课程其他值得借鉴的经验，包括编制田野读本或文件包、在田野中读文献、结合文献去田野及晚间讨论等。该课程的田野教学方式在国内具有代表性。

“田野历史与文献”板块共包含 4 篇文章，体现了田野考察如何与文献的搜集、阅读、整理相结合，凸显了历史学田野实践中重视文献的特色。具体内容包括开展民间文献的教学，搜集田野点的民间文献、档案、游记、诗歌、调查报告等历史资料并分析解读，其特点在于将田野调查本身置于历史脉络之中，强调当下与历史的联系，以历史为指引，更有效地开展田野调查。

龙圣从民俗学的立场出发，指出当代民俗学比以往任何时候都更关注民众的日常生活，但对大量记载民众日常生活的民间文献却没有给予足够的重视，因此认为无论是从民俗学科发展定位还是从学生培养需要来看，都不应该只停留在田野访谈这一个面向，而是要加强历史学的训练，尤其是运用民间文献研究民众日常生活的训练。作者介绍了山东大学民俗学专业开展民间文献课程的实践，以及由族谱、碑刻、契约三类民间文献构成的课程框架。实践证明，加强对民间文献研究与运用的训练，民俗学、历史学、考古学等专业的学生皆有需要。

随着中国城市化程度的加深，国内历史学界越来越重视城市历史，在城市中开展田野实践教学便有了更多的学术与现实意义。高明与学生在青岛开展了一系列调研活动，调研地点包括青岛崂山沙子口湾海庙和天后宫、青岛市南区太平路天后宫、馆陶路洋行商号尤其是日本的青岛取引所等地点。其考察的重要特点在于对田野点历史的关注，以及对历史文献的搜集与利用。作者希望用历史人类学的研究方法对青岛的城市历史进行更多调查实践。

罗艳春近年在天津师范大学开设“历史人类学研究”课程，以此为契机，对天津市杨柳青镇、河西务镇、独流镇、葛沽镇等处进行田野考察与实践教学。作者结合田野调查，对独流镇进行了系统的文献搜集与整理工作，包括关于独流的诗歌、游记与田野调查等。作者在考察和整理资料的过程中，组织专题读书会，指导学生写论文，并整理出版独流资料集，可谓一举多得。作者指出“现代学术对独流镇的研究，在某种程度上，是对宋元以来的行旅传统以及近代乡村社会调查传统的继承与超越”，具有历史传承的厚重感。

田宓从蒙旗社会的田野调查传统、田野调查步骤、问题意识与论文撰写、案例操作等方面探讨如何利用田野方法进行研究，是作者多年在土默特地区田野工作与教学经验的总结。作者详细介绍了田野前的阅读史料工作、如何以文献为指导进行田野调查、进入田野的多种途径、如何观察各种自然人文景观以及整理资料、撰写论文的方法等，最后则提供了大青山前板申气村和万家沟小流域两个地点的田野工作过程。该文无疑为将来蒙旗社会的研究者和学生提供了很好的指导借鉴。

“课程思政与立德树人”板块包含了4篇文章，主要聚焦于田野实践教学中如何融入思政元素，从而实现“立德树人”育人目标。具体内容包括乡土教学中如何培养学生爱乡爱国的情感，树立正确的民族国家观念，以及通过观察分析社会热点反思人生问题，通过观察当代文化现象思考中华优秀传统文化传承与创新的问题。

乔新华在山西大学讲授公共选修课“山西历史文化专题”课程中，尝试进行“三结合”教学体系的构建。在教学方法上，提倡历史遗迹考察和现场教学方法；在学科功能上，把地方史教学与大学生文化素质教育以及为地方经济服务紧密结合起来。作者指出：自晚清以来，地方史教育就承载着爱国主义教育的社会功能，将个人与家国相联系，学生通过爱乡而爱国，富有真实感、亲切感。作者认为，地方史课程具有作为跨学科通识教学基础课的可行性。

任雅萱基于其讲授的“民俗学”课程，指出该课程利用民俗文化的乡土性、日常性、传承性等特点，将学生日常生活中的民俗现象、乡土情感与中华民族优秀传统文化相结合，充分挖掘其中的“课程思政”元素。该课程以专题的形式讲授，每个专题分为导言、学习目标、前测、参与式学习、后测和总结6个部分依次展开。作者以该课第六讲“神话、传说与民间故事”为例，通过课堂练习纸等方式，建议学生将传统故事改编成今天可以传播的内容，并思考如何运用新媒体进行传承和保护，以更好地体会民间文献及其精神内涵，思考中华优秀传统文化当代传承的问题。

曲宁宁回顾了国内外高校开设女性学专业与课程的情况，以及中国妇女史研究的历程，重点介绍了作者在山东大学开设的“中国妇女史专题”的课程设计。该课程在内容上兼顾古今中外妇女问题的比较，使学生对此课题有更加客观的认识。作者指出，该课程除了学术意义之外，尤其注重关照日常生活中的性别话题与社会热点，引导学生分析中国社会的性别结构，思索两性不公现象的解决途径，推动校园良性、公平的性别观念的普及。

丁慧倩重点介绍了中央民族大学历史学专业课、市级精品课程"中国民族史概要"开设的历史与现状。作者指出，从空间和时间两个维度重点讲解课程中的"民族"问题，对于学生理解古今中国版图变迁、区域差异、民族演变以及民族史与王朝史相结合等方面有直接影响，正如课程教材《中国民族史概要》所言，该教材旨在"揭示出各民族如何共同创造中国历史与文化的内在联系，以及中华民族多元与一体辩证发展的规律"。该课程对学生客观认识中国的民族、疆域等问题，形成正确的国家观有着重要意义。

"数字技术与媒体"板块共4篇文章，讨论了历史教学研究中数字技术的运用，包括国内外高校开设数字史学的情况、历史类专业本科生常用数据库、教学研究中运用计算机信息技术以及现代化的教学手段等。

邱伟云、严程认为历史学实践"新文科"的方式之一是数字史学，作者首先详细梳理了欧洲、美洲、亚洲、大洋洲等地高校开设数字史学课程的情况，包括数字史学相关院系、专业与学位、课程的性质、课程的内容等。其次，该文分析了学位课、专业辅助课程、短期课程等三种课程形态各自的优缺点，指出在设计课程时应考虑三个原则：一是课程应跨学科与去畛域化，摆脱学科自我中心的限制；二是研究的项目化，以数字史学计划为课程主轴，让学生参与项目主题设立、史料数字化处理、成果的网络呈现、项目管理等全过程；三是产业结合化，课程设计应考虑到学生的职业发展，为大众历史教育、城市文化规划、数字博物馆建设、数字舆情分析等领域培养人才。

唐仲明、陈淑卿通过山东大学考古学系师生在考古调查、勘探、发掘以及后续的资料整理、博物馆教学研究方面运用计算机信息技术的实例，介绍计算机信息技术的运用经验与发展前景。文章重点介绍了遥感、倾斜摄影测量、获取三维坐标的卫星定位技术、地理信息系统等构成的测绘技术，获取研究对象三维模型的三维扫描技术，对遗迹、遗物数据信息进行存储、管理、分析的数据库技术，以及主要用于博物馆展示和体验的虚拟现实技术，并分享了山东大学考古文博专业运用这些技术进行科研、教学的实践经验。

马光指出，数字人文领域技术与人才的缺乏，导致国内数字人文课程开设的不足。作者认为，应从最基础的数据库入手，培养学生对数字人文的初步认知和兴趣。文章针对历史学专业本科生，选取了有代表性的中文电子书数据库、中文期刊报纸数据库、国外电子书与期刊数据库等各类电子资源进行提要与介绍，并介绍了代表性的搜索引擎、书目联合检索网站、综合数据库导航等，对如何在教学中培养学生运用数据库的能力提出了自己的看法。

赵爽英介绍了西北大学新闻传播专业新生导读课“媒体识读”,力图将学生原有的媒介感知与媒介经验转化为学科化的专业认识。在教学设计上,作者根据大班上课的特点,建设了多维度的教学平台,采用丰富的教学手段,组建高效学习小组,制定灵活的学习反馈机制,形成了较为有效的大班导读课教学模式。实践证明,作者在教学上的精心设计对学生有很大帮助。

本书作者主要是高校教学科研岗的中青年学者,他们在繁忙的科研工作之余,能够抽出宝贵的时间,对从事多年的本科历史教学进行认真的回顾、讨论与反思,展现了教育工作者“学为人师”“立德树人”的责任感,对此我向各位作者表达诚挚敬意。本书的文章都是基于一线教学经验与田野工作经验,理论与实践兼备,相信必将对国内历史学的实践教学起到重要的促进作用。当然,要真正实现“新文科”的建设目标,还有很多工作要做,例如数字人文的方法如何在田野实践教学中落实,虚拟仿真、GIS、田野数据库如何充分应用于实践教学,等等。虽然本书也有一定的涉及,但是整体而言,所占的比重较小,讨论不够深入,有待更加具体、可复制、可推广的教学案例。

教书育人是一门大学问,这本书只是我们在探索路上的一个阶段性成果,希望以后能继续深入研究教育教学的课题,取得更多成果。谨与诸位作者朋友共勉!

韩朝建

2021 年 6 月

目　录

专业融合与反思

田野教学的实践

田野历史与文献

课程思政与立德树人

数字技术与媒体

专业融合与反思

应用型人才培养与历史学本科教育范式的转换*

——以齐鲁师范学院“田野调查”实践教学探索为例

朱振华

20世纪以降，中国历史研究逐步实现了从侧重“二重证据”向具体的人类实践、现实活动和日常生活的回归。以田野调查为契入点，糅合宏观视野和微观单元，注重微观史与深度描述的交融，以“文本融合叙事、语境”为焦点的现代研究成为当前史学领域的新范式。从20世纪初梁启超等人援用西学理论构建新史学话语体系，到20世纪30～40年代郭沫若、翦伯赞、侯外庐等学者架构起马克思主义史学话语体系，再到意图体现本土经验、实现西方理论本土化转型的当代中国史学话语体系，这显示出中国现代史学在会通中西的基础上不断释放出知识再生产的活力和生机。进入新时代，习近平总书记在致中国历史研究院成立的贺信中，希望历史学界“总结历史经验，揭示历史规律，把握历史趋势，加快构建历史学学科体系、学术体系、话语体系”，“充分发挥知古鉴今、资政育人作用”①，这些期许则给予当代历史研究者以更大的鼓舞。但与史学研究领域的风生水起不同，改革开放40多年来，面对快速转型的中国社会和经济，“历史学本科教育”作为史学人才培养和学科体系建设的基础，尚没有从根本意义上改变20世纪80年代以来的“史学危机”②现象。有研究表明，在应用型人才培养语境下，地方本科高校在历史学本科专

* 本文是国家社会科学基金“十二五”规划2014年度教育学一般课题“地方应用型本科高校实践教学体系研究”(项目批准号:BIA140106)阶段性成果之一。写作过程中得到了齐健教授、林松柏教授和韩朝建副教授的指点，特此致谢。

① 《习近平致中国社会科学院中国历史研究院成立的贺信》，《人民日报》2019年1月4日。

② “‘史学危机’究竟是什么意思？不同的历史学家有着不同的看法。历史学家们最普通的抱怨是：历史学科不受重视，它的重要性被低估了；立志学历史的学生愈来愈少；学历史的学生更难找到好的工作；出版社大多不愿出史学著作；等等。”(张芝联：《当代中国史学的成就与困惑》，《史学理论研究》1994年第4期。)时至今日，张芝联先生对20世纪80年代“史学危机”表征所做出的归纳并没有明显改观。

业设置、人才培养、学科建设等维度面临的问题尤为突出。[①]

具体说来,以地方公立本科师范院校为代表,历史学本科专业发展普遍陷入以下"迷思":历史学本科专业人才培养的"核心素养"是什么？面对社会变迁对人才需求的变化,历史学本科专业应当怎样科学设计培养方案,如何将人才培养、服务社会或社会诉求有机结合起来？在此基础上,向着"厚基础、宽口径、高素质"的多样化培养目标,历史学专业的人才培养与教师教学、学术研究又如何协调发展？由此,本文基于"师范性、地方性、应用型"办学定位的齐鲁师范学院及其历史学本科专业建设实例,立足该专业近五年来在山东中部、东部地区开展的"历史人类学""民俗学概论"等课程教学和实践教学的探索,寻绎"应用型人才培养"语境下的地方本科院校实现现代教育范式转换的现实逻辑与可能路径。

一、"应用型人才培养"语境下的史学教育

我国现代史学专业人才的培养,在严格意义上肇始于新文化运动时期的大学教育改革。"五四"时期,以中央大学史学系变革为典范,"旨在研究历史之重要智识,期以阐明历史对于人类社会之关系,并策专精研究之效"[②]。朱希祖强调要"以社会学、政治学、经济学等社会科学,为史学基本知识,列于必修科……使学生一改其研究史学之心理,不致专以多识史事为史学"[③]。梁启超、章太炎、刘师培、邓实等人发起的"史界革命"更是以倡导"社会科学治史"的姿态,宣告了延续两千余年的中国传统史学的终结。[④] 从世界潮流观察,彼时由英美分析哲学思想发轫,西方传统史学也正在突破寻绎宏大叙事的窠臼,转而注重历史思维和历史认识本身。采用计量法、比较法、实地调查等手段的现代"新史学"逐渐解构了"兰克模式"为代表的西方主流史学范式。特别是二战以来,以法国年鉴学派、马克思主义史学、新社会史研究等为代表,具体呈现为以史家主体判断张扬、史学研究内容扩展、史学研究方法跨越、史学问题意识先行等为特征的现代"新史学"范式得以确立。

但是,与史学研究领域越来越开阔,研究方向越来越多元形成鲜明对照的是,史学教育的大发展、大繁荣主要集中在职业学者群体和学历教育层次的硕、博士培养阶段。随着经济发展进入新常态,人才供给与需求关系深刻变化,面对经济结构深刻调整、产业升

① 参见张立胜、梁国楹:《高等教育大众化与转型发展背景下历史学专业分类型培养及其成效——以德州学院为例》,《德州学院学报》2018年第1期。

② 《国立中央大学文学院史学系课程规则说明书》,《史学(上海)》1930年第1期。

③ 朱希祖:《北京大学史学系过去之略史与将来之希望》(1929年12月17日),周文玖选编:《朱希祖文存》,上海古籍出版社2006年版,第330页。

④ 参见王学典、陈峰:《二十世纪中国历史学》,北京大学出版社2009年版,第16页。

级加快步伐，高等教育结构性矛盾更加突出，同质化倾向愈趋严重。有学者认为，“经济社会发展转型和产业升级，对高等院校的人才培养提出了转型要求，即要求高等院校在人才培养方面从传统的以学术型、研究型人才培养为主转变到以应用型、创新型人才培养为主”①。当前，部分本科专业面临报考人数递减、招生计划压缩、培养方案落后、教学模式单一、就业形势严峻等问题，在历史学本科教育阶段表现得尤为典型和突出。如果从顶层设计和中国经济社会环境发展的趋势看②，以历史学为代表的某些人文学科的衰弱，实则是与以“应用型人才培养”的政策导向和实际需求有直接关系。面对高校改革浪潮，相当数量的史学教育者的困惑是：历史学本科专业是否适用于“培养应用型技术技能型人才”呢？

有学者认为，按照联合国教科文组织批准的《国际教育标准法》(1997 年修订稿)，高等学校大致可分为三类：(1)综合性研究型大学，主要培养自然科学、社会科学和人文科学的研究型人才；(2)专业性应用型的多科性或单科性大学或学院，培养理论基础扎实的不同层次的高级专门人才和管理人员，如律师、教师、工程师、医师等“师范”人才；(3)职业技能性高等院校，培养在生产、管理、服务等第一线从事具体工作的技术人才。③ 以本文的考察对象——“齐鲁师范学院”为例，尽管该校大力拓展侧重技术知识、技术应用的“非师范”类专业，但以培养中小学师资的教师教育类专业及以其为基础而衍生的人文社科专业仍然占据了学校本科专业建设的主要地位。换言之，该校可以归属为上述第二类“专业性应用型的多科性大学(学院)”，符合教育主管部门对学科建设向“应用型人才培养”转变所提出的目标要求。那么，所谓“应用型”的本质属性是什么呢？在传统上属于人文学科，侧重于“以学科知识为中心，以学术价值为追求”的历史学专业，是否可以向以“应用型人才”培养为主转换呢？

一般认为，“职业性”即可以建构个人在社会中就业谋生能力的性质，是应用型人才培养的根本属性。与传统高等教育轻视职业教育，侧重学术性、人文性和知识性的均质化导向不同，应用型本科教育更多强调“职业性、专业性和基础性的统一”④。简言之，以解决生产生活的实际问题为导向，着眼于社会与职业市场的需要，以学生的就业需求为导向，凸显职业属性就成为“应用型人才培养”的核心特征。事实证明，“应用型”本科教

① 林松柏：《转换高等教育范式，构建应用型人才培养体系》，《齐鲁师范学院学报》2017 年第 3 期。

② 教育部在 2010 年颁布的《国家中长期教育改革和发展规划纲要(2010～2020 年)》提出，要“适应国家和区域经济社会发展需要，建立动态调整机制，不断优化高等教育结构。优化学科专业、类型、层次结构，促进多学科交叉和融合。重点扩大应用型、复合型、技能型人才培养规模”。教育部、国家发展改革委、财政部 2015 年联合颁布的《关于引导部分地方普通本科高校向应用型转变的指导意见》则进一步强调：“推动转型发展高校把办学思路真正转到服务地方经济社会发展上来，转到产教融合校企合作上来，转到培养应用型技术技能型人才上来，转到增强学生就业创业能力上来，全面提高学校服务区域经济社会发展和创新驱动发展的能力。”

③ 参见潘懋元、吴玫：《高等学校分类与定位问题》，《复旦教育论坛》2003 年第 3 期。

④ 邵波：《论应用型本科教育的本质属性》，《职教论坛》2014 年第 13 期。

育在历史学专业的施行一度举步维艰。一方面，始终以历史学专业或相关交叉学科的研究生学历层次培养出来的高校师资，自身在人才培养过程中缺乏职业教育和创新创业精神的淬炼；另一方面，“培养应用型技术技能型人才，增强学生就业创业能力”的导向又让因循了人文教育培养模式的高校师资及其培养体系充满了教育范式转型阶段的无所适从。

平心而论，“学术/研究”抑或“技术/应用”这种似乎是二元对立的价值取向实则在世界教育史上存在良久。一般认为，应用型人才与学术型人才是两种不同的人才培养类型。二者的概念、内涵、特征和实践具有明显的差异性。如果说学术人才侧重揭示规律、创新知识、更新理论，那么应用型人才则偏重于将发现、发明、创造转变为可以实践或接近实践，以直接服务社会、创造财富为核心特征。在工业革命对人类生产生活产生广泛影响之前，应用型人才曾被视为满足社会底层阶级需求的，低水平、浅层次的手艺操作者，因具有明显的职业属性和世俗需求而不得入大学之门。因此，理论素养和研究生教育占据了大学教育的中心地位，并将学术人才的培养目标延伸到本科教育阶段，这主导了世界范围内的高等教育的办学定位并影响至今。时至今日，在高等教育迈入大众化阶段，“社会对应用性人才的大量需求与传统精英大学固守传统之间形成了尖锐矛盾，在此情况下，高等教育多样化成为共识，应用性人才开始成为一种独立的人才培养类型，即应用型人才，并发展成为高等教育大众化阶段居于主导地位的人才培养类型”①。其潜在的危机意识和直面的变革动力是，计划经济体制下“皇帝女儿不愁嫁”的体制已不复存在，人才全部推向市场，本科毕业生直接参与市场竞争和生存选择。故此，不以素质教育为着眼点，不以能力培养为核心，传统人文学科的本科人才建设在地方高等院校逐渐丧失立足之地。

值得注意的是，普通高等院校与高等职业技术院的应用型人才培养在理念和实践上经常存在争论。有学者指出，如果从培养“出口”上看待这一问题，则较容易甄别，即“高职培养的人才大多直接对应的是岗位或职业，普通高校培养的人才则对应的是职业群和行业方向”②。那么，确立了“应用型人才培养”导向地位，地方师范本科院校的历史学本科专业又当培养什么样的人呢？③ 换言之，对历史学专业而言，本科阶段应用型人才培养的核心素养与目标是什么呢？

在中小学教育研究领域，历史学学科的“学科能力”“核心素养”等命题是学者们关

① 邵波：《论应用型本科人才》，《中国大学教学》2014年第5期。

② 钱国英等：《本科应用型人才的特点及其培养体系的构建》，《中国大学教学》2005年第9期。

③ 根据2015年12月27日第十二届全国人民代表大会常务委员会第十八次会议修订的《中华人民共和国高等教育法》第十六条第二款规定，本科学历教育首先要符合下列学业标准：“应当使学生比较系统地掌握本学科、专业必需的基础理论、基本知识，掌握本专业必要的基本技能、方法和相关知识，具有从事本专业实际工作和研究工作的初步能力。”

注、热议的话题[①]，这与高等教育阶段相关话题讨论的冷寂景象形成了鲜明对比。结合学界围绕“应用型人才培养”的有关讨论，我们认为，就地方本科院校而言，历史学专业本科培养除让学生具备“师范毕业生”的核心能力素质外，还应当达成以下目标：基于立德树人的根本任务，学生在学习历史的过程中，既能够形成具有专业特征的必备品质与关键能力，如唯物史观、时空观念、史料实证、历史解释、家国情怀等等，又能够在掌握历史学理论知识与专业技能的基础上，以就业市场需求为导向，具备满足相关岗位、行业、职业所需要的综合素养与实践创新能力。

有基于此，在人才培养理念的实践层面，齐鲁师范学院历史学本科专业在明确了人才培养定位之后，依托自身办学条件和地域文化资源优势，设计了以“田野调查”为着力点、以“能力范式”为引领、以教师为主体、以学生为中心、以课程改革为重点的创新人才培养模式，构建了以“走向田野”为取向的历史学应用型人才培养体系。

二、“走向田野”的教育理念与培养定位

在传统的知识范式培养体系下，一方面，以地方公立本科院校为代表，历史学专业人才培养模式相对单一，培养课程过于理论化，人才培养体系一般较缺乏应用型导向。因此，历史学本科专业毕业生普遍存在着理论与实践脱节，问题意识、创新精神和实践能力相对较弱的现象。另一方面，地方应用型本科高校又经常面临教研经费短缺、教学成本较高、人才瓶颈难以突破等现实问题。如果从国内外更宽阔的领域观察，以“走向田野”为历史学专业建设和教学改革的生发点，许多高校及其相关专业取得了大至区域社会、城市社区，小到山寨、村落等单元，开展教学科研的宝贵经验。

具体说来，“走向田野”又称“社会调查”“田野作业”或“田野调查”。如果将其视为一种历史学专业的研究范式，其已在国内的厦门大学、中山大学、山东大学呈现了一批优秀成果，部分联系紧密的学术共同体被学界称为“历史人类学”或“华南学派”[②]。该学派的学术指向主要表现为：一是提倡历史学、人类学等人文社会科学多学科博采众长的方法路径；二是提倡眼光向下，倡导田野调查，要求将民间文献与官方文献资料、历时性研究与结构性分析、上层精英研究与基层社会研究有机结合起来；三是强调中国文化本位，从

---

① 对此话题展开讨论的代表性学术成果如下：齐健：《历史学科能力考查的新趋向及高考复习问题》，《历史教学》1995 年第 1 期；赵恒烈：《中学历史学科教学能力培养中的几点看法》，《历史教学》1995 年第 11 期；富兵：《讨论法与历史学科能力培养》，《课程・教材・教法》1995 年第 12 期；李君岗：《提升历史学科能力初探》，《上海教育科研》2014 年第 2 期。较晚近的研究成果有：郑林：《中学生历史学科能力构成及表现研究》，2017 年第 8 期；闫利云：《学生历史素养培育的目标、内容与策略》，《教学与管理》2018 年第 2 期；齐健等：《苔花如米小，也学牡丹开——一群“95 后”学子对历史学科核心素养的讨论》，《中学历史教学参考》2018 年第 5 期。观其大略，几乎教育部每次修订中小学历史学课程标准都会成为教学研究领域的热点问题。

② 王传：《华南学派史学理论溯源》，《文史哲》2018 年第 5 期。

人文传统出发，理解传统中国社会各阶段发展的经济社会现象，倡导建构中国历史学本土研究的学科体系、学术体系和话语体系。①

事实上，不同于笼统意义上的“社会调查”，田野作业是由人类学发轫，并延伸至民俗学、社会学、考古学等学科的一种研究范式。一般来说，田野作业是指研究者到研究现场以参与观察、深度访谈等方法获取相关资料，并在此基础上对资料进行解读或者抽象概括的过程。就历史学本科专业教学而言，“走向田野”的培养理念主要体现为教学团队围绕新教改方案，科学、合理地安排学生到富有历史感、现实感的村落、城区、民间、社会，以搜集记录、参与观察、口述历史等方法获取民间文献，进而在此基础上锻炼学生课堂内外文献考证、史料整理、独立思考等能力。

历史学本科专业教学“走向田野”，是历史学学科本位的内在要求。司马迁曾强调自己“二十而南游江淮，上会稽，探禹穴，窥九疑，浮于沅湘。北涉汶泗，讲业齐鲁之都，观孔子之遗风，乡射邹峄”的经历，这从侧面说明历史学具备“读万卷书，行万里路”的学科根性。进入现代社会以来，虽然史学大擘顾颉刚先生曾在1925年组织过颇有影响的妙峰山香会调查，但也仅是个别现象。及至20世纪50～60年代，中国史学界采用田野作业的方法，在华北地区的村落社会搜集、整理了大量有关太平天国、义和团运动、辛亥革命和五四运动等事件的口碑资料。这些田野调查活动先后累积成稿两千多万字，出版、发表了七十余种论著，“不仅澄清了诸多重大史实，理清了事件脉络，而且开阔了研究视野，充实了分析方法”②。同时，也训练、培养了一大批具备综合素养的历史学人才。

实际上，20世纪80年代以来，教育部颁布的历史教学大纲中就提倡基础教育阶段的学生“要结合历史教学内容参观历史博物馆、访问革命前辈、调查村史、厂史”。美国在1997～1998年连续将“全国历史日”活动主题定为“历史上的迁移：人民、思想、文化”，强调美国历史学专业的大学生要加强对社会、社区，个人与社会关系的调研实践。在我国，出于师资、经费、安全和其他因素的综合考虑，无论是基础教育还是高等教育，“小课堂”教学仍旧占据着绝对的主导地位。这也是导致大中小学学生对历史学形成“无趣”“枯坐书斋”“僵尸专业”等负面印象的重要原因。由此，历史学本科教学阶段的窘状，使得地方应用型本科高校，特别是师范类院校难以培养历史学优秀师资，进而为未来各学段特别是中小学基础教育阶段的史学师资人才培养埋下了重大隐患。

实践证明，特色是教学模式创新的灵魂，特色的定位是教学模式创新的关键。地方应用型本科高校要实现历史学教学模式的创新，首先应对专业外部环境和内部教学资源条件充分调查并深入分析。以此为前提，有的放矢地按照新的培养标准和课程体系制定人才培养方案，改进教学方法、考核评价方法和质量监督方法。

---

① 参见《中山大学历史人类学研究中心正式成立》，《华南研究资料中心通讯》第23期，2001年4月15日。

② 刘天路：《50年来义和团研究述评》，《文史哲》2003年第6期。

从教育哲学的角度来看，以“走向田野”为导向的高等教育理念首先对知识观提出了新要求，强调师生实践经验、实践技能、实践案例和实践总结的重要性，要求实现理论知识观向实践知识观的全面转型。而相对于笼统意义上的“社会调查”，将人类学的“田野调查”方法引入教学改革，实际上是对传统历史学本科教学内容的人文属性向社会属性的活化和深化。因此，“走向田野”的历史学教学改革，其课程和教学设计应着重考虑学生的兴趣与知识结构，整个教学过程中更应充分考虑教师、学生的双主体效应及其主体间性，注重发挥学生的主体作用和创新能力。以此为导向，这种教育范式不仅可以改变以往理论教学过程中教师“满堂灌”的授课模式，而且解决了宽泛意义上的“社会调查”与“情景/体验式教学”点多面散、体系混乱的课程构架问题。实践证明，这种探索可以解决地方应用型高校的历史学专业建设“缺少理论反思、丧失地域特色、脱离教学实际、流失教学活力”等常见问题。

此外，历史学本科专业教学采用“田野调查”方法的另一大优势在于，它可以勾连起政治史、制度史等经典教材和教法，突破宏大叙事的局限，并将风俗、习惯、节庆、宗族及民间与地方文献的释读、思考贯通起来，教学形式生动活泼，教学内容亲切可感，让学生立足历史时空，汲取优秀传统文化精髓，同时实现素质教育和人格培养的目的。具体说来，其一，相较于传统教学模式，“走向田野”的教学模式在历史学专业中的运用，有助于激发学生学习兴趣，符合当代大学生的心理动态和接受特点；其二，有助于培养学生的实践能力、动手能力和问题意识，为培养复合型史学人才夯实基础；其三，立足地域文化资源的历史现场，民间文献丰富、类型多样，这就破解了地方应用型院校在经费不足、人才短缺的情况下因受制于操作成本太高而执行力较差、积极性不高的问题。

在此基础上，一方面，通过面向田野与社会的历史学本科教学改革实践，可以推进地方应用型高校的历史学本科专业培养模式的改革，构建以“走向田野”为着力点的历史学本科专业新型教学模式，从而进一步提升学生报考、学习乃至继续深造历史学相关专业及方向的兴趣，巩固、夯实历史学专业在传统学科中的基础地位，最终形成富有学校特色的品牌专业建设；另一方面，通过实践教学和课程体系的结合，最终实现学生动手能力、创新能力的显著提高，从而在学生培养保留科研型、教学型史学人才提升空间的前提下，使学生能够胜任文化遗产保护、历史博物馆建设、旅游资源开发、城乡规划、史志编写等工作，真正成长为优秀的应用型本科专业毕业生。

三、“田野教学”的培养机制与实践路径

近年来，齐鲁师范学院历史学教研室立足地方历史文化资源，在山东中部的章丘、莱芜、淄博等地区有计划、分步骤地开展了以“文化人类学”“中国社会史”“民俗学概论”“中

国近现代史"等课程群改革为重点的田野教学试点。同时,通过与山东大学相关专业进行的跨校际联合培养,让历史学专业本科生与历史学、民俗学等专业的硕、博士研究生一起,采用联合田野调查的方式,对鲁中地区的文物古迹、地名沿革、家族宗族、故事传说、民间宗教、岁时节日、劳作模式等展开了持续性、跟踪式的实践教学改革探索。

实践表明,通过一个四年制培养批次的尝试,以"田野教学"为取向的教学改革,不但在学科建设层面实现了优势互补,增进了地方师范本科院校和高水平大学的交流,而且将学生课堂理论学习与生活世界无缝对接,实现了学生在史学兴趣、实践能力、创新能力、问题意识培养等方面的显著提高。最终,通过本科毕业论文的选题与写作,在考研方向与就业范围拓展等方面较大范围地提升、激发了学生的兴趣和动力,继而实现了让学生在学习历史的过程中,既能够形成具有专业特征的必备品质与关键能力,如唯物史观、时空观念、史料实证、历史解释、家国情怀等,又能够在掌握历史学理论知识与专业技能的基础上,以就业市场需求为导向,具备满足相关岗位、行业、职业所需要的综合素养与实践创新能力的人才培养目标。

在培养机制方面,我们的思路和做法是:结合历史学专业的办学基础,按照应用型人才的应然属性,即实践性、创新性、综合性和社会性进行社会调研。在调研基础上,明确历史学本科专业人才的核心素养,确定人才培养方案的定位和能力标准。我们认为,教学改革应当以教师为主体,以学生为中心,以课程改革为重点。例如,在课程改革层面,强化教师的课程"作品观"(教案、讲义、评价方案),构建基于能力标准关系矩阵的课程体系,实施新教案工程。同时,使课程改革和内容重构符合以下特征:"1.符合学科知识特征;2.符合人类认知与学习规律;3.符合教育目标;4.适合学生特点;5.注重学习效果。"① 据此,依托历史学教研室具有中国社会史、民俗学、近现代史等专业方向学历学位,且在博、硕士阶段经过田野调查训练的青年教师队伍,我们按照人才培养标准反推课程体系,制定课程标准,重构教学内容,设计教学方法,并多方争取政策和经费支持。在学校层面,教改团队争取教务部门的支持,先后立项了校级人才培养工程项目"基于能力范式的历史学专业人才培养模式实验区"与教学改革研究项目"'走向田野'——能力范式视域下历史学专业教学模式创新研究"。与此同时,将线上与线下教学改革结合起来,开设了基于混合式教学方法的"网络在线开放课程""民俗学概论"等。

在教学实践层面,基于"问题导向学习"(Problem-Based Learning,简称 PBL)的教学设计成为教学团队优先采用的主要理念和教学方法。简言之,在教师根据培养方案和课程标准分析教学目标、教学内容以及学生的学习特点之后,教学团队根据学生的兴趣开展教学设计,并配合学生对实践过程中积累的经验、遇到的问题随时优化、及时解决。在

① 高筱卉:《大学教学设计:历史、实践与管理——美国经验研究》,《中国高教研究》2019 年第 4 期。

学习实践过程中，强调学生学习目标的完成主要由问题和任务驱动，强调合作学习、小组学习，强调问题意识和团队协作精神，强调学生的家国情怀培养和语言表达、沟通能力的训练。在此基础上，促使学生由被动学习者全面转向主动学习者。

以历史学本科专业的综合实践课程“民俗学概论”为例。该课程引导学生以“眼光向下”的理念，从理论出发，采用田野调查的方法，通过“口述历史”“民间信仰”“民间文献”等风俗调查、访谈活动，激发学习的积极性和主动性，学习独立思考，培养研究兴趣。在具体实践方面：经过教学团队的精心设计和统筹安排，教师立足学校周边地区传统村落保存较完整的地缘优势，以村落社区为单元，分别设计“村落概况”“地名沿革”“人生仪礼”“岁时节日”“家族宗族”“民间信仰”“村庄政治”“乡民艺术”等问题版块。学生根据兴趣和教师的介绍、引导，选择版块，结合地名志、地方志等文献资料，设计田野调查提纲和具体问题。

“走进田野”是综合实践教学改革的重点和难点部分。一套成熟的教学模式，离不开培养方案的整体设计和有计划、分步骤的课程训练。在“民俗学概论”课程走向“田野”之前，采用小课堂授课的“文化人类学”课程，已通过理论学习的方式，为学生“为什么走向田野”“为什么需要从内部视角开展参与观察”“怎么样搭建田野关系”等问题提供了答案，扫清了学生思想和学习理念层面的障碍。相较于人类学、社会学专业，历史学本科专业学生的田野调查则更多立足培养方案的内在要求，侧重从“契约文书”“碑铭整理”“族谱家谱”“口述史料”“故事传说”“仪式活动”等维度搜集和整理资料。必须注意的是，“走进田野”并不意味着对传统文献的忽视。从历史文献教学的视角出发，教学改革的最终目的是以“在田野中解读文献”为方法，将各种类型的文献（正史、实录、政书、档案、地方志、族谱、契约、碑铭、科仪文书）与口述史料、宗族、民俗、礼仪、信仰等结合起来，建构起由教材的历史叙事和现实映像所共同交织的“整体史”。在实际教学过程当中，村落田野调查的具体时间采取集体集中、个人分散的方式进行。学生要在集体田野调查过程中，学习如何在短时间内搭建良好的田野关系，积累独立调查的经验和技巧。在集体和独立开展田野调查达到一定程度后，分专题展开小组学习，撰写调查报告并完成问题交流与反馈。在此阶段，教师除采用多媒体PPT、Focusky、教材（讲义）等进行课堂讲授之外，还要根据教学内容差异安排案例分析、基于项目的小组协作学习与课堂演讲、研讨等活动。教师则根据学生采集整理的资料和问题，基于教师自身的研究案例，向学生具体阐释在地化的学习内容及讲授目标。在实现教学良性互动，完成基于田野研究的科研目标的同时，坚持以学生为主体，利用田野调查获取的“真问题”引导学生展开小组学习，在教师与学生、学生与学生的互动过程中实现理论与实践的交融和建构。

实践证明，以“民俗学概论”等课程改革为实例，“走进田野”的教学改革可以有效解决传统教学模式培养模式相对僵化、培养课程过于理论化、培养体系缺乏应用型导向、培养的学生理论与实践脱节、创新精神和时间管理能力薄弱等问题,真正实现历史学专业人才的培养从"以文化人"向"实践化人"的优化提升,体现出理实合一、知行合一、自主学习等本土教育理念的合理性和优越性。事实也表明,课程体系是构建历史学专业应用型人才培养体系的关节点。人才培养目标和培养标准的实现,客观上要求教师将课程当做自己的作品和产品重新进行设计开发的意识,能够按照"宽口径、强基础、重能力"的总体要求重构课程体系。值得注意的是,"重构"并非简单地按照知识体系的系统性或完整性进行分离重组,而是更加注重目标课程的应用性,以能力目标为核心,将传授知识、培育素养、塑造正确价值观等优化、整合到课程标准和教学设计中去。

四、结语

应用型人才培养不但是现代大学转型的必然要求,而且是地方本科院校人才培养的题中应有之义。实践创新是现代大学教育进步的灵魂,历史学专业教学改革与应用型人才培养需要与时俱进的创新精神,勇于突破僵化的教学模式和课程体系。应用型人才培养体系的建立健全是一个反复摸索、不断完善的动态过程。地方本科院校的历史学专业,要实现大学和人才培养模式的转型,最根本的是实现由以传统的教材知识课堂灌输为人文学科圭臬的范式向新的以"走进田野"为取向的能力范式的转换。以此为前提,要求教师队伍解放思想,实事求是地转换教育理念,按照新的培养标准和课程体系制订培养方案,优化教学方法和培养机制,调整考核评价方法和质量监督方法。与此同时,地方本科师范类院校以"走进田野"为导向的教学改革,还应强调和践行师范生培养"学生中心、产出导向、持续改进"的基本理念。落实在实践层面,地方本科高校专业教学改革与应用型人才培养既要汲取传统教育模式的精髓,又要融入现代教育理念、教育方法、教育技术等,最终培养出既具备运用科学理论知识和方法解决问题的实践能力,又具有较强的语言表达和沟通能力、写作能力以及团队协作精神的史学人才。

(朱振华,齐鲁师范学院文学与历史文化学院副教授、山东大学历史文化学院博士后)

“新文科”背景下省属重点师范高校历史学专业学生培养的思考

——以山东师范大学为例

赵树国

2016 年 5 月 17 日，习近平总书记在哲学社会科学工作座谈会上号召构建中国特色哲学社会科学。在这一背景下，中国的学科体系改革的探索进程加快，“新工科”“新农科”“新医科”和“新文科”等不断涌现。有学者对新文科进行了阐释：“新文科是相对于传统文科而言的，是在全球新科技革命、中国经济发展新形势、中国特色社会主义进入新时代的背景下，哲学、经济学、法学、教育学、文学、历史学、管理学、艺术学等学科门类突破传统的思维模式，以继承与创新、交叉与融合、协同与共享为主要途径，实现多学科交叉与深度融合，推动传统文科的更新升级，从学科导向转向以需求为导向，从专业分割转向交叉融合，从适应服务转向支撑引领。”①“新文科”成为近些年来学术界、教育界的关注的重点。省属师范高校肩负着培养中学教师的重任，迫切需要把握学科发展的新态势。本文以山东师范大学历史学专业为例，探讨在“新文科”背景下通过适时改革以提高学生培养质量。

一、培养目标与培养现状

目前，山东师范大学历史学专业为国家级一流本科专业建设点、国家级特色专业、山东省品牌专业、山东省名校工程建设专业。其所在的历史文化学院（以下简称“学院”）始于 1950 年创建的史地系，2018 年 12 月更名为历史文化学院，下设中国史系、世界史系、

① 王铭玉、张涛：《高校“新文科”建设：概念与行动》，《中国社会科学报》2019 年 3 月 21 日。

山东地方史研究所和教师教育中心。学院拥有世界史一级学科博士学位授权点、中国史一级学科硕士学位授权点、世界史博士后流动站。世界史被评为山东省重点学科、山东省特色重点学科。

目前,学院历史学专业的培养目标是:培养掌握历史学基本理论和基础知识、通晓历史教学与研究基本技能的专业性人才。具体而言,主要包括三个方面:其一,立足教师技能培养,培养历史学基础教育人才;其二,强化科研能力训练,为国内外相关专业提供优秀研究生生源;其三,重视综合能力发展,培养编辑、出版、博物馆等领域所需的专业人才。

就以上培养目标而言,学院历史学专业与国内其他省属重点师范类高校历史学专业有很多相似之处,即首先立足于为本省、国家培育合格的中学历史教育工作者,这也是其作为师范类专业的鲜明特色。此外,目前社会对高学历人才需求量大,省属师范类高校历史学专业生源相对较好,故有大部分学生选择考研继续深造,所以该类学校的历史学专业还肩负着为国内外设硕士点高校提供优质硕士生源的责任。同时,也有部分学生在择业时不选择从教,而是选择文博、编辑等与该专业相关的领域,以及公务员、事业编等行政管理岗位,这也是该专业所鼓励与提倡的。

如何满足以上培养目标,山东师范大学历史学专业经过数十年的探索,初步形成了一整套较为完善的培养模式。

就课程设置而言,注重知识的宽度、深度。目前,历史学分为中国史、世界史、考古学三个一级学科,学院在课程设置上兼顾三个一级学科。如中国古代史方面,除了"中国古代史(1、2)"外,尚设有纵、横两类配套课程。就纵向而言,有"中国文化概论""中国历史要籍""中国古代史史料学""历史地理""中国古代社会史""中国古代政治制度史""中国古代文化史""中国古代环境史""中外关系史"等;横向设有"先秦秦汉史""隋唐史""明清史"等课程。在中国近现代史方面,除了设置"中国近代史""中国现代史""中华人民共和国国史"外,还设置有配套的课程,如"中国近代思想文化史""中国近代社会史"等。在世界史方面,既有通史性的"世界古代中世纪史""世界近代史""世界现代史"外,也有纵向设置的"西方文化概论""西方政治制度史""西方文化史"等,同时还有国别史,如"美国史""拉丁美洲史"等课程。此外,在考古学方面,还设置了"考古学通论""山东考古"等课程。

在课程设置时,一方面需考虑到师范类学校的特点,即有大部分学生将来要从事中学历史教学工作,所以需要非常广博的知识,以应对中学历史教学中的知识需求。在开拓学生知识面的同时,还要加强对其问题意识的培养,课程中的纵、横两套课程均根据教师研究专长开设,并随教师的退休、离职或新教师的加入等及时做出调整,在授课时教师也会着重讲述学术界的最新研究动态、学术热点等。这种课程设置方式兼顾知识性、学术性，可以帮助学生打下良好的基础。

课程建设需要有长久、坚实的积累。历史学专业数十年来一直注重教材建设，20世纪学院编写了《中国史简编》《世界史简编》。与此同时，安作璋先生还编写了《中国古代史史料学》，被列为国家级规划课程；刘祚昌先生编写了《世界史·近代卷》等。此外，学院还有多位教师参与编写了齐涛先生主编的《中国通史教程》《世界通史教程》，其中前者的近代卷、后者的近代卷由学院教师负责。目前，由学院老师主编的教材已有二十部之多，这些课程教材的编写对于保障课程质量、培养青年教师起了重要作用。

此外，课程设置的知识性、学术性要落到实处，需要对课程进行持续的投入和打磨。该专业一直注重课程建设，围绕课程组建教学团队，鼓励团队成员从事教研工作，为打造精品课程做充分准备。经过数十年的建设，"世界近代史"被评为国家级精品课程、国家级精品资源共享课，世界近代史教学团队被评为国家级教学团队，世界现代史被评为省级一流课程，并被推荐参评国家级一流课程，此外"中国古代史""中国近代史""中国现代史""中国当代史""中国文化概论""世界古代中世纪史""世界近代史""世界现代史""现代国际关系史"等均被评为省级精品课程。这些主干课程被评为省级及以上精品课程，对于历史学专业课程建设至关重要。历史学专业除将以上课程打造成精品外，还借助学校、学院的支持，鼓励教师对自己所开课程精心打磨，融知识性、学术性、趣味性于一体，建设校级、院级精品课程，为提高本科教学质量打下坚实的基础。

除课程建设外，历史学专业还从其他方面加强对学生专业素质的培养，如教学能力、实践能力、问题意识及科研能力等。

教学能力对于师范类学生至关重要。师范类学校培养的学生，将来大部分要走向讲台，娴熟的授课技能必不可少。历史学专业除在学校开设的"教育学""心理学""现代教育技术"等课程外，还专门开设"历史教学法"等与历史学相关的教学技能课程。此外，教学技能的提升离不开理论，也离不开实践。历史学专业在二十年前即开设模拟授课，每周每班组织学生讲述个人感兴趣的内容，由同学互相点评，目的在于在消除学生对于上讲台的恐惧感，同时也锻炼他们的口头表达能力。在大三时，按照学校的要求统一组织微格教学，由专业教师进行指导，对学生的教案撰写、课件制作、课程讲授等提出具体指导意见，学生通过观摩他人及本人录像，发现自己的不足，进行有针对性的改进。大三下学期，学生赴省内中学进行一个学期的实习，期间由学院指导教师及实习学校指导教师进行具体指导，并根据学生的表现打分。实习结束后，挑选优秀学生进行实习汇报。同时，结合学生的实习表现，选拔优秀者参加国家级、省级师范类从业大赛。经过以上系统的训练，该专业学生的授课技能得到提升，均可承担起中学教学的重任。

除在学校学习知识外，学生还要通过社会实践提升自己的能力。历史学专业学生的实践多在假期，有时导师提出题目，学生进行调研，如学院学生曾做过山东宗教调查、山东红色文化调研等。学生也可以针对感兴趣的问题进行调研，如参与"家春秋"、"致敬老兵"、专访老教授等口述史调研活动。此外，有些学生因为共同的兴趣而成立调研小组，如一批学生成立了"长清古迹科学考察团"，利用周末及节假日等，对山东师范大学长清校区周边的古迹进行了系统的调研。

本科阶段是初步培养学生科研能力的重要时期，学院为学生科研能力的提升创造了尽可能多的条件。科研能力的培养贵在问题意识，学院主要从以下几个方面对学生进行训练。其一，为学生配备专业指导教师、班主任等，让学生与专业教师有充足的交流时间；其二，围绕某些固定专题举办读书班、读书会等，师生共同交流；其三，邀请国内外学术名家及本院教师给学生作报告，鼓励学生聆听、提问；其四，成立学生科研团体、举办学生刊物。2003 年，该专业成立学生科研组织——麒麟学社，创办学生刊物——《学史》，该刊物系专业教师指导、学生承办，目前已连续刊发近 20 期，系国内同类高校中持续时间最久的学生刊物。历史学院团委还组织学生编写了《俭奢史话》一书，得到好评。

综上所述，山东师范大学历史学专业在本科教育方面进行了持续的投入、积累，取得了不斐的成绩，其中的一些工作契合了"新文科"的精神，但在学术界、教育界发展日益月异的环境下，尚须再接再厉，如此方能与时俱进。

二、基于培养现状的思考

"新文科"的提出给省属师范类高校历史专业提出了新的要求，如何适应新的形势，培养适合社会需要的人才，需要在诸多方面做出积极努力。

打破学科畛域、融通相关学科是"新文科"的一个重要特点。就课程设置而言，历史学专业虽然已经建有相对完善的课程体系，但所开课程主要在历史学门类之下。"新文科"对学生的知识体系提出了新的要求，所以在开设课程时需要尽可能地开拓学生的知识面，为此在课程设置时须在几个方面做出改革。其一，继续融合历史学内部各一级学科之间的联系，特别需要注重中外历史之间的联系，鼓励教师结合自己的研究方向开设新课；其二，注重与文学、哲学等相近学科的交融；其三，注重与经济学、社会学、法学等社会科学的联系，鼓励学生选修相关课程；其四，注重与地理学、心理学等自然科学的联系。通过学院开设、与其他学院合作开设或者鼓励学生到相关学院选修等，在课程设置上满足学生的需求。

"新文科"注重以问题导向为鹄的，需要瞄准交叉融合点，但应该注意的是，这个交叉融合点要具体问题具体分析。如将来倾向于到中学就业者，可以在修习本专业课程的基础上，尽可能多选修教育学、心理学的课程，同时还要精研现代教育技术等；如将来意欲从事行政管理工作者，则需要多接触中文、行政管理、公共管理等专业的知识；如将来打算升学深造者，则可以根据自己的兴趣方向进行选择，如欲研究经济史者，可以选修数学、经济学等课程；如欲研究历史地理者，则需选择地理、环境科学的课程；等等。总之，学科交融需要具体问题具体分析，以问题为导向，不可一刀切。学院需要做的是统筹协调，尽可能地给学生们提供条件。

此外，“新文科”强调的是学生价值、思想、能力、修养的“锤炼与升华”，是对个人综合能力的全面提升，因此还要因势利导，培养学生的综合素质。除尽可能协调、开设所需课程外，还须在以下几个方面着力。首先，继续加强师生之间的交流，鼓励教师将自己的科研成果运用到培养学生中来，组建各种读书会、读书班，在创新创业、“挑战杯”等项目中给予学生具体指导，让学生养成勤于思考的习惯，并锻炼他们解决问题的能力。其次，鼓励、支持学生学术团体的成长，在给予指导、把关的同时，锻炼他们的自主能力，构建以麒麟学社、《学史》为平台，与国内各兄弟高校学生社团、学生刊物之间密切交流的机制。再次，注重对学生实践能力的培养，既要继续推进、加强学生专业实习，为学生提供尽可能多且有质量保证的实习机会，同时还要增强其他方面的实践能力，在有条件的情况下，可以针对某些具体问题，如沂蒙精神红色文化、明清仕宦家族等，由专业教师带队进行调研。最后，针对某些学生的特长有针对性地进行培养，

其中需要注意的是，“新文科”的推行并不妨碍历史学保持原有的学科属性，历史学在借鉴、融合其他学科的同时，不能丧失原先的学科属性，也就是说还需要有自持的学科“矜持”，不能在学科融合中失去“自我”，借鉴、融合其他的学科，以开拓知识面、提高学生综合素质，但仍需坚持历史学的学科本位，如此方能博采众家之长为我所用，以求真、求实的精神贯彻到学习中。

（赵树国，山东师范大学历史文化学院教授）

作为通识教育的中国社会史课程及其教学实践*

邓庆平

通识教育(general education)一般是相对专业教育(professional education)而言,即“不直接为学生将来的职业活动作准备的那部分教育”,但也可以做更广义的理解,即大学的整体办学思想或观念,指“大学教育应给予大学生全面的教育和训练,教育的内容既包括专业教育,也包括非专业性教育”①。不管是广义层面还是狭义层面的通识教育,其理论和实践的迅速发展,都是20世纪以来国际教育学领域最为突出的成就之一。从20世纪90年代开始,我国许多大学都在以不同方式推动“大学本科通识教育”的发展,通识教育在高等教育和人才培养中的重要性已日益成为中国教育界的共识。

在高校通识教育体系中,历史学科作为人文基础学科,在培育大学生人文素质、健全人格和价值观等方面具有不可替代的重要作用。特别是在弘扬中华优秀传统文化的时代背景下,承载中国传统文化精髓的中国史学科势必成为通识教育的主阵地,历史通识教育也迎来了新的发展契机。目前,已经有许多高等院校针对非历史专业学生开设了历史类的通识课程,学者对设置历史通识课程的意义、目标与教学实践也进行了诸多探讨。② 但是,由于学校类型、学科设置、师资力量、教学资源、专业理念上的不同,高校在推进历史学类通识课程的力度、层次与水平上还是存在较大差异,不同院校开设的历史通识课程体系也各不相同。与历史专业教育特别强调历史知识体系的完整性不同,历史通

---

* 本文系中国政法大学2020年校级教育教学改革项目“通识主干课程《中国社会史》教材建设研究”的阶段性成果之一。

① 李曼丽、汪永铨:《关于“通识教育”概念内涵的讨论》,《清华大学教育研究》1999年第1期。

② 参见杨加深:《通识历史课程如何吸引非历史专业学生——以山东大学历史文化学院在全校开设“中华民族精神概论”为例》,《历史教学问题》2009年第3期;赵晓华:《历史类通识课程的意义、目标及方法》,《黑龙江史志》2010年第17期;张龙平:《历史教学在大学通识教育中的运用》,《教育与教学研究》2012年第4期;吴琦:《高校历史学类通识教育存在的问题及建设建议》,《历史教学》(下半月刊)2018年第1期;任丹萍、胡家鑫:《高校推广历史通识教育的途径分析》,《文化创新比较研究》2020年第9期。

识教育在课程设置时不用全面覆盖中国通史、世界通史、断代史、国别史、历史文献、史学理论等专业课程群，而是应该在提升学生的历史思维、家国情怀、人文素养等契合通识教育的教学目标指导下建设有特色的、专题性的历史通识教育课程。笔者以为，就这个目标而言，社会史因其“总体史”的研究旨趣、研究领域的极大拓展、“自下而上”的观察视角和多学科的研究路径等学科特色，使得社会史课程可以成为历史类通识课程建设的优质选择之一。如果参考甘阳先生关于中国大学通识教育应开设“共同核心课”的建议①，社会史课程或许可以打造成为一门历史通识教育的核心课程。

自 20 世纪 80 年代社会史研究复兴以来，不断积累的学术研究经验与教学实践相结合，许多高校的历史学专业都开设了社会史课程，但课程设置、教学活动与教材编写，都是面向历史学专业本科生或社会史方向的研究生，相关的教育改革研究和教材出版也集中在专业教学领域。② 至于社会史如何以通识课程的形式展开教学活动，即面向非历史学专业的本科生，应该如何设计社会史的课程体系和教学方式，通过课程教学如何充分发挥社会史在通识教育中的独特作用，落实通识教育的人才培养目标，还值得认真思索。本文拟围绕社会史研究的主要特点，结合笔者执教的中国政法大学开设的通识核心课程“中国社会史”的教学实践，对以上问题进行初步的探讨，以求教于学界同仁。

一、作为“总体史”的社会史与通识教育

早在社会史以“新史学”的形象在东西方学术界初兴之时，其研究宗旨便呈现出“总体史”或“整体史”的鲜明特点。不管是出版《新史学》的美国历史学家鲁滨孙(J. H. Robinson)，还是法国年鉴学派第一代史家吕西安·费弗尔(Lucien Febvre) 和马克·布洛赫(Marc Bloch)，抑或是以梁启超为代表的倡导“史界革命”的中国学者，都在 20 世纪前三十年先后发出了“新史学”应进行整体性研究的号召。他们对总体史的提倡，建立在对于传统的精英政治史的批判基础上，呼吁打破政治史一统天下的局面，研究全体民众的全部的历史，如梁启超在 1922 年出版的《中国历史研究法》中说：“史也者，人类全体或其大多数之共业所构成，故其性质非单独的而社会的也。”③鲁滨孙也说：“历史是一种研究人类过去事业的广泛的学问。”④这都在表达对于历史和历史研究整体性的

① 参见甘阳：《大学通识教育的两个中心环节》，《读书》2006 年第 4 期。

② 如郝平、韩晓莉：《中国近代社会史课程的教学设计与实践》，《教育理论与实践》(学科版)2008 年第 11 期；张智清、傅亮：《整体史的诉求，个性化的选题——〈中国社会史教程〉述评》，《苏州科技学院学报》(社会科学版)2010 年第 2 期；申红星：《论社会史在高校历史学教学中的应用》，《辽宁行政学院学报》2011 年第 5 期。面向历史专业本科生和研究生的社会史教材可参考冯尔康：《中国社会史概论》，高等教育出版社 2004 年版；池子华、吴建华主编：《中国社会史教程》，安徽人民出版社 2009 版；张笑川主编：《中国社会史导论》，上海教育出版社 2020 年版。

③ 梁启超：《中国历史研究法》，上海文艺出版社 1999 年版，第 2 页。

④ [美]鲁滨孙：《新史学》，何炳松译，广西师范大学出版社 2005 年版，第 1 页。

认知和追求。

20 世纪初以来，东西方的社会史研究不断发展，对"总体史"的理解和研究实践也在发生变化，但社会史整体性研究的诉求却以不同形式保持下来。同时，我们还应该注意到，社会史研究的整体性不仅仅体现在将各类历史要素尽可能全面地纳入考察范畴，更重要的是探究诸多要素之间的结构性联系，即在具体的社会场景(如地方社会、社会共同体)中揭示各种历史要素间互相发生关联的动态过程。[①] 因此，作为"总体史"的社会史研究，不仅前所未有地拓展了历史研究的领域，更强调对社会各方面之变化做出整体性的历史解释。

社会史具有的"总体史"或整体性研究特色，与通识教育蕴含的"通""博""全面教育"等理念是非常契合的。由于研究领域的广泛性和研究视野的整体性，社会史课程不仅能够极大地丰富历史通识教育的教学内容，拓宽学生的历史知识结构，还能培养学生综合分析历史现象与社会问题的能力。因此，在现行的高等院校通识教育体系中开设社会史课程是很有必要的。但不可否认的是，社会史研究内容的广泛也对社会史课程体系和教学活动的设计提出了挑战。目前，各高校面向历史学专业的本科生或研究生开设的社会史通论或社会史断代类课程，大多采用两种形式的课程体系展开教学：一种是按照社会构成、社会生活、社会功能、社会运行等几大模块搭建课程体系[②]，另一种则是以社会史理论＋社会史专题＋社会实践(以田野调查为主)的形式展开教学[③]。总体而言，作为专业教育的社会史课程的教学大纲相对固定，课程体系和知识架构也较为完整。但是，通识课程面对的都是非历史专业的学生，缺乏相关的社会史理论和知识基础，课时又相对有限，很难在较短的学时内完成这么多的教学内容和教学任务。那么，如何科学合理地设计课程体系和教学活动，才能体现社会史的"总体史"研究特色在通识教育中的意义呢？

中国政法大学的通识核心课程"中国社会史"于 2015 年开设，经过几年的教学实践和改革探索，笔者认为，组建教学团队，在形成理论共识与大致相同的课程架构下打造同一课程号下包含不同序列的平行课程或课程组，是目前看来相对可行的方案，即构建"理论共识＋基本一致的课程架构＋相对多元的专题内容"模式的中国社会史课程群。具体来说，就是由几位长期从事中国社会史研究和教学工作的中青年教师组成教学团队，通过集体备课，达成对社会史概念、研究理念和方法等理论问题的基本共识，在此基础上设计整体的课程大纲。目前，我们这个教学团队搭建的课程架构是社会史专业课程和教材普遍使用的"导论＋专题"形式。"社会史导论"部分主要包括社会史的概念、研究方法与

---

① 参见小田：《论社会史的整体性》，《河北学刊》2012 年第 5 期。

② 参见郝平、韩晓莉：《中国近代社会史课程的教学设计与实践》，《教育理论与实践》(学科版)2008 年第 11 期。

③ 参见行龙、常利兵：《历史课堂要"走向田野与社会"——关于区域社会史教学实践的一个新理念》，《教育理论与实践》2008 年第 12 期；吴才茂、姜明：《论区域社会史课程的教学改革及其实践理念》，《教育文化论坛》2014 年第 1 期。

发展历程等理论知识，因为选课学生来自非历史学专业，有着各自不同的学科背景和历史基础知识，在导论部分，教师需要深入浅出地将社会史研究的基本理念和学术史向学生勾勒清楚，使学生对这门新课构建起初步的理论和知识体系。“社会史专题”部分则涉及社会结构、日常生活、社会问题、基层治理、区域社会等内容，考虑到本校以法学为优势学科、法学专业学生数量居多的特点，还专门开设法律社会史等特色专题。本校“中国社会史”课程（30学时）体系的具体内容参见表1-1。

表1-1 “中国社会史”课程（30学时）体系

模块	具体内容		学时
社会史导论	什么是社会史？		6
	社会史的研究旨趣与方法		
	社会史的发展历程		
	社会史研究的新趋势		
社会史专题（各平行课程可选讲不同主题）	社会结构	再论“封建社会”与历史分期问题	6
		中国的科举制度与社会流动	
		近代中国的工业化与社会转型	
	城市与乡村	城市生活与社会变迁	6
		乡里制度与基层社会治理	
		中国城乡关系的演变	
	日常生活	婚姻、家庭与家族	6
		岁时节俗	
		衣食住行与中国社会	
	特色专题	民间信仰与仪式生活	6
		区域社会史专题	
		法律社会史专题	
		环境与灾害史专题	

在这一整体课程架构下，各位授课教师分别开设不同序号的平行课程，每学期开设2～3门，每门平行课程在讲授的专题、区域、侧重的历史时段上都可以有所差异。比如在“城市与乡村”主题下，有的老师会主要讲授中国古代城市的发展和演变，有的老师则会侧重讲授近代中国城市与市民生活的变迁；在“日常生活”部分，有的老师会选择讲授服饰、饮食、交通工具等物质生活层面的主题，有的老师则会选择介绍信仰、习俗、仪式等精神生活层面的主题。进入选课环节后，学生可以提前通过网上教学平台了解各门平行课

程的提纲、内容和主讲教师的情况，再综合前两周的课程试听情况，最终选修不同序号的课程。

这样的课程设计，不仅可以在相对较短的学时内尽可能地容纳更丰富多元的教学内容，充分发挥各位主讲教师的研究专长，还能给兴趣不同的学生提供更多的选择。同时，平行课程虽然讲授的主题各有不同，但因为主讲教师对社会史理论和研究方法的理解基本是一致的，课程的整体架构也相同，在授课过程中，教师也特别注意将社会史的"总体史"研究特色有机地融合到教学内容中，即不管讲授什么专题，教师都会有意识地强调对相关历史现象和社会问题进行整体考察的必要性和分析方法。这样，多个平行课程看似教学内容各有不同，不像专业课程那样特别强调知识结构和理论体系的完整性，但课程的整体理念又是相对统一的，学生通过课程学习，既可以了解丰富多彩的社会历史，又能透过不同的历史现象领略社会史的"总体史"研究理念和方法。

二、贴近生活的历史学与通识教育

关注普通人日常生活的历史，一直是社会史研究的重要特色。在"新史学"初兴之时，出于对传统精英政治史的反叛，社会史研究就呈现出重视民众生活史的学术倾向。在 20 世纪 80～90 年代的"社会史"概念之争中，曾先后出现专史说、通史说、视角或范式说等几种观点。其中，持专史说的学者就大多将"社会生活"作为社会史研究的主要对象，如冯尔康先生认为"中国社会史是研究历史上人们社会生活的运动体系"[①]；乔志强先生指出社会史的研究对象是"不属于人类生活历史中政治、经济、文化生活的社会生活"[②]。从一百余年的研究实践来看，社会生活也的确是社会史研究的主要内容。21 世纪以来，在中国社会史研究领域，特别是以南开大学"中国社会史研究中心"为代表的学术团队，倡导"社会生活史"向"日常生活史"的转向，强调"对个体生活的全面呈现"，即"不仅包括社会生活，也包括情爱、消闲、家庭生活等私人生活"，其研究路径是"通过对个人生活方方面面的呈现，来分析概括出一个时代和地域中人们生活的'常识'，并从'常识'来透视一个国家和地区时代风貌和特性"。[③] 这体现了社会史研究始终强调的从"人"而非国家的角度、从日常生活的角度理解历史。

不仅在研究对象上，社会史的研究方法也提倡从人们熟悉的日常生活出发去感知和理解历史现象。如近二三十年来成果斐然的区域社会史和历史人类学研究，就始终强调

① 冯尔康等编著：《中国社会史研究概述》，天津教育出版社 1988 年版，第 2 页。

② 乔志强主编：《中国近代社会史》，人民出版社 1992 年，第 2 页。

③ 余新忠、郝晓丽：《在具象而个性的日常生活中发现历史——清代日常生活史研究述评》，《中国社会科学评价》2017 年第 2 期。

田野调查的方法，要求研究者走向"历史现场"，将历史文献的解读落实到具体的情境之中，寻找人们在特定时空的历史活动。近年，赵世瑜先生将历史人类学的研究方法概括为"逆推顺述"法："将在自己的田野点观察到的、依然活着的结构要素，推到它们有材料可证的历史起点，然后再从这个起点，将这些结构要素一一向晚近叙述，最后概括出该区域历史的结构过程。"①这些研究方法都在强调研究者要从现在可以观察到的生活场景和社会结构进入，探究和理解其背后的历史过程。

社会史在研究对象和方法上对于日常生活和现实社会的关切，使社会史非常适合作为历史通识课程在高校普遍开设，理由有以下三点。

其一，社会生活史的课程内容可以拓宽学生的知识结构。高校非历史专业本科生的历史知识大多来自中小学的历史课教育，以政治史、经济史和思想文化史为主，多数内容仍是精英人物的历史活动，知识体系单薄扁平。社会史研究涉及的百姓衣食住行、婚姻、家庭、娱乐、丧葬、信仰、习俗等内容，可以极大地丰富教学内容，拓宽学生的历史知识结构，使学生能够更全面、立体地认识历史。

其二，贴近生活的社会史课程有利于激发学生的学习兴趣。高中阶段学生的历史学习主要是为了应对考试，丰富多彩、有血有肉的人类历史往往被简化成一个个枯燥乏味的知识点，使得很多学生失去了历史学习的乐趣。而社会史课程因为聚焦具体的个人或人群的日常生活，又往往与现实的社会问题紧密相关，丰富有趣的课堂内容可以吸引更多非历史专业的学生。

其三，贴近生活的社会史课程与通识教育的理念和育人目标是一致的。按照学者的建议，通识教育的目标可以划分为知识、能力和情感三个领域，其核心内容是在专业教育或职业教育之外，让学生接受更为全面的常识教育，为学生了解历史、理解社会和世界提供广博的教育，能够运用所学的知识和思维技能分析社会问题，形成健全的人格，树立健康乐观的生活态度，更好地与自然、社会和他人和谐相处。② 而社会史强调对"生活常识"的理解，强调对历史与现实社会的融通，应该说与通识教育的目标都是相通的。

在社会史的教学实践中，走向田野、进行实地社会调查的实践教学环节，应该是最能体现社会史关注日常生活和现实社会这一研究特点的教学活动，目前各大高校在开展社会史专业教学时也普遍开展以田野考察为主要形式的实践教学。③ 但是，作为通识教育

① 赵世瑜：《结构过程·礼仪标识·逆推顺述——中国历史人类学研究的三个概念》，《清华大学学报》(哲学社会科学版)2018年第1期。

② 参见冯惠敏、熊淦、徐仙：《大学生核心通识素养结构的理论建构》，《中国高教研究》2016年第12期。

③ 如山西大学国家级精品课程"区域社会史导论"独立设置有"走向田野与社会的实践性教学"的模块、中山大学编有田野实践教学的专用教材《历史学田野实践教学的理论、方法与案例》(广西师范大学出版社2017年版)、厦门大学将学生的田野调查报告汇编成了《田野学步——厦门大学历史系本科田野调查报告集(2004～2010)》(厦门大学出版社2017年版)等。

的社会史课程，显然很难在较短的学时内组织来自不同院系的学生进行田野实践教学活动。那么，应该如何在通识课程中开展"走向田野"的中国社会史教学？就目前本校"中国社会史"通识核心课程的教学实践来看，在通识课程的教学过程中，教师可以通过"研究者田野经验的可视化呈现"和"学生自身生活经验的多元化呈现"两种方式，进行"情境式"教学（见表 2-1），弥补无法带领学生真正进入田野地点、从事实地考察的缺憾。

表 2-1 "情境式"教学

研究者田野经验的可视化呈现	内容	田野考察图片/视频、民间文献、田野调查报告、区域研究个案
	形式	课堂展示、建设网络资源平台、专题展览
学生自身生活经验的多元化呈现	内容	个人、家庭/家族、社区/家乡/民族
	方法	分组讨论、课堂展示、播放影视资料、专题展览

"研究者田野经验的可视化呈现"是指教师在课堂教学中通过展示本人或其他研究者在田野调查中拍摄的图片或影音资料、搜集的民间文献、撰写的田野考察报告，课堂外则通过举办专题展览、建设网络资源平台等形式，运用多种可视化的呈现方式引导学生沉浸在特定的"历史场景"中。教师再结合具体的区域个案研究，让学生理解如何在具体的时间和空间情境中解读历史文献，探究社会发展的历史过程。"学生自身生活经验的多元化呈现"则是将呈现田野调查体验的主导权转交给学生，以课堂讨论、播放影音视频、课外的专题展览（既可以利用校园空间做实体展示，也可以利用网络平台进行线上专题展示）等形式，让学生围绕不同主题展示他们的个人经历、家庭或家族生活，讲述他们社区、家乡、民族的生活场景和风俗习惯，并引导学生通过观察他们讲述的社会场景探究其背后的历史过程。

当然，以上教学模式更多是囿于通识课程尚不具备开展历史学田野实践教学的现状而采取的折衷方案，若想取得更理想的教学效果，还是应该在国家教育部门和高校的政策导向和资源支持下，在通识教育中逐步建立、完善切实可行的实践教学体系，使其成为社会史通识课程中一个更为制度化和持久有效的教学环节。

三、跨学科的研究路径与通识教育

打破学科间的壁垒，提倡借用多学科的理论和方法从事历史学研究，一直是社会史的标志性特征。当然，这不仅体现在社会史研究领域，在历史学的许多领域以及其他人文社会学科，多学科或跨学科的研究方法已经被提倡了多年，可以说已成为学术界的共识。但不可否认的是，20 世纪初以"新史学"形象出现的社会史，是最早意识到多学科对话与交流对学术发展具有重要意义的研究领域之一。雅克·勒高夫曾这样概括新史学的特征:“新史学还主张把目光移向‘邻居’,希望使‘互不相识的兄弟’进行对话,这些兄弟正几乎处于同样的失望状态。”①这一时期倡导新史学的中国学者也接受了多学科研究的理念,如黄公觉就曾形象地将“新史学”形容为“与各种科学——特别是社会科学——结婚的产物”,“若是历史和社会科学一离婚,它就马上变成旧史学了”。② 这种多学科、跨学科的研究理念也影响到历史教育领域,1920 年前后担任北京大学史学系主任的朱希祖对该系的课程设置进行了改革,把社会学、社会心理学、人类学、人种学、政治学、经济学等列为“史学的基本科学”,并开设相关课程作为必修科目。③ 这种教育理念和课程设计,即使到今天也依然值得借鉴和效仿。

社会史的多学科研究视野,是与社会史的“总体史”研究旨趣、研究领域与史料来源前所未有的拓展、以问题为导向的分析史学等特征紧密结合在一起的。跨学科的交流与对话也促使社会史研究不断拓展新的研究领域、激发新的学术增长点,如被学者冠以“历史人类学研究”之名或被称为“历史学的人类学转向”的研究取向,在很大程度上就是历史学与人类学对话的结果。

社会史对多学科或跨学科研究的强调,与通识教育的理念和人才培育目标无疑是不谋而合的。专业教育是一种基于特定学科的教育模式,突出知识体系的学科结构,依托某一学科或专业开展教育教学活动,无论是教师的学术背景,还是教学内容、使用的教材以及人才培养目标,都主要局限于某一学科、某一领域,这种教育一方面使学生对某一特定学科可以有更专门化和精细化的了解,另一方面也极易导致学生知识结构与能力素质的单一化,不利于学生的全面发展。与专业教育不同,通识教育秉承全面教育的理念,其核心宗旨是通过让学生接触更为广泛的知识领域,促进学生综合素质的全面养成和心智人格的完善健全,因此,通识教育课程应尽可能涵盖人文、社会、自然科学等多学科的知识领域。但是,有些学者在考察了国内一些知名高校现行的通识选修课程体系后,指出目前多数高校提供的通识教育课程“依然是基于某个学科进行的学科教学,并不符合通识教育对教学内容的综合性要求”,“这样的通识教育实际上只不过是多门学科课程的组合,学科之间缺乏内在的联结和整合,学生所掌握的知识和思维仍然是被学科所割裂开的,难以达到通识教育全人教育的目标”。④ 换言之,中国高校目前的通识课程体系普遍采用的是依托不同学科的多门课程的拼盘形式,多数未能实现单门课程内部多学科要素的有机整合。而要打破各门通识课程内部的学科割裂现状,在开设通识课程时课程内容

---

① [法]雅克·勒高夫等主编:《新史学》,姚蒙译,上海译文出版社 1989 年版,第 15 页。

② 黄公觉:《新史学概要说》,北平国立师范大学史学会编:《师大史学丛刊》第 1 卷第 1 期,1931 年。

③ 参见晋阳学刊编辑部编:《朱希祖传略》,《中国现代社会科学家传略》第 5 辑,山西人民出版社 1985 年版,第 55 页。

④ 刘强:《中国高校通识教育价值理念与实践逻辑的有效建构》,《当代教育论坛》2020 年第 1 期。

所依托的研究实践本身就应充分体现多学科或跨学科对话的取向,笔者认为,社会史课程就满足了这一要求。

那么,如何在通识课程教学中充分发挥社会史多学科交融的研究特色呢?结合本校"中国社会史"课程的教学实践,笔者提出以下几点想法。

首先,在课程设置环节可以有意识地选择更能凸显跨学科研究的专题,如婚姻、家庭、家族、族群、城乡关系、社会性别等社会学、人类学、法学研究向来关注的议题。对于这些问题,社会史学者进行了大量研究,成果极为丰硕,同时研究者在探究这类问题时也大量运用其他学科的概念工具、理论和研究方法。教师在讲授这些专题时,可以结合学术研究动态,聚焦有争议的学术热点,向学生介绍不同学科学者的观点交锋,培养学生的多学科视野和学术敏感度。

其次,对于一些史学研究领域的老问题,特别是传统政治史研究的一些重要议题,教师在教学实践中应该着力凸显社会史研究范式下对这些老问题的多学科阐释。如本校开设的"中国社会史"通识课程,就有"科举制度与社会流动"专题,科举制度一向是中国政治史、思想文化史研究的重要问题,学生在中学阶段也系统学习过相关知识,但主要停留在制度层面的发展过程。因此,本门课程该专题的教学设计不仅会呈现科举制度在社会史层面更丰富多彩的内容,如科举制下的社会关系网络、地方精英与基层社会治理、识字率问题、科举废除后近代知识分子的转型等,还有意识地借用"社会流动"(social mobility)这一社会学概念分析科举制对中国传统社会阶层流动的影响,引导学生关注不同学科的东西方学者,如柯睿格(Edward Kracke)、潘光旦、费孝通、何炳棣、郝若贝(Robert M. Hartwell)、韩明士(Robert P. Hymes)、艾尔曼(Benjamin A.Elman)等人对这一问题不同的解释角度,激发学生在多学科的广阔视野下重新审视一些老问题。

再次,在教学实践中,教师应以"基于问题的学习"(Problem-Based Learning)模式为导向,引导来自不同专业的选课学生从各自学科背景出发,提出问题、思考问题并尝试做出解释。新史学的主导理念之一就是"以问题导向的分析史学,取代传统的事件叙述"①,社会史研究实践也是以"问题意识"作为其典型特征的,而这一研究特色要求教师在教学实践中调整传统的教学方式。"基于问题的学习"模式不同于传统的以教师课堂讲授为基本方法的教学模式,更强调确立学习者的主体地位,即在学习过程中加入问题情境,通过引入曲折化、趣味化的问题引导学习者更加主动地进行学习,将传统师生关系转化为"知识建构的共同体"。② 将"基于问题的学习"模式引入教学过程,教师应充分激发学生的自主思考和分工协作,引导他们在各自的专业知识体系内提出问题和探究解决问题的

① [英]彼得·伯克:《法国史学革命:年鉴学派,1929~1989》,刘永华译,北京大学出版社2006年版,"导论",第2页。

② 参见赵海涛、刘继和:《"基于问题的学习"与传统教学模式的比较研究》,《外国教育研究》2007年第12期。

路径，再通过分组讨论的形式让学生体会多学科观点的碰撞和对话，拓展学生的学术视野和科研能力。

最后，作为历史通识课程，教师在教学活动中应注意体现多学科融合与历史学本位的和谐统一。在社会史研究中，打破学科壁垒与坚持历史学的学科本位是共存且应该并重的研究取向。如社会史借鉴了社会学和人类学的诸多理论和研究方法，但是社会学往往是一种共时性的研究，而历史学则主要是一种历时性的研究；人类学的田野调查方法是基于研究无文字社会发展起来的方法，而历史学研究则是基于解读历史文献材料形成的一整套研究方法。因此，在多学科的视野下研究历史还必须坚持历史主义的立场，“要时刻注意特定的时间、特定的空间和特定的研究对象，不能脱离特定的历史情境或氛围来研究具体的历史问题”①。这就要求教师在教学过程中既要引导学生基于不同学科的视野多角度地理解历史现象，同时也要立足历史通识教育人才培养的核心目标，培养学生运用和辨析多种类型的历史文献、在具体的历史情境中理解和分析问题的求真态度和思维习惯。

四、简短的结论

从20世纪90年代开始，中国高校一直致力于推行通识教育改革，也取得了长足的进步。在实践通识教育的过程中，构建符合通识教育理念和人才培养目标的通识课程体系可以说是重中之重。作为人文基础学科的历史学，在通识教育中具有其他学科无法替代的重要作用，也因而成为通识课程体系中的重要组成部分。笔者认为，社会史具有的“总体史”学术追求、研究领域的极大拓展、关注日常生活和社会现实的研究旨趣、多学科交流与对话的研究路径，都与通识教育的理念和人才培养目标极为契合。从这个层面来讲，社会史课程完全可以作为一门通识核心课程在高校普遍开设。笔者结合社会史研究的特点和中国政法大学通识核心课程“中国社会史”的课程设置和教学实践，对社会史作为通识课程的意义、目标、教学理念与教学活动的开展提出了一些不成熟的设想和建议，期待在接下来的教学改革实践中不断改进和完善，也期待学界同仁批评指正。

（邓庆平，中国政法大学人文学院副教授）

① 赵世瑜：《打破学科畛域与历史学的学科本位》，《史学月刊》1997年第6期。

随知赋形:略论《中国历史人类学简明读本》的构思及其困局

覃延佳　杜树海

作为一种相对比较明确的研究取向,人类学与历史学学科系统下的历史人类学研究已有半个多世纪。但在中国内地学术界,如何在不同的专业系统中讲授这样一门还在发展过程中的"学科"或者课程,则并未有一个统一的模式。总体而言,历史学研究系统比较注重从具体问题入手,在强调历史研究社会科学化的同时,更多注重已有研究所取得的经验与成果进行案例式的讲解。人类学知识系统讲述的历史人类学,则比较注重从人类学自身的发展脉络来探寻这一分支学科的主要理论意义与具体研究方法,重点在于说明历史人类学如何扩展了人类学研究的限度。

出现两种不同取向的原因,在于两者的学科本位之区别。历史学强调寻求更多历史解释的可能性,无论是强调田野加文献还是在文献中"做田野",实际上都是力图摆脱既有历史解释模式的束缚,在具体的人与事中寻找历史过程中的诸多可能性,进而形成较为完整的解释方式。人类学也强调研究的多重进路,但其背后总有一个较为宏大的解释框架在起支配作用。无论是萨林斯所讨论的实践概念①,还是列维-斯特劳斯的结构主义②,实质上背后都有一种解释人的文化认知逻辑的重要诉求。其田野研究背后是希望透过深入的个案研究来展现一个理论假设的意义。

因此,尽管前人已经对两种学科本位的历史人类学有很多的阐述,但是两种不同学科研究群体间的合作与交流并未真正合流。学科发展过程中的客观现状,需要我们在讲授"历史人类学"课程的时候进行说明。这不仅需要授课教授对历史学与人类学两个学科在此层面上的共性有所认识和把握,而且也需要对其中所存在的不同本质有自我的认知与思考。

---

① 参见[美]马歇尔·萨林斯:《文化与实践理性》,赵丙祥译,上海人民出版社2002年版。

② 参见[法]克洛德·列维-斯特劳斯:《结构人类学》,张祖建译,中国人民大学出版社2006年版。

在这一前提之下，我们在策划编写《中国历史人类学简明读本》之时，并未强调这一读本是出于历史学的本位，还是人类学的本位，而是更多地强调从中国历史人类学研究的具体经验出发，首先围绕相应的问题展开叙述，说明几个关键概念对于相应的研究群体所具有的作用。以此为核心基础，我们希望对《中国历史人类学简明读本》的结构、内容与存在问题进行一点说明。

一、中国历史人类学核心概念的梳理

当代中国历史人类学的研究实践已经有三十多年的历史。读本的核心点首先在于说明这几十年的研究实践中较具解释力的几个关键概念。这些关键概念的提出与具体演绎，背后都是依托地域研究的。因此，我们首先围绕不同研究者取得的突破性进展来梳理不同关键概念的指涉及其意义。

中国历史人类学研究的核心概念是指前辈学者提炼的具有一定理论性、借鉴性和推广性的概念。这既包括认识论层面的概念，譬如华德英(Barbara E. Ward)的意识模型理论①，郑振满的"三化"(亦即宗法伦理的庶民化、基层社会的自治化、财产关系的共有化)②，萧凤霞(Helen Siu)、刘志伟的"结构过程"，科大卫(Darid Faure)、刘志伟的正统化概念③，施坚雅(G. William Skinner)、刘志伟、黄国信等人的区域概念等多个核心概念；也包括方法论层面的概念，例如对民间历史文献的定义、对礼仪标识的定义、对"逆推顺述"的概说等。④ 与此同时，部分较为重要的研究对象也需要进行介绍，例如宗族、族群、边疆、仪式、神祇等，要把学界目前所理解的这些文化标志写出来。

以区域概念为例，我们需要将人类学家与历史学家的区域概念进行整体的梳理。对"区域"的认知与基于地域而开展的研究实践是中国历史人类学研究的根基所在。对区域概念的认知，人类学的区域概念、人文地理学的区域概念和历史学的区域认知虽有共通性，但是背后却有不同的指涉重点。人类学的"文化区域"研究具有很长的历史传统，欧美人类学家先后创造了区域—年代假说、文化圈、文化层等理论。

博厄斯(Franz Boas)基于物质文化进行区域划分，提出了文化区域(culture area)的概念，这深刻影响到他的传人。博厄斯的学生威斯勒(C. Wissler)详细阐述了文化区域

---

① 参见[英]华德英:《意识模型的类别》，冯承聪等编译:《从人类学看香港社会——华德英教授论文集》，(香港)大学出版印务公司 1985 年版，第 37～54 页。

② 参见郑振满:《明清福建家族组织与社会变迁》，中国人民大学出版社 2009 年版，第 172～206 页。

③ 科大卫、刘志伟:《宗族与地方社会的国家认同——明清华南地区宗族发展的意识形态基础》，《历史研究》2000 年第 3 期；科大卫、刘志伟:《"标准化"还是"正统化"——从民间信仰与礼仪看中国文化大一统》，《历史人类学学刊》第 6 卷第 1、2 期合刊，2008 年。

④ 参见赵世瑜:《历史人类学的旨趣——一种实践的历史学》，北京师范大学出版社 2020 年版，第 77～124 页。

的概念，将之发扬光大。威斯勒认为文化是由各个层次的单位所组成的一种完整结构。构成文化完整机构最基层的单位便是文化特质(culture traits)，比如一把锄头、一件祭祀用具等。在文化特质之上的单位是文化丛，它由一系列相关的文化特质组成。威斯勒认为调查、研究单个的文化特质意义不大，重点应该研究文化丛。文化区域就是这样的区域，其范围内存在一系列基本相同、在生产生活中起着至关重要作用的文化丛。

与威勒斯的观点有别，区域—年代假说对区域文化有另外的解释逻辑。区域—年代假说的理论基础是文化传播理论。它假设的前提条件是单起源、多线传播。据此还可以有很多推论，比如发源地的文化特质比边缘地区的要新出，因为这就像从圆心推出去的水波波纹，新的不断涌现，旧的已经推到远方。但文化圈、文化层的理论因它的文化中心主义、机械传播理论以及漏洞百出的所谓"客观标准"，受到后人激烈批评，因而被束之高阁。但是其理论雄心在于重建无文字记载的历史，其方法也具有一定合理性，华南研究提出的层叠、叠加的历史(或文化传统)，可以说是在有文字记载可资验证的条件下更新了文化圈、文化层的理论。

与上述人类学理论关于区域的界定不同，施坚雅主要从经济层面来探讨中国的区域划分问题。在20世纪70年代，他首创了将中国分成九大区域的研究，提出了划分区域的四条标准：第一，水系及其周围的山岭主脉是划定区域的天然界标，以主要江河水系为基础，便可划成若干大小不等各具特质的区域；第二，以区域内城市的贸易量(即城市间的有机联系)为重要依据，据此可以确定该区域的大致范围；第三，一些关键的经济数据亦可作为辅助性标准，其中以人口密度最有意义，人口密度较高的部分便是各区域的核心地带；第四，一些高级中心地功能所能覆盖的最大范围的腹地亦可视为区域。① 在划分区域的基础上，施坚雅借鉴欧洲经济史学家的研究成果，提出了区域发展周期理论，为横向的区域变量增添了纵向的时间变量。他认为："(中国)经济大周期是大区经济的系统性特征，而不是各省、也不是帝国本身的特征，因此，只有把区域经济作为分析的单位，才能清楚反映这一周期的时限。"②施坚雅的的另一理论贡献，是率先倡导把市场共同体作为研究中国社会历史的基本单位。如果说宏观区域理论是具体的区域划分，那么市场共同体则是抽象的区域，或者说作为方法的区域。"市场共同体"是在反思中国人类学长期把村落作为基本研究单位时提出的。

在施坚雅的号召下，一些人类学家已接受了他的观点。他们不再囿于村庄小世界，而是更多注意集市在社会结构中的作用，把调查的区域扩大到一个市场区域，如武雅士(Arthur Wolf)在台湾汉人社会中做人类学调查时，即把目光投向以三峡这一集市为中心的市场区域。自1988年以来，萧凤霞、科大卫、滨岛敦俊与片山刚等美日学者与中国

① 参见王旭、赵毅：《施坚雅宏观区域学说述论——中国城市史研究的理论探索》，《史学理论研究》1992年第2期。
② [美]施坚雅：《中国封建社会晚期城市研究：施坚雅模式》，王旭等译，吉林教育出版社1991年版，第5页。

学者所做的田野调查也是集中于珠江三角洲地区的小榄、沙湾、沙头、芦苞与龙江这几个集镇。

此后黄国信围绕粤湘赣临界地区的盐业贸易进行细致研究，认为以实体化的标准去划定区域，本身并无太大意义。区域研究不应该是先划定区域范围，再作茧自缚地研究类型。他心目中的区域并非单一维度的概念，而是长时期历史因素积淀下来的各种地方性观念（如地理、市场、语言、风俗、族群等等）与国家意识形态、朝廷对这些观念的制度化过程互动而形成的存在于人们心目中的多层次、多向度的指涉。黄国信的研究预示了一种新的研究取向，即对“界邻”地区的关注，在施坚雅的区域理论中，这些地区被视为山高路远的、与中心地相对的边缘地带，是城市“等级—规模”体系的最低端，只是中心地、市场、城市的吸附地区而已，其地位显得无足轻重。①

在同样的学术理路影响之下，跨区域的流动性进入华南研究者的视野。张应强研究了木材开采、运销与贵州清水江下游地区的社会变迁，虽其侧重点是本地社会的市场、权力诸因素，但其也明确意识到清水江大规模木材采运活动中的贸易网络与流动性。② 此后，陈春声、刘志伟联合撰文阐述了这种跨区域的物质流动的具体过程，以及其隐含的重大理论意义。③

在一系列研究经验基础上，刘志伟总结了区域（研究）的核心要素：其一，区域就是由人的活动、人的行为所形塑的空间；其二，从人类活动考虑，根据不同的主体的行为，可以划出不同的区域，农民、商人、读书人、官员，其活动的区域是不同的。而每一种主体，随着我们关注其社会活动的差异，也会形成不同的区域范畴。以不同的角度去界定的多种区域范畴，又相互叠加，相互影响，相互渗透，就构成了一个层次丰富的、立体的区域体系。④

因篇幅所囿，本文不能对所有概念进行一一的详解，仅就“区域”概念涉及的理论脉络及其意旨进行概要说明。总体而言，我们认为基于中国历史发展进程而呈现的这些核心概念，不仅是历史学社会科学化的一种尝试，而且也是将人类学与历史学两门学科进行融通的核心路径。以上述概念为出发点，我们可以更好地认知学术作品与历史材料中所蕴含的特质。同时，我们需要照顾历史学与人类学两个学科的读者，给双方学者以熟悉感与陌生感，引起双方的共鸣。

---

① 参见黄国信：《区与界：清代湘粤赣界邻地区食盐专卖研究》，生活·读书·新知三联书店2006年版，第303～309页。

② 参见张应强：《木材之流动：清代清水江下游地区的市场、权力与社会》，生活·读书·新知三联书店2006年版，第269～284页。

③ 参见陈春声、刘志伟：《贡赋、市场与物质生活——试论十八世纪美洲白银输入与中国社会变迁之关系》，《清华大学学报》（哲学社会科学版）2010年第5期。

④ 参见刘志伟、任建敏：《区域史研究的旨趣与路径——刘志伟教授访谈》，温春来主编：《区域史研究》第1辑，社会科学文献出版社2019年版，第3～38页。

二、以地域研究为核心的研究案例解析

地域研究是历史人类学研究的根本，所以既要以概念为经，更要以地域为纬，地域篇选择各位的研究地点进行撰写，能够反映出历史性和整体性，当然前面概念篇的内容也会自然流露在各个地域里面。我们认为，地域研究可涉及珠江三角洲、莆田平原、闽西、潮州、梅州、雷州、大藤峡、湘西、贵州、云南、山西等地区。

在温春来、黄国信主编的《历史学田野实践教学的理论、方法与案例》一书中，作者不仅展示了不同类型的民间历史文献的用途，而且也针对实践教学过程中的几个案例进行了分析总结。[①] 这使得本书的结构和应用性更强，能为初学者提供一个可以操作的指南。受此启发，我们在准备《中国历史人类学简明读本》之时，也试图对中国历史人类学研究的几个重点案例进行解析，以此来呈现上述理论概念的具体应用及其效果。

以珠江三角洲的研究为例。自20世纪80年代中后期以来，刘志伟、科大卫、萧凤霞等学者对珠江三角洲区域社会历史进行了细致的研究。他们通过工作组的方式进行分工，围绕沙湾等特定的村落开展研究。在此过程中，他们将祠堂、族谱作为核心的材料，并在长期田野基础上，将文献材料与田野过程中观察到的信息结合起来，产生了一批重要的成果。

其中，刘志伟说明了珠江三角洲地区不同人群围绕沙田、民田开发而形成的自我管理组织，指出最先进入该地区的人群垄断了国家权力与文化象征，后进入该地区的人只有改变自己的身份和文化才能融入到已有的经济与文化体系中。因此，珠三角地区沙田—民田格局形成的过程，也是地方社会构建其国家秩序的过程。[②] 以此为基点之一，他认为区域社会历史与国家历史是一个同构的过程。[③] 从区域社会史角度观之，这大大拓展了此前学界对于宗族的认知，提醒我们在研究宗族之时，要将具体的资源开发、礼仪实践与历史事件联系起来，从地方能动者的角度来理解宗族是特定历史条件下人们自我组织的一种方式。

科大卫亦关注宋代以来的礼仪革命与珠江三角洲地区的宗族发展历史问题，他将朱熹的礼仪改革、明代的大礼议和明中期的广东黄萧养之乱视为珠江三角洲地区宗族发展的各个重要节点。由此产生的地方祭祖礼仪的变迁以及地方宗族的兴起，构成我们认知宗族的一个重要维度。因此，他认为宗族既是一个控产机构，同时也是地方人群的一种

---

① 参见温春来、黄国信主编：《历史学田野实践教学的理论、方法与案例》，广西师范大学出版社2017年版，第3～104页、129～318页。

② 参见刘志伟：《地域空间中的国家秩序——珠江三角洲"沙田—民田"格局的形成》，《清史研究》1999年第2期。

③ 参见刘志伟、孙歌：《在历史中寻找中国——关于区域史认识论的对话》，东方出版中心2016年版，第117页。

文化创造。①

作为人类学家,萧凤霞关注中山地区的区域社会文化历史及其当下境况,尤其关注菊花会等地方仪式传统。基于一系列研究实践,她提出了“结构过程”概念来阐释其研究的认识论价值:

> 我把“人”视为“群众”“农民”或“革命主体”等抽象集体,而没有把“人”视为活生生的、有利害关系的、懂得运用文化策略的、具有历史经验、有矛盾的心理和情绪的“人”。细读已故的艾布拉姆斯(Philip Abrams)的著作,我逐渐明白,我们一直以来往往不必要地把“结构”和“变迁”这两个概念截然二分。实际上,我们要明白“个人”在分析研究中所发挥的“作用”,要了解的不是“结构”(structure),而是“结构过程”(structuring)。个人透过他们有目的的行动,织造了关系和意义(结构)的网络,这网络又进一步帮助或限制他们作出某些行动;这是一个永无止境的过程。②

在此基础上,刘志伟对珠江三角洲研究的核心议题进行进一步总结,将结构过程视为分析不同核心议题的重要方法之一。③

总体而言,作为中国历史人类学研究最具创造力的区域研究之一,萧凤霞、科大卫、刘志伟等人的研究,围绕明清以来该地区社会历史发展中的核心要素进行长期的探索,在认识论、方法论上奠定了中国历史人类学研究的核心基础。本部分将围绕其研究进行重点解析,指出结构过程、礼仪正统化、入住权等核心概念对于理解以地域研究为核心的历史人类学在知识生产上的创造性及其价值。

三、确定性、学科本位与实践性的矛盾与融合

在分科治学成为当下知识生产核心方式的大背景下,正在研究实践中摸索、成长的中国历史人类学仍旧在建立新的历史解释方式。作为后学之辈,我们试图总结前人成果,并为学生所用,其遇到的困境可想而知。

尽管我们试图兼顾到各方面的问题,但仍有不少问题需要解决。

首先,学科本位的矛盾与兼容。尽管历史学与人类学的关系异常紧密,但历史学与人类学的学科本位是有所区分的。前者注重从具体的历史过程中梳理特定历史时空中

---

① 参见科大卫:《皇帝和祖宗:华南的国家与宗族》,卜永坚译,江苏人民出版社 2009 年版;科大卫:《明清社会和礼仪》,曾宪冠译,北京师范大学出版社 2016 年版。

② [美]萧凤霞:《廿载华南研究之旅》,程美宝译,清华大学社会学系主编:《清华社会学评论(2001 年第 1 期总第 3 期)》,中国友谊出版公司 2001 年版,第 181~190 页。

③ 参见刘志伟:《地域社会与文化的结构过程——珠江三角洲研究的历史学与人类学对话》,《历史研究》2003 年第 1 期。

的人物活动，从具体的历史事件与主体行动中呈现某种历史脉络。虽然不少学界同仁对于历史研究的社会科学化深表同意，但在具体的叙述过程中，依旧是以呈现史事之全貌为追求，求真依旧是史学的核心基础。

反观人类学的发展脉络，从古典时代到"科学民族志"时代的现代人类学之创立，人类学家就在不同领域研究中寻找解释的框架，并就亲属关系、仪式结构、社会体系等层面的问题提出理论预设，从而将民族志材料引向可以化约的一套分析系统中，为普适性的学术研究提供分析进路。

上述历史学与人类学在学科旨趣与方法论上的区别，使得从事相关领域研究的学生必须有所选择，因为两个学科所要求的学位论文及其材料运用还是有所区分。尽管国外有《历史人类学导论》①，国内有《让"历史"有实践》②和《历史人类学的旨趣》③等著作面世，但依旧是在作者从事的特定学科范式内展示其关切重点。因此，在设计、编撰本书的过程中，我们始终要面对这样的难题。目前我们并未想出太好的办法，只能将我们较为熟悉的历史学领域的研究成果纳入读本，构成核心内容，同时对人类学本位的相关研究做出辅助说明。

其次，案例选择的全面性与代表性之间的冲突。作为一个兼具专业性与通识性的读本，我们在选择案例之时，既要强调研究案例的学术性，同时也要兼顾学习过程中的可读性。在一个篇幅有限的文本中，我们不可能将所有中国历史人类学研究主题的案例都纳入进来加以呈现。因此在选择研究案例的过程中，我们既要呼应理论部分的解说，也要对应具体研究领域中的核心学术价值。因此，这一冲突需要我们进行一定的中和，既要突出案例的代表性，又要兼顾其他优秀的研究成果。

再次，文本叙述上的确定性与研究实践中的流动性之间的冲突。正如杰克·古迪(Jack Goody)的研究所展示的，文字虽然有精确性、表征性功能，但是一旦成形，就在无形中构成一种不可更改的文本。正如前文所述，中国的历史人类学研究还在不断探索的过程中，前辈学者之所以不愿意对历史人类学做出自身的定义，更未能撰写出版相应的教材或者教辅材料，最大的矛盾仍旧在于对自身的研究实践在不断反思与探索中。但是正如陈春声教授所言，下一代学者需要承担起教材编写的任务。尽管这个任务很艰辛，需要挑战各种难题，但是作为学生培养的重要环节，是需要有一个相对确定性的文本来梳理这一研究取向的核心价值，以便于学生在学习过程中能够有所依循，构成史学、人类学基础训练的核心部分。

因此，在处理确定性与流动性的问题上，我们尽量保持开放的态度。在力图用相对

① [瑞士]雅各布·坦纳：《历史人类学导论》，白锡堃译，北京大学出版社2008年版。
② 张小军：《让"历史"有实践——历史人类学思想之旅》，清华大学出版社2019年版。
③ 赵世瑜：《历史人类学的旨趣——一种实践的历史学》，北京师范大学出版社2019年版。

精确的语言文字梳理前人研究成果的同时，尽量避免将研究者及相关概念标签化。如果读本能够顺利出版，我们会持续跟进老师、同行们的最新研究进展，希望在后续的新版本中加入更多最新的研究成果，构成一个与研究同步的撰写方式。实际上，在国外的人类学教材编写中，每隔若干年就会推出新的版本，例如哈维兰（William A. Harilamd）编写的《文化人类学》和科塔克（Conrad Philips Kottok）编写的《人类学：人类多样性的探索》等教材都经历了数个版本的更新。[①] 我们亦希望在此方面能够预留足够的空间，为后续的内容更新提供基础。

最后，理论与案例解析中的"言外之意"的捕捉与呈现也是一个难题。之所以要特别强调"言外之意"这一点，跟人文社会科学的研究特点有密切关系。我们都知道，人文社科领域的研究，作者发问的起点要么与生活经历有关，要么与阅读经验相联系，或者在学术交流中获得灵感。这些状况因人而异，不一而足。若想在一个读本中更好地呈现相关的理论与案例背后的问题关切点，我们就需要对作者的研究动机与解释路径有相当的了解。

在这其中，与相关研究成果的作者之间的沟通尤为重要。文本中所呈现的案例，需要我们与作者沟通才能够对文本以外的信息有更好的把握。也只有在文本与作者的表述之中，我们才能将相应的案例解析得更加全面。然而，读本中的部分学者已经不在人世，或者无法联系上，这就需要我们收集更多的文献来诠释其所贡献的智识与思考。

综要而言，我们尝试设计、撰写《中国历史人类学简明读本》，其核心就在于通过一个相对完整的文本来推动历史人类学的教学与研究。我们相信，唯有不断地实践与总结，才能在前辈学人所开创的学术领域推陈出新。新研究范式的探索与新理论的构建需要从规范性的研究中探赜前人智慧之光，在这条路上，我们期待更多的同行者。

（覃延佳，云南大学民族学与社会学学院副教授；杜树海，厦门大学人文学院教授）

---

① ［美］威廉·A. 哈维兰：《文化人类学》（第10版），瞿铁鹏译，上海社会科学院出版社2006年版；［美］康拉德·菲利普·科塔克：《人类学：人类多样性的探索》（第12版），黄剑波、方静文译，中国人民大学出版社2012年版。

试论文化产业的历史教学

——基于“文化产业发展史”课程的思考

章军杰

文化是历史的积淀，文化产业是历史发展的产物。习近平总书记非常重视历史，“历史是现实的根源”“历史是最好的老师”“历史研究是一切社会科学的基础”，这些对历史意义的朴实表达，其实亦是学理阐释与现实理路的智慧思考。在人民网“习近平系列重要讲话数据库”中原文搜索，以“历史”为关键词，可查到728条结果；以“文化”为关键词，可查到640条结果；以“文化产业”为关键词，则仅查到23条结果（截至2019年9月28日）。从某种意义上来说，国家级历史研究院成立的重大意义，不仅在于凸显历史学在学科谱系中的重要性，更在于通过追溯并重建中国乃至世界的“过去感”，引导我们“以过去定位现在”[①]，指向“今日中国向何处去”的现实命题。克罗齐的“一切真历史都是当代史”[②]，不仅阐发了“现实”如何引导并塑造历史书写，而且也饱含他对历史连接“时间三维”的哲学认识。

主流史学主要以文明史观考量历史文化，这些历史文化正是当代文化产业发展的基石。山东大学历史文化学院基于“文史见长”的学术优势，成为教育部新设文化产业管理首批四所院校之一。历史学出身的王育济、齐勇锋、范建华、傅才武等历史学者，以及非历史学出身的胡惠林、金元浦、花建、李向民等一批文化产业学者，围绕历史文化资源与文化产业的关系、基于历史文化资源的特色文化产业、优化文化资源配置、文化产业的历史地理、国家文化体制改革的历史考察等命题展开论述，历史文化资源包含的“物质文化遗产”“非物质文化遗产”等概念也在政府和学界的共同推动下成为热门术语，历史文化资源亦成为文化产业学理研究的基础性概念。李向民的《中国文化产业史》、范建华等的

① 陈新：《历史意识引导我们以过去定位现在》，《社会科学报》2018年8月16日。

② ［意］贝奈戴托·克罗齐：《历史学的理论和实际》，傅任敢译，商务印书馆2017年版，第6页。

《中国文化产业发展史》、张廷兴等的《中国文化产业史》三部文化产业史专论的陆续出版，以及约翰·哈特利(John Hartley)的《文化研究简史》，斯图亚特·坎宁安(Stuart Cunningham)对文化产业概念史研究著作的译介，在学术认知的层面上构建起了历史学与文化产业的通道。

史学传统强调"知古鉴今，以史资政"。但或许是由于学院派"文以载道"的史学传统，很多史家其实不屑于史学的功利主义(或者说"历史学的应用")，倡导"为学术而学术"的纯学术观。这与文化产业毫不避讳其经济属性，可以说是两种近乎对立的立场。这也体现在我们文化产业跨学科的历史教学上。据不完全统计，国内200余所开设文化产业管理的高校中，仅山东大学、南京艺术学院、湖南师范大学、济南大学、江苏开放大学五所高校开设文化产业史相关课程。山东大学历史文化学院文化产业管理学系成立之初，即会同历史系、档案系等师生开展《中国文化产业学术年鉴(1979～2008)》的编纂，并探索文化产业发展史相关的课程设置，陆续开设"文化资源学""中外历史文化资源研究专题""文化产业发展史"等课程。笔者有幸成为"文化产业发展史"课程的首批承担者，在开设过程中有一些有别于传统史学的困惑与思考，将教学实践与反思陈述出来，既是小结也是求教。

一、历史学与文化产业的连接点

文化产业需要"历史学干预"吗？历史学与文化产业相连接的意义何在？历史学与文化产业发展之间有着怎样的关系？对这些问题的讨论，是开设"文化产业发展史"课程的逻辑起点。

第一，挖掘历史文化必须建立在扎实的史学分析基础上。中华民族有着五千年悠久的历史和灿烂的文化，这是一笔怎么估价也不过分的宝贵的文化资源。[①] 中国文化产业走向世界性的文化经济大舞台，历史文化是论证其本土化、中国化的重要标志物。这也不难理解，文化产业又被欧盟、日本等称为"内容产业"。可以说，山东大学"文史见长"的学术优势高度契合了中国文化产业的特点，文化产业管理专业设置在历史文化学院具有历史的必然性。包括影视、动漫、旅游、文博等诸文化产业细分行业，历史文化通过一定的创意转化为具象化的文化产业构成中国文化产业发展的一种路径，历史分析也在其中

① 参见李铁映:《创建有中国特色文化产业之路》，王育济等主编:《中国文化产业学术年鉴2003～2007年卷》上册，文化艺术出版社2009年版，第3页。

发挥重要作用。比如影视剧作品的历史顾问[①]，虽有批评历史顾问“顾”而不问的[②]，但更多是“编剧不懂历史也不请个历史顾问”，“麻烦下次让编剧找个靠谱的历史顾问”，“一批非职业历史学家异军突起，掌握了相当的话语权。……似乎正在发挥着比‘职业历史学家’更大的影响力”。[③] 这种对历史顾问的消费者期待，包括由对历史古迹的破坏性开发、对历史典故的歪曲篡改等引发的理性史学诉求，印证了对历史文化的开发利用必须建立在扎实的史学分析基础上。

第二，文化产业史学分析可以是史学新的增长点。时代在变迁，史学也在发展。[④] 由传统史学或主动或被动向新史学的转向，诞生了公共史学、影像史学、草根史学等新的史学形式，史学工作者与非史学专业出身的从业者在历史学的大舞台上扮演不同的角色，共同阐述属于我们的“历史的故事”。从通史到断代史再到专门史，史学的边界由传统史学聚焦的政治史拓展到经济史、社会史、思想史、日常生活史等各领域，历史的书写也由国家叙事延展到社会叙事、乡土叙事、家族叙事乃至个人叙事。钱学森对“精神经济”“第四产业”“第五产业”的超前论述[⑤]，是文化产业发展史上的重要思想来源，这本身就是一个很值得讨论的文化产业史话题。陈寅恪先生有言：“一时代之学术，必有其新材料与新问题。取用此材料以研究问题，则为此时代学术之新潮流。治学之士，取预此潮流，谓之预流。其未得预者，谓之未入流。此古今学术之通议，非彼闭门造车之徒，所能同喻也。”[⑥]由文化产业导入历史街区、以文化遗产带动城市复兴、由历史故事满足文化消费等，从《东京梦华录》发现北宋都市的民俗生活、从两淮盐商与扬州八怪的历史纠葛中寻找艺术市场的赞助规律、从商务印书馆的历史变迁探析民国出版业现代化……这些历史学的“学术诉求”与“非学术诉求”一道，为我们提供了史学研究的新问题与材料的新解读。

第三，历史为文化产业提供了参照坐标系。当代文化产业是人类文化经济活动在“时间”与“空间”的当代历史地理呈现。以农耕文明为基础、以手工业为主要生产方式的“传统文化产业形态”，以工业文明为基础、以大规模机器复制为主要生产方式的“现代文化产业形态”和以信息文明为基础、以数字技术和互联网为主要生产方式的“新兴文化产

---

① 比如《如懿传》历史顾问是北京社会科学院研究员阎崇年，《二十二》历史顾问是中国“慰安妇”问题研究中心研究员苏智良，《曹操》历史顾问是厦门大学教授易中天，《金陵十三钗》历史顾问是南京师范大学历史系教授经盛鸿，电影《敦刻尔克》历史顾问是英国畅销历史书《敦刻尔克》作者约书亚·莱文(Joshua Levine)，英国节目《糟糕历史》史学顾问是历史编剧格雷格·詹纳(Grey Jenner)，等等。

② 吴为忠：《史学顾问怎能“顾”而不问》，《解放日报》2015年12月18日。

③ 王育济：《关于“历史学的数字化转向”》，《光明日报》2015年8月23日。

④ 参见卜宪群：《新中国七十年的史学发展道路》，《中国史研究》2019年第3期。

⑤ 参见李向民：《忘年神交，如切如磋——钱学森指导我研究文化产业》，《南京艺术学院学报：美术与设计版》2009年第1期。

⑥ 陈寅恪：《陈垣敦煌劫余录序》，《金明馆丛稿二编》，生活·读书·新知三联书店2001年版，第266页。

业形态”[1]，自然历史地建构了当代中国文化产业最基本的结构体系，也自然历史地规定了当代中国文化产业的运动逻辑。它们与东部文化产业、中部文化产业、西部文化产业、东北文化产业在当代中国这一历史地理交汇，共同决定了中国文化产业发展中历史性存在的结构性矛盾和张力，历史地影响和决定了文化产业发展的中国道路。历史上的“一带一路”是今日“一带一路”倡议的重要参照，我们可以从过去与现代的对话中寻找今日“一带一路”文化产业的坐标定位，自信从容地回答今日“一带一路”文化产业“向何处去”的历史追问，这也很好地体现了“知古鉴今，以史资政”的史学传统。

二、文化产业发展史的教学思考

历史学与文化产业的连接是一个复杂的过程，既要有历史的传统，也要引入跨学科的视角，再由过去的历史书写折回到现在，并“能够饱含经验地开启作为行动视角的未来”[2]。

历史事实与历史分析是两个不同的维度，不同学生和老师对相同的史料可能会得出完全不同的结论。对史料的重要性做出正确选择，对它们进行恰当的解读，并能够对透露的信息进行批判性评估，这是史学思辨的三个基本素养。[3] 山大史学在长期的历史积淀中形成了“独断之学”与“考索之功”并重的学术家风。我们在“文化产业发展史”的教学实践中倡导史学传统，既注重《史记》《后汉书》等正史中关于文化市场、文化经济等的官方记录，也注重《陶庵梦忆》《清稗类钞》等掌故遗闻中关于文化生产、文化生活等的民间书写，并在此基础上将教学任务放在今日中国文化产业真实又复杂的语境中，寻找历史对今日中国文化产业的文化乳汁。又比如，我们无意陷入“修昔底德陷阱”，但这个陷阱是政治的、经济的，也是文化的，大国文化崛起的历史经验对当代中国文化产业有着丰富的理论意义；再比如，几次金融危机之后美国好莱坞的崛起、日本动漫的兴起、韩国影视的逆市上扬，这之中政府与市场的关系对今日中国文化产业也很有启发性的讨论空间。这些都需要我们建立在史料的挖掘基础上，再做出富于学术个性和原创性的历史判断。

---

① 参见胡惠林：《新型城镇化：重构中国文化产业发展的空间秩序——对当代中国社会变迁与文化发展的一种观察》，《福建论坛》（人文社会科学版）2015年第8期。

② ［德］约恩·吕森：《历史思考的新途径》，綦甲福、来炯译，上海世纪出版集团2005年版，第66页。

③ 参见Paul Ward, *Elements of Historical Thinking*, Washington D. C.: American Historical Association, 1971, pp.4-5.

今天，我们的社会是一个生产与消费的社会，娱乐历史、庸俗历史、媚俗历史等"向钱看"的价值取向，往往导致低级趣味甚或是风俗污染[②]，这也是引起众多史家不屑史学应用的重要原因。但运用历史学的阐释与表达去烛照当下，通过共同的历史记忆和历史认识去塑造大众的历史观，这不正是历史学应该努力之处吗？这也符合文化产业社会效益与经济效益双统一的原则。我们可以从国家文化安全的历史演变中，发现新中国成立之初在国际形势下注重意识形态安全的历史合理性，并认识到由"文明的冲突"到"文化的互鉴"方案提出的时代合理性，生发出民族的文化自信和文化自豪感；我们可以从人口结构的历时性变化中，提出老年文化产业、少儿文化产业的可能性，尝试更有针对性地破解人民日益增长的美好生活需要和不平衡不充分的发展之间的矛盾；我们可以从民国时期梅兰芳《晴雯撕扇》的搬演故事、灌制唱片的海内外传播、海外交通的历史经验等，从人的诉求的变化研判今日中国戏曲产业化的方向和路径。站在时间的某一个点上，在对历史的实证思维和"同情之理解"中重塑人与文化产业的关系、人与社会文化生活的关系。

跨学科研究并非历史学的专利，而是一种具有普遍适用性的研究方法。历史学的跨学科不仅根源于历史学自身的需要，也植根于所跨学科自身的历史学诉求。[③] 比如，中国当代文化产业的生成，我们一般都追溯到1980年广州东方宾馆的音乐茶座。通过挖掘史料，我们发现这个宾馆是20世纪50年代末经国务院批准修建的中南地区最高级宾馆，并在1979～1980年借助香港上海汇丰银行贷款2200万港元进行大规模改造，改革开放以来中国内地兴起的第一家音乐茶座有着香港的影子；1980年为扩大对外贸易、适应广交会需要兴建的广州白云宾馆，则开设了内地第一家歌舞厅；由港商霍英东与广东省政府合资兴建的白天鹅宾馆，是中国第一家中外合作的五星级宾馆……[④]我们可以通过小组讨论的形式，通过地理历史学、社会历史学等跨学科分析，探讨广州城市文化史在当代中国文化产业史上的重要地位，讨论中国当代文化产业与对外开放的逻辑关系，并以历史来关照现实，分析广州在今日中国乃至世界文化产业中的定位。再如，美国历史学家威廉·麦克高希(William McGaughey)以"文化技术"为参考值，"以一种新的占主导地位的文化技术的引入为开端"，将世界史划分为表意文字、字母文字、印刷技术、电子影像以及计算机数字技术等五个时期。[⑤] 某种程度上说，一部文化产业演化史就是文化技术与文化生产相结合的历史。我们也可以引入技术文化史，尝试进行5G新时代文化产

① [法]马克·布洛克：《历史学家的技艺》，张和声译，北京师范大学出版社2014年版，第40页。
② 参见葛志毅：《试论所谓"史学危机"与当下的"历史热"》，《学习与探索》2011年第1期。
③ 参见汪志斌：《历史学的跨学科研究及其创新意义》，《中华文化论坛》2012年第4期。
④ 参见《广东省志》编纂委员会编：《广东省志(1979～2000)》(旅游卷)，方志出版社2014年版，第350～353页。
⑤ [美]威廉·麦克高希：《世界文明史：观察世界的新视角》，董建中、王大庆译，新华出版社2003年版，第3页。

业内容与形式的开放式讨论。这些都有助于激发学生的主动性和创造性，亦有助于拓展历史学在重塑当代中国历史文化传承的丰富性。

三、结语

习近平总书记在给中国历史研究院成立的贺信中重申“历史研究是一切社会科学的基础”，这一论述本身就内含了历史学的应用性。可以说，历史学的应用性沟通了史学与文化产业，也沟通了历史与现实，并在这种沟通中寻找历史与现实的结合点，重塑当代中国的文化传承。但也有学者指出，应用性始终不应是主流史学的始发动因与根本目的。一旦预设了应用性，就从根本上动摇甚至阉割了研究过程中价值中立原则。[①] 不过，试问谁又能做到绝对的价值中立呢？每一位学人其实都不可避免地有自己的价值倾向性。文化中的历史与真实的历史必定存在一定的差异，我们既要尊重历史也要演绎历史，才有可能既发扬历史中的文化又用文化传承历史。或许带着价值倾向性开展文化产业发展史的史学教研，才是符合历史实证思维的合理做法，才能够真正让“历史之光照亮当下”[②]。《文化产业发展史》作为一种具有价值倾向性的探索，究竟以文化产业（非史学）为中心，还是以历史学（史学）为中心，这是一个“鸡生蛋，蛋生鸡”的哲学问题。我想这两者是并行不悖的。无论是历史学还是文化产业，它们的学术景观包括文化产业的实践都在发生国际化、年轻化、数字化等多维的变化。我们既要用历史的实证思维“考之行事”，又要呼应文化产业由陆地到海洋、由国内到国外、由线下到线上的变化趋势，真正在“百年未有之大变局”的历史长河中去看待今日文化产业和今日史学，兼顾历史学对文化产业的“学术诉求”与“非学术诉求”，这亦是我们文化产业历史教学努力的方向。

（章军杰，山东大学历史文化学院副教授）

---

① 参见虞云国：《“应用史学”应有其边界——当〈资治通鉴〉纳入“应用史学”的视域》，《中华读书报》2015 年 11 月 4 日。

② [德]雅斯贝尔斯：《什么是教育》，邹进译，生活·读书·新知三联书店 1991 年版，第 59 页。

田野教学的实践

历史人类学的田野教学与推广:香港经验*

蔡志祥

历史人类学可以说是近四分之一世纪影响中国历史学界最深远的研究方法和视角。从20世纪90年代开始,香港和闽粤一群三四十岁的青年学者勠力推动从田野深处发掘和理解历史。他们的研究从"华南"地域发足。因此,也有学者称他们为华南学派。他们不仅创立研究机构、出版研究刊物,而且对教学推广不遗余力。2021年是香港科技大学华南研究中心(1997年成立)和中山大学历史人类学研究中心(2001年成立)合办的《历史人类学学刊》创刊20周年。本文试图从早期的推动者和参与者的身份出发,以香港的经验为基础,述说历史人类学在香港的发展及其对田野教学的推广和实践。

一、制度化:以香港科技大学华南研究中心为例

在香港,20世纪40年代末50年代初可以说是研究者关注地方社会历史的一个重要时期。一方面,南来文人如罗香林等延续国内的民俗学研究传统,在香港搜索族谱等地方历史文献。① 另一方面,因为在内地进行田野调查的困难,人类学家如弗里德曼(Maurice Freedman)和华德英(Barbara Ward)等选择了香港进行人类学的田野考察。② 从20世纪五六十年代开始,关于香港的研究可以说是百花齐放:人类学方面有裴达礼(Hugh Baker,上水)、杰克·波特(Jack Potter,屏山)、华琛(James Watson,新田)、华若璧(Rubie Watson,厦村)、约翰·布里姆(John Brim,西贡墟市)、尤金·安德森(Eugene

---

* 本文牵涉很多知名教授,在这里不特别专称。

① 罗香林在1949年来港,先任教于新亚书院。1951年加入香港大学中文系。香港大学冯平山图书馆的本地族谱,很多是罗氏收集的成果。

② 弗里德曼主要在香港东北和华界接近的沙头角地方进行短暂的田野调查,并提出他的宗族理论;华德英在东北的滘西洲进行渔民和客家社会调查,提出意识模型和族群关系的理论。

Anderson)和可儿弘明(青山湾渔民),社会学家有格拉汉姆·约翰逊(Graham Johnson,荃湾新市镇)、金耀基(观塘新市镇)等,历史学家有许舒(James Hayes,长洲和新市镇)、多贺秋五郎(新界的族谱),宗教节日文化方面有徐诚斌(Francis Hsu,沙田打醮)、约翰·马蒂亚斯(John R. G. Mathias,锦田太平清醮)、琼·劳(Joan Law)和华德英(香港传统节日)、田仲一成(戏曲、仪式和节日)、大渊忍尔(道教仪式),新闻从业员如瓦伦丁·布克哈特(Valentine R. Burkhardt,节日和仪式、风俗习惯),传教士如卡尔·史密斯(Carl Smith,都市历史),法律学家如史维礼(Peter Wesley-Smith,新界的法律传统),等等,都尝试通过研究香港的乡村和都市来理解中国的传统社会的不同面相。① 同时,20世纪50年代香港的英国殖民官员和洋行大班等重新组织皇家亚洲学会香港分会,通过定期的会刊,记录了很多新界乡村和新市镇的民俗和历史。②

带领学生跑到田野,可能始于20世纪70年代末中文大学东亚研究中心的科大卫(David Faure)主持的口述历史计划和地方文献汇集计划(1980～1986)以及中文大学人类学系由学生(主修及副修生)自发组织的高流湾研究计划(1979～1983)。口述历史计划的学生研究助理和高流湾研究计划的学生,在1988年共同组织了华南研究会(1991～)的前身——华南地域社会研讨会(1988～1991)。这个兴趣团体包括了一些继续留在学界的成员,也包括走进社会工作的成员。学会先后出版三部刊物。2006年以前,学会举办了不少与学界及民间合作的田野考察活动和学术讲座。③

20世纪70年代末80年代初,改革开放使得在内地进行田野调查成为可能。科大卫、萧凤霞(Helen Siu)、丁荷生(Kenneth Dean)、劳格文(John Lagerwey)等都是进入华南田野的前缘人物。香港的研究在80年代中期以后也因此逐渐沉寂下来。举例来说,原来附属于社会学系的香港中文大学人类学系在1980年正式成系。人类学系成立之初,只有三位教授。王崧兴秉承其在台湾参与的浊大计划的旨趣,希望在香港进行地方村落的调查,建立区域地方资料库。这一构思得到当时在社会系的华德英的支持。然而,系内其他两位教授认为人类学应该进行民族的研究,在改革开放的大环境下,带领学

---

① 关于这些研究,参考 Elizabeth Johnson, *Recording a Rich Heritage: Research on Hong Kong's New Territories*, Hong Kong: Leisure & Cultural Service Dept., 1997;《香港主题教学的参考书目》,廖迪生等编:《香港历史、社会与文化》第3册《田野与文化篇》,(香港)香港科技大学华南研究中心2001年版。

② 皇家亚洲学会香港分会在1847年成立,但在1859年取消。1959年在殖民地官员如高志(Austin Coates)、许舒(James Hayes)等推动下再成立。这些殖民地官员继承19世纪以来关注地方社会的传统,出版书籍和年刊 *Journal of Royal Asiatic Society Hong Kong Branch*,刊载很多和香港有关的研究和田野考察报告。关于学会的历史和出版,可参考学会的官方网页:http://www.royalasiaticsociety.org.hk/new-page-1。

③ 关于华南研究会的发展,参考蔡志祥:《华南:一个地域、一个观念和一个联系》,华南研究会编:《学步与超越》,(香港)文化创造出版社2004年版,第2～5页。华南研究会先后出版了《华南研究》(1994)、《学步与超越》(2004)和《问俗与观风》(2009)三部书。1991年至2006年,很多学者如科大卫、萧凤霞、滨下武志、陈春声、刘志伟等被其吸引参加,成为终身会员,并积极与香港科技大学华南研究中心和中山大学历史系联合举办田野活动。近年因为种种原因并不活跃。2003年以前,华南研究会的每年报告都在《华南研究资料中心通讯》刊登。

生在连南瑶山进行调研。人类学系学生的田野训练,也因此落户华南的少数民族地方。

1989 年,科大卫离开香港中文大学。当时的人类学系系主任陈其南在萧凤霞的支持下开展"华南地域社会和国家意识形态比较研究"计划,结合中青年的历史学学者和人类学学者,比较安徽、福建、潮州和珠江三角洲的地方社会。[①] 1993 年,陈其南离开香港中文大学人类学系,他和科大卫、萧凤霞教授负责的"华南地域社会和国家意识形态比较研究"计划也告一段落。

香港科技大学在 1991 年成立。历史和人类学组是当时香港科技大学人文社会科学学院人文学部内的三个主要研究、教学组别之一。华南地域社会研讨会也在这一年正式改名为华南研究会,并以香港科技大学为活动的基地,定时举行讲座。1995 年,"华南地域社会和国家意识形态比较研究"计划的核心成员在牛津大学举办"华南的历史与社会"研讨会,尝试延续文献、田野的比较研究,同时讨论出版的各种可能性。同年,香港科技大学人文学部的历史人类学组成员(蔡志祥、廖迪生、张兆和)一方面继承这个计划的合作和交流,另一方面也意识到高等学院在香港推动历史和人类学的教学和研究的重要性。他们认为,只有制度化的机构才能有效推动历史和人类学的结合。在科大卫(牛津大学)和滨下武志(东京大学)的鼓励下,在没有经费、没有办公室和没有辅助人员的环境下,东京大学东洋文化研究所中国经济史研究室、香港华南地域社会研究会、香港科技大学人文学部"在乡商人"研究计划和广州中山大学历史系明清经济史研究室合作设立华南研究资料中心,并在 10 月出版第一期《华南研究资料中心通讯》。[②] "《通讯》是 1995 年 10 月 15 日开始以季刊形式出版的 16 开刊物,最初只有 8 页纸的内容。假如真的有所谓'华南学派'的话,该通讯可以说是最早的喉舌。事实上我们办这份《通讯》的想法很单纯。一方面,我们不希望如一般的《通讯》,读者看过一些相关的学术资讯后,随手丢去。读者会珍而藏之的话,是因为它拥有一些可以为研究者再运用的材料。另一方面,我们并非要推动地域研究,只是认为历史学和人类学有很多交接的地方。要明白当代,必须明白这当代是怎样发展而来的。同样,了解大历史当然有很多不同的切入点。我们认为其中一个是从深层的地方文化和历史入手。因此,打从一开始,我们就强调田野考察报

---

① 计划从 1990 年开始,以陈其南、萧凤霞和科大卫为核心,比较安徽(郑立民、陈其南)、福建(郑振满、陈支平)、潮州(陈春声、蔡志祥)及珠江三角洲和香港(科大卫、萧凤霞、刘志伟、罗一星)四个广地域。成员包括行政核心、调查研究核心、博士候选人和其他研究生。并且通过关系联结各地方的研究者,如研究安徽的叶显恩,福建的丁荷生、武雅士(Arthur Wolf),潮州的黄挺,等等。以工作坊的形式,到各该研究者的研究点考察,从不同地域和研究方法的角度,挑战和激发研究者对自身研究领域的再思考。在陈其南离开香港中文大学以前,前后举行过四次工作坊,分别是在佛山、潮莲、莆田、樟林和前美。1994 年,在台南举办"寺庙与民间文化研讨会"并于 1995 年出版上下两册的论文集。陈氏离开香港中文大学后,计划的资金转由香港中文大学亚太研究中心支配,在"华南研究计划"的名义下资助个人的研究。

② 《华南研究资料中心通讯》(下文简称《通讯》)第 1 期,1995 年 10 月 15 日,第 1 页。

告和一般图书馆没有的文献介绍和解读。这应该不是'华南'的问题。"①

1996年，历史人类学组成员在华南研究资料中心的基础上成立华南研究中心筹备处。1997年7月，在新任的人文社会科学院院长丁邦新的支持下，成立香港科技大学华南研究中心，并且和中山大学、厦门大学、江西师范大学、嘉应大学等共同建立一个"华南研究资料中心系统"，互相交流。1998年，华南研究中心成为香港科技大学的对外展示单位(Showcase Institute)。制度化的结果是大学提供了办公室和基本的研究资助。中心也从成员的研究计划和一些委托计划中得到基金资助，维持日常的运作。这些计划包括香港特区政府的古物古迹办事处资助的"西贡和东九龙地区的古建筑物普查"、香港政府档案处的"政府档案处的照片和影片库的研究和翻译服务"、"政府档案处的档案资料的研究和翻译服务"、卫奕信文物信托资助的"许舒博士所藏土地及商业文书出版计划"、日本基金会亚洲研究中心的"越南胡志明市华人建筑物碑刻收集"、西贡区议会的"西贡历史、文化和社会"计划、大埔区议会的"大埔传统与文物"计划、香港政府康乐及文化办事处的"香港非物质文化遗产普查"等。

华南研究中心成立以后，举办了一系列的讲座、会议、田野工作坊、研究生研讨班(2001年开始，每年举办两届)等交流及训练活动(见表1-1)。同时，建立资料库收集、整理文件文献，并且出版《华南研究资料中心通讯》、《历史人类学学刊》、《华南研究文献丛刊》(迄2020年共26册)、《泛珠三角历史与社会丛书》(共4册)、《香港文化遗产》及其他书籍(5册)。

表1-1 1996～2003年华南研究中心活动 单位:次

	1996年	1997年	1998年	1999年	2000年	2001年	2002年	2003年(至6月30日)	合计
学术会议	1	2	3	2	1	5	2	0	16
公开讲座	7	11	13	23	10	27	18	5	114
本地田野考察工作坊	1	1	4	6	1	1	15	1	30
境外田野考察工作坊	2	1	1	4	1	3	2	0	14
展览	0	0	1	1	0	0	0	0	2
研究生研讨班	0	0	0	0	0	1	3	1	5
合计	11	15	22	36	13	37	40	7	181

注:2003年以后的活动，可以在华南研究中心的网页(http://schina.ust.hk/zh)上找到。

① 蔡志祥:《〈华南研究通讯〉与历史人类学》,《中国社会科学报》2010年10月28日。《华南研究资料中心通讯》在2006年7月改名为《田野与文献》，仍然以季刊形式出版。

研究、分享和训练是三位一体的整合。以2001年的“塑造故乡：中国移民与乡土社会”学术会议（7月16～18日）和田野考察工作坊（7月18～25日）为例，在香港政府研究资助局的“移民社会与海外联系”研究计划和华南研究中心的资助下，以及中山大学历史人类学中心、嘉应大学客家研究中心和汕头大学潮汕文化研究中心的协助下，举行了为期10天的国际学术会议和田野考察。参加者除了来自国内外的学者和研究生外，还有非学界的华南研究会的成员。这个活动一方面讨论跨地域的移民、社会、经济、文化和认同的问题；另一方面在事先的预备调查（陈春声、刘志伟、马木池、蔡志祥）的基础上，以19世纪以来经过韩江出洋的路线，确定可资思考的移民和原乡社会的问题。工作坊的安排是每天日间考察，晚上除了介绍翌日的考察点外，还包括圆桌讨论会。这个会议，可能是后来的历史人类学高级研讨班的雏形。

中心继承华南研究会的理念，认为学术研究不能躲在象牙塔。因此，自中心筹建以来，推行了一系列的历史和田野的活动，从而推展学术、关怀学生、热衷研究、培养创造力及好奇心。

二、地方文化历史教学的活动和推广

人类学强调整体的(integrated)研究取向。从机构的角度来看，整体不仅是研究的方向，更重要的是如何达至跨界的整合。下面介绍华南研究中心在这方面的几个尝试。

1997年1月到5月，香港科技大学人文学部的历史人类学组举办了4场8人、题为“香港创造，创造香港”的系列讲座。会上提出：“一个社会的历史与形象并不单只是对事件的论述及对器物的描绘。作者与推广媒体的选材、处理方法、表现形式和理论取向都会影响读者和观众的理解。无可否认，在这一过程中，香港的学术界有其独特的角色；但相比起与大众有直接关系的文化机构，可能后者在塑造香港的历史与形象方面有更大的影响；与此同时，观众及读者也在追求他们‘理想’中的香港历史与形象。作者、读者与观众相互交错，构成了香港的历史与形象。”①这个系列除了冼玉仪是香港大学历史系香港历史研究室主任外，其他7位都是文化机构的人士，他们是香港教育处课程设计总主任、香港历史博物馆总馆长、区域市政总署博物馆（现文化博物馆）总馆长、香港艺术中心展览部总监、香港电台电视部监制、古物古迹办事处执行秘书以及香港旅游协会公关部经理。这些机构，包括了推动香港中小学综合人文课程（后来的通识课程）的部门、制作20世纪80年代的香港历史纪录片《百载炉峰》和90年代的社会文化纪录片《吾土吾情》的

① 《“香港创造，创造香港”讲座系列》，《通讯》第6期，1997年1月15日，第15页。

监制部门、启动香港文物普查的机构以及宣传香港旅游的部门。会上,出版界的朋友指出缺乏关于香港的高水平的普及读物,这也启发了华南研究中心认识到学问走向民间的重要性。

人类学强调整体的研究取向。历史人类学组成员明白整体不仅是调查研究点的整体,更重要的是学术界和社区的整体结合,必须要有跨界的联系。

1997年到2006年之间,华南研究中心组织了下列三个推广田野教学的尝试。

1.香港历史、文化与社会:大学与中学间的教学介面(1998～2000)

1998年,香港史列入中学初中课程,特区政府积极推动包括香港历史和社会的初中综合人文课程,鼓励学生从生活中,认识香港的历史、社会和文化。在田野中的教学,因此而忽然风行。田野教学一方面需要足够的教学资源来配合;另一方面没有适当的教学方法,会令学生分不清楚耳闻、目睹和想象的差别,田野反而会因此被"污染"。1998年,华南研究中心在香港的大学教育资助委员会资助的"香港历史、文化与社会:大学与中学间的教学介面"计划下,开展为期三年的活动。"本计划尝试建立沟通大学与中学间的桥梁,让中学老师们进一步了解与香港有关的新观念、理论、资料和研究方法,并在教授香港史时,能更有效地使用这些资源。"①这个计划一方面与政府机构(教育署课程发展处人文学科组)和兴趣团体(华南研究会)合作,另一方面组成包括中学老师(2人)和研究生(3人)的10人工作推广委员会。参与者除了学者和中学老师外,也包括公共文化机构、学术团体和出版界的专家。活动包括:(1)研讨会;(2)展览会;(3)讲座系列;(4)示范式田野考察;(5)互联网页;(6)出版资料集;(7)举办证书课程。这一系列活动的目的是协助中学老师在教授本土历史时培养出对本土文化与社会的触觉,丰富老师们在设计教案时的想法,鼓励老师带领学生进行田野考察,透过与本地人的倾谈和接触,查考地方碑记与文献,参观历史建筑物等活动。在参与观察的过程中,既亲身体验本土文化与社会,培养其学习香港历史的兴趣和主动性,也帮助学生发展其好奇心及创造力。

研讨会暨香港史教育资源展览在1998年12月5日举行,参与者有来自4所大学的研究香港史的学者、来自10所中学教授香港史的中学老师,以及与中学香港史课程设计有关的人士。研讨会分"香港史教学""考察活动经验"及"香港史课程设计及教学资源"三节,由中学老师报告,大学老师讨论。展览包括管理香港古物古迹及档案的机构、博物馆、出版香港中学历史教科书及香港历史文化书籍的文化机构。

1999年开始为期一年的"认识香港历史、文化与社会"课程,课程分"证书"与"非证书"两种,证书课程的参加者除出席不少于7次的讲座和4次田野考察外,需要编写一节

---

① 《"香港历史、文化与社会:大学与中学间的教学介面"计划简介》,《通讯》第13期,1998年10月15日,第17页。

中学香港史课程教案;非证书课程的参加者可按各自兴趣参加讲座及田野考察。“认识香港历史、文化与社会”课程包括共9讲的讲座和6次的田野考察。“让老师们在参与观察中,亲身体验讲堂上讨论的观念、理论与方法。”[①]内容从文物古迹、传统社会、城市发展,以至普及文化,由专家主讲。6次的示范式田野考察,由导师设计工作纸和带领现地考察,内容从考古到当代,从乡村到都市。[②]

课程结束后,华南研究中心把课程中的资料编成三册的资料集,分别为“教与学篇”“教学与实践篇”和“田野与文献篇”(见图2-1)。提出走出课堂、与生活结合是理解本地历史、社会和文化的重要方式。为了帮助推动本地的历史田野教学,资料集免费寄赠香港各中学图书馆及研究机构。[③]

图2-1 《香港历史、文化与社会》

“教与学篇”内容包括:

序言(蔡宝琼)

导论(廖迪生、张兆和、蔡志祥)

考古与香港历史(邹兴华)

从古迹文物看香港历史(龙炳颐)

传统社会组织(科大卫)

---

① 《“香港历史、文化与社会:大学与中学间的教学介面”计划简介》,《通讯》第13期,1998年10月15日,第14~18页。

② 参见廖迪生:《“香港历史、文化与社会”课程结业礼致辞》,《通讯》第20期,2000年7月15日,第3~4页。

③ 参见廖迪生等:《我们的历史——香港史》,《通讯》第28期,2002年7月15日,第9页。

传统社会生活(廖迪生、蔡志祥)

十九世纪都市发展(冼玉仪)

战前商业发展(钟宝贤)

三年零八个月(刘润和)

战后的经济与社会(赵永佳)

普及文化与身份建构(吴俊雄、马杰伟)

香港文学史研究概况综述

理论与实践:

根治时空错乱与集体失忆(程美宝)

香港史与感性史识(叶汉明)

有趣、有关、有情(卢玮銮)

历史的塑造(蔡志祥)

谁人的香港史(蔡宝琼)

"教学与实践篇"包括8篇由中学老师撰写的"教学经验",6篇由中学老师设计和3篇由大学老师设计的教案与工作纸。以科大卫和马木池设计的"香港传统农村社会组织与生活"为例,该教案的基本设想为:(1)以活动教学、非背诵式的教学为本;(2)授课形式以媒体配合活动为主;(3)教案是6个35分钟的课堂设计,每节包括20分钟活动和15分钟讨论和讲解;(4)鼓励学生应用其他学科知识如中文、地理、经济、艺术等融会于历史的学习;(5)课外习作以分组进行简单的研究计划为主。6节的教案如下:

香港早期居民:香港的主要民系及姓族

阅读资料、课堂活动(地图、录音分析)、问题讨论、工作纸

香港早期居民的生计

阅读资料、课堂活动(地图分析)、问题讨论、习作

香港早期居民的生活

阅读资料、课堂活动(幻灯片、虚拟进入)、工作纸、讨论、习作(编写"我的家族史")

宗族与乡村社会

阅读资料、课堂活动(影片、视像)、问题讨论、习作(家中宗教活动调查表)

地方社会组织

阅读资料、课堂活动(游戏"谁来建祠堂")、总结讨论、习作

香港早期教育与文化

阅读资料、课堂活动(契据等与文字有关的材料、解读、私塾教育所能掌握的文字知识)、讨论

"田野与文献篇"包括两个部分，田野考察部分包括下列 7 个田野考察的工作纸，其中 3 篇由中学老师设计。

大澳田野考察（廖迪生、张兆和）

香港中上环之旅：早期殖民地的开发（程美宝）

粉岭龙跃头考察（黄永豪、谭思敏）

西贡古道行：村落与外部世界的连系（马木池）

从新界传统建筑看香港早期居民的生活及风俗习惯（中学老师：苏芳美、林宝英）

石湖墟教案（中学老师：袁梅芳）

九龙寨城今昔（中学老师：黄秀文）

"田野与文献"部分包括：(1)香港主题教学的参考书目；(2)教授和研习香港史的资源机构。

除了三册书籍外，华南研究中心还设立网页，并且在《通讯》开辟《香港历史的教与学》专栏，以帮助"对香港历史社会有兴趣的老师们组织起来，形成自己的团体去探讨、解决理论及教学上的问题"①。2000 年以后，由中学老师组成的中国历史教育学会(2000)、香港中史教师会(2000)以及香港历史及文化教育协会(2016)等，可以说是受这个计划的影响而组成的。

2.华南研究花炮会(2000～)：从参与观察到参与和观察

华南研究中心和华南研究会的成员意识到人类学的参与观察(participant observation)的"参与者"(participant)和"观察者"(observer)的双重身份对理解地方文化的重要性。2000 年，组织了"华南研究花炮会"参与西贡滘西洲每年农历二月十三日举行的洪胜诞活动。滘西洲是华德英在 20 世纪 50 年代开始长期田野调查的基地，岛上有纪念华德英的石碑。活动希望透过组织及参与长期性的地方宗教活动来了解地方社会。2000 年第一次参与洪胜诞时，花炮会成员扛抬烧猪进入庙门时被挡。黄永豪记录了这次事件："本会(华南研究会)很多会员长久以来皆有观察当地的洪胜诞活动，但是组成花炮会，直接参与当地的社区活动，却是首次尝试。没有这次的参与，是没有人会告诉我们，插在参神用的烧猪头上的刀子是不能以刀刃向着神灵的。人们与神灵的关系，在我们这群'散兵游勇''乱打乱碰'的行为中获得进一步的了解。"②社区成员共享文化的价值、共同的禁忌，观察者是难以知道社区成员共享的、不需要明言的地方"知识"。因此，边缘的本地人(marginal native)的身份是既可以取得社区的文化主位(emic)又可以取得客位(etic)认知的重要切入点。

---

① 廖迪生：《"香港历史、文化与社会"课程结业礼致辞》，《通讯》第 20 期，2000 年 7 月 15 日，第 4 页。

② 黄永豪：《华南研究花炮会活动感言》，《通讯》第 19 期，2000 年 4 月 15 日，第 13 页。

每年的花炮会活动包括:(1)介绍滘西洲的社区情况和历史、华德英的研究,以及洪胜诞活动的性质和概况;(2)扛抬参神烧猪和香烛到庙里参拜;(3)向滘西洪胜诞值理会捐题戏金和购买花炮抽签卷;(4)参与与居民共同分享的免费午膳;(5)自由观察岛上的酬神活动;(6)观察神功例戏(如跳加官、天妃送子)、庆祝洪胜诞的官方仪式以及花炮抽签项目。

花炮会在滘西洪胜诞的进香活动是公开的,不同院校的师生和对地方节庆文化有兴趣的市民都可以自由参加。这是一个尝试透过参与者和观察者的身份理解地方文化运作的方法,也是联系学界、地方社区和群众的活动。2010年以后,华南研究中心有关非物质文化遗产的教育活动、文化服务及导赏员培训等工作,就是在这样的构思下一脉相承的。

3.跨学科的田野学习(2004年5月15、16、31~6月5日)

田野没有学科的界线。面对同样的田野,不同的学科专业有不一样的视点和诠析。香港科技大学人文学部包括了历史、人类学、宗教、哲学、文学和语言学等学科专业。因此,也是跨学科田野学习的试验场。

2004年,华南研究中心举办了一场题为"跨学科的田野学习"(cross-disciplinary learning in the field)的活动。活动包括两天的田野考察前的工作坊和6天的田野考察。工作坊由参与的同学就各自的专业报告相关的资料和观点。工作坊包括6场资料分享和讨论会:(1)历史与地理:一般介绍;(2)士兵、少数族群和身份认同;(3)市场、贸易与社会经济界线;(4)文学与记忆:沈从文与湘西;(5)关于《边城》的电影;(6)语言与社会:土家与汉语。

田野考察点选定湘西。每天的考察在下午4时前完结。大部分的考察是共同的行动,但也有一天由各专业根据自身的学科兴趣而分头调查,如研究语言的在旅馆内与本地人访谈、录音,分析湘语的结构;研究文学的走访沈从文《边城》记载的地方;读艺术的到黄永玉绘画的现场;人类学的参观族群庙宇;等等。不同领域的同学必须在下午4时到晚饭前准备简报,在晚上8时开始的讨论会以视像的形式发布当天的闻见。这个方法使大家有效地体验到不同学科的观察者不一样的视觉,从而使不同学科领域的观察者相互补足、相互学习。

"跨学科的田野学习"是笔者组织、参与过的最具挑战性的田野考察。然而,在学科领域界限牢固的环境下,跨学科的交流分享有一定的困难。跨学科的田野的尝试,也因此没有继续下去。

公众史学有三个主要的目的:(1)关于群众的历史(on the public: history from below);(2)给公众的历史(for the public: history for the interest of the public);(3)让公

众说话的历史(by the public: history told by the public stakeholders)。华南研究中心除了收集文献资料、口述历史,建立西贡地方的乡村档案和进行节庆等公众活动的影音记录外,还出版以中学老师为对象的教学工具(《香港历史、文化与社会》)和为地方社会编写记录该地的历史和文化传统的书籍(《西贡历史与风物》《大埔:传统与文物》《书写屏山:香港新界屏山邓氏宗族表述本土历史文化传统文献汇编》)。从2016年开始,连续4年出版《大澳端午龙舟游涌2016》《大澳端午龙舟游涌2017》《大澳端午龙舟游涌2018》《大澳端午龙舟游涌2019》,介绍香港早期的4个国家级非物质文化遗产之一的大澳端午游涌活动及社区组织,并免费送赠,以作为在大澳进行文物教学活动之参考材料。

华南研究中心成立以后,建基于20世纪50年代华德英的笔记、70年代末80年代初科大卫进行的口述历史,以及90年代后期到21世纪初的东九龙及西贡地区的普查,建立起村落资料库。2011年以后,通过中心成立以来在节日田野中收集的文字和影像材料,以及在2011年开始的非物质文化遗产普查的成果,汇集了相当数量的香港节庆文化的资料。这些公众关心的文化传统的资料和公众活动过程中产生的资料,都有助于书写给公众的文化历史传统的记录。

总结言之,自1997年成立以来,华南研究中心一方面推广跨界的田野学习,另一方面建基于对香港的关怀,强调"学习不再局限在课堂,走出课堂的考察与调查,成为教与学的重要组成部分"[①]。

三、学步与超越

"从华南研究,我们得到一个通论,以后的工作就不是在华南找证据。我们需要跑到不同的地方,看看通论是否可以经得起考验。需要到华北去,看看在参与国家比华南更长历史的例子是否也合乎这个论点。需要跑到云南和贵州,看看历史上出现过不同国家模式的地区如何把不同国家的传统放进地方文化。我们不能犯以往古代社会史的错误,把中国历史写成江南的扩大化。只有走出华南研究的范畴。我们才可以把中国历史写成是全中国的历史。"[②]

华南研究中心的成立,并非囿于地域的研究。无论最终的目的是了解中国的大历史,还是自我的挑战和反思,地域只是一个"工具",用来联系一群共同信念的研究者,通过相互的学习、冲击,来试图承传过去的知识与创立新的理念和诠析。[③] 华南研究中心的

---

① 《编后语》,《通讯》第18期,2000年1月15日,第26页。

② 科大卫:《告别华南研究》,华南研究编辑委员会编:《学步与超越》,(香港)文化创造出版社2004年版,第30页。

③ 参见蔡志祥:《华南:一个地域、一个观念和一个联系》,华南研究会编辑委员会:《学步与超越:华南研究会论文集》,(香港)文化创造出版社2004年版,第1～8页;程美宝、蔡志祥:《华南研究:历史学与人类学的实践》,《通讯》第22期,2001年1月15日,第1～3页。

成立,除了服务学界之外,另一个重要任务是走出学科界限的"象牙塔"。在中小学的综合人文课程(后来的通识课程)的要求下,以及社会对物质和非物质文化遗产的关注的氛围下,田野教学不仅是要跳出安乐椅,在教室以外传授分享学问,更重要的是在田野中,我们是跨域的学习者。华南研究中心多年来推动的是希望在田野中的观察者,可以从消极的资讯接收者,成为积极参与的田野记录者。

华南研究中心希望田野的调研者在书写田野的同时也能够阅读田野。阅读田野不仅是明白碑刻、谱牒等历史材料的内容和书写方法,还要求阅读者一方面要有整体的观念,明白材料不是孤立的存在;另一方面要清楚辨明耳闻、目睹和想象的差别。另外,还要知道过去的知识是怎样进入资料提供人和田野工作者的认知范围,是怎样被演绎和理解从而传达到田野记录者的民族志中的。

华南研究中心在香港推广的不仅是历史人类学的田野教学,成员们尝试的还是跨学科界限的、跨学校介面的、整合社区的田野学习,努力以积极互动的田野教学法取代被动接受式的田野教学法。这样的工作,需要资源和制度的支持,也需要付出大量的时间。学科共融的困难阻碍了跨界的相互学习;学术出版与国际化的评估制度的压力,窒碍了耗时的积极互动的田野教学的发展。而威权的、指导式的田野教学是省时的、不会增加学术成本的便利方法。要有效推广跨界的、积极互动的田野教学,必须得到大学高层的认可和田野设计者、推动者、参与者的谦逊与包容。香港的经验,说明了推动这样的田野教学所要面对的困难,以及需要付出的牺牲。

(蔡志祥,厦门大学历史系讲座教授、香港中文大学历史系客席教授)

在地思维与社会实践

——台湾通识教育课程“地方知识与社会”的反思

傅宝玉

导言:地方知识课程的提起

20世纪80年代“本土化”抬头后,经历90年代社区总体营造,台湾地方意识开始崛起,并强调对本土地方知识的重视。1992年,宜兰县史馆发展的“宜兰学”首次系统提出“地方学”的论述,也是这波风潮下颇受注目的典范。随后陆续有“高雄学”“屏东学”的诞生,“地方学”热潮正式兴起,扩散为一种新的史学叙述,不仅宣扬以地方知识为主体的学术探究,而且高张“大家写村史”的旗帜,鼓励庶民投入地方主体知识的建立与书写中,并且从社区逐步进入校园,从小学到大学课程的设置亦逐步落实。

近年来因社会少子化、约聘制、学用落差、私校退场,从就业、教学到研究,学校教育面临危机与挑战,大学乃开启思索课程改革的可能性。台湾高等教育多数仅重视评鉴与绩效,面临学校同质性越来越高、学生学习意愿低落、学用落差等困境,乃提出高教人社实践计划。这个计划的出现,正是希望另辟蹊径,鼓励一些大学连结地方,履行社会责任,建立新学术典范,最后促成大学型态的多样性。教育主管部门推出许多先导计划试图为大学找到新的改革方向。例如,根据最近的大学社会责任计划(USR),大学不只是教学研究单位,还肩负地方创生的任务,而致力提出无边界大学计划。简单地说,就是要将地方所面对的真实问题(如交通、社区、能源、灾难)先转化成为一个大学内部的跨领域课程,然后在课程中引导学生针对不同的问题提出解决方案,接着在与社区组织或倡议团体合作实习的过程中修改提案,如果提案有幸通过参与式预算或市府 D-Team 编列预算,就会进入项目执行阶段。例如,“农委会”为农村再生,创造就业机会,提出了“大专生回游农村计划",就是一个企图让学生在课后或暑假参与农村社区再生的尝试。最后也最重要的是,以这一个过程的经验协助大学老师修改跨域课程的设计,并且协助市府内部成立一个专责部门(称为 D-Team)来推动地方政府与大学课程、社区组织的合作。

USR 背后的知识性质,是强调在地连结与社会参与,形成由认识到实践,以及由个人到公众的知识系统。求知本来是个人私我的一件事,研究学问,探索真理,现在则是需要将自己求知的目的与对象、与外界社会加以联系,并要求能为社会作出一定程度的贡献。总之,当代知识一个明显趋势是越来越强调对所处地方的认识与认同,并且由认知到行动参与。呈现在教育上的是越来越多的相应组织纷纷成立,且突破专业分科的藩篱,从跨域的角度开设过去所没有的课程。

以台湾"中大"为例,校内组织成立了尤努斯社会企业中心(Yunus Social Business Centre, NCU)、创新育成中心、大学社会责任办公室、桃竹苗教学资源中心(创新教学教师社群)等。台湾"中大"尤努斯社会企业中心是台湾第一个成立的尤努斯社会企业中心,由诺贝尔和平奖得主穆罕默德·尤努斯(Muhammad Yunus)博士于 2014 年与台湾"中大"签订合作备忘录,并于同年正式挂牌成立,设于拥有 AACSB 认证的管理学院。以成为在社会企业教育、研究、创新和创业等方面受到认可的国际枢纽为愿景,以同理心、责任、诚信、创新、专业以及乐趣作为核心价值,并以通过卓越的研究、培训与辅导、协作与倡导等方式,与社会企业、非营利组织、社区、政府、投资人、培育家以及学者等对象合作为使命,以期成为台湾社会企业生态系统的催化剂。

台湾"中大"还在通识教育中开设诸如社会企业、社会参与、文化创意产业、新创事业与创新实务、永续乡村与社区发展等课程。社会参与之导航与探索课程为"跨域社会参与学分学程"导航课程之一。此课程的核心目标在于鼓励学生关怀与觉察在地社会、促进跨域创意思考及脑力激荡、提出多样化的问题解决提案、产生具社会影响力或互惠经济价值之成果。通过"跨域社会参与学分学程"的培育,进一步推展在学青年参与地方发展的联结、孕育校园与在地社会的连带、培育青年跨域共创并投入社会创新、发挥人文价值与社会关怀的精神。与其他课程差异性的亮点在于提供给同学们一个跨领域互动的空间与课程设计,并在课程内容中增添走进田野、接触不同社会议题的机会,让学生从中慢慢培养出发掘问题、与不同领域同学共处讨论的能力,最后通过团队合作产出具有社会参与精神的作品或实践作为。

近年来,台湾"中大"开始强调大学课程的在地连结与社会参与的重要性。"地方知识与社会课程"也多少是在这个现实背景的脉络下提出,而影响课程内容的设计。地方是一个人认同与存在的起点,也是一个建立关系与连结的起点。但在全球化影响下,人与地方的关系渐行渐远,人与在地联结也受到冲击,但地方认同与在地性并没有消失。作为社群生命经验的源头——地方社会仍然以另一种面貌再现,试图通过独树一帜的地方文化与社区运动，在全球化的今天，以多元的面貌竞争话语权。如何创造具有特色的地方社会与文化，已成为当代“全球视野，在地行动”(Think Globally, Act Locally)的基础共识。本课程由探索地方出发，找寻自我经验的意义与知识关怀的框架，进而转化成为社会学习与行动力量。除讲解与地方知识相关的议题外，还以纪录片观赏与讲评作为辅助，进一步阐释课程的基本概念。参与修课同学须自行分组，择一相关主题完成“地方田野工作”的拍摄与小组课堂报告。本课程相对于学院里的历史专业教育，更强调回到现场和对地方社会当下的认识与理解。在课程设计上，将历史时间轴转向空间化，在空间中看地方的演变与建构。一方面，研究当代地方的人如何看待过去，如何建构现在；另一方面，理解处于现实环境的学生如何面对过去与疏离的地方社会。

那么，何谓地方知识呢？地方知识的内涵是什么呢？吉尔兹(Clifford Geertz)曾特别提醒读者：“人类学家不研究村子(或部落、城镇、社区……)；他们只是在村子‘里’做研究。”追求地方知识不应陷入某些对“地方”的迷思，地方知识不只关乎某个特定地方的知识，也关乎知识生产的特定境况及其政治。地方知识的讨论要求研究者时时反思自己的知识生产脉络，透过知识的背景脉络看见与其相应的权力政治。“地方知识”要求我们在追求关于他者(other)/异地的知识过程中看见自己，也看见我们所身处的多元世界。吉尔兹把地方知识视为一套意义生产的文化体系(cultural system)，内在于其所身置的社会文化。地方知识是一群居住在同一地域范围内的人们所组成，共享着共同的利益与社会结构所表现出的一套文化符号。

然而地方知识不全然定位在一个封闭的地点(confined localities)，在全球化风潮影响下，当代快速频繁的人群流动使文化(人群)与地域原有的密切关系断裂，取而代之的是流动的文化与人群，并改变了固着的人与地域的关系。

地方不再被视为被动的承载空间，而是主动与充满关系性的意义生产架构；地方生产关系，地方就是关系。因此在研究当代地方社会时，人的关系而非地点(location)成为探讨社群的方式。由于人与文化不再自动地定着于地理的空间上，我们必须检验一个地方(place)或社会空间(space)与社群(community)如何被建构起来。为阐释地方知识的内涵，本课程设计内容围绕以下三主题。

主题一：什么是地方？(从经验感受出发)

詹明信(Frederic Jameson)在《新左评论》(*New Left Review*)的一篇论文中剖析社会及历史变迁，他强力肯定了空间地位的重要性，认为在20世纪60年代以后的西方后现代化社会中，左右人们日常生活、心路历程及文化语言者，是种种的空间而非时间。劳伦斯·达雷尔(Lawrence Durrell)认为，人的存在、出现与被知觉的关键常是因为人们存在背后的环境脉络,人的存在意义与其存在的地方有重大关联。

身体感官的直接经验使空间成为一个具有主观意义与丰富情感的地方,如马托雷(Matoré)说:"我们不仅仅靠感官掌握空间……我们住在其中,我们将我们的人格投射在空间,我们与它有情感上的联系;空间不仅被感知……它被活出来。"也就是说,19 世纪以来对时间的重视已日趋转到对空间的重视。然而真正关注地方概念的,最早是在 1947 年的地理学者怀特(J. Wright),他在《未知的土地:地理学中想象的地方》一文中定义:地方是承载主观性的区域。他认为,我们的居所基本上可以区分成为"空间"(space)与"地方"(place)。两者之间的关系在于:"空间"经过我们赋予意义之后,转变成为"地方",意即"地方"是对个人而言有意义的场所、价值凝聚地所在,"空间"则是对个人无意义的场所。在这一空间转变地方的过程中,赋予地方意义的关键在于"经验"。段义孚(Yi-Fu Tuan)在其名著《经验透视中的空间和地方》(*Space and Place : The Perspective of Experience*)便提及:"经验使我们对一个地方从冷漠到热爱,经验也让我们重新定义一个所在。"空间被赋予文化意义的过程就是空间变为地方的过程。而这个过程也可以说是"人化"的过程。人在赋予空间意义创造地方的过程中,同时也归属于这一地方,形成一种归属感或"地方感"。

在第一讲介绍什么是地方时,先请学生做简短自我介绍,从学生自我介绍中理解以下问题:个人如何认识自我?发现个人在自我呈现时,会与那些社群连结?地方在现代人的自我认识中是否重要?试图从个人存在经验中发现地方,并在地方中发现我的存在。结果发现学生很少会提及特定成长或生活的地方,这可能与大多数人后来在都市生活有很大关系。都市的疏离与速度似乎无法停泊意义,构成他们的地方,因此作为生活的地方——都市似乎不占其生命经验的中心。

同时,在本讲的影片放映中,放映大陆惠安女孩与台湾青年各自创造出来的空间,以激发学生对于所谓地方的想象与自我存在经验的讨论。学生反馈如下:

> A 同学:在农村的一个废弃小屋本来只是一个浑沌不明的空间,透过惠安女孩辛苦改造,小屋成为了惠安女孩心中所梦想的地方。空间因为人的再解构和重新塑造,成为和人类有情感联结的地方,甚至惠安女孩在这地方每天生活的回忆,使这个废弃的小屋产生意义。我的家乡也有我和家人、邻居共同的情感跟回忆,这样的地方是我的家乡,如果没有情感记忆的联结,那就不是"地方"。所以我在这一生当中所处过的地方,是我的情感来源,是认识自己的起始点,但是有些人的"地方"却要被迫拆除,从地图上移除名字,甚至有的人没有家,不属于任何地方,"地方"虽然让我们具有情感的联系,但同时也具有排外性,是有边界、有标准的,所以"地方"是被创造出来的,而惠安女孩离开她原本的地方,去创造一个属于她自己的地方,这样的勇气让人佩服!而且这也证明了一件事,那就是我们可以让"地方"变得更好!

B同学:地方在许多人眼中可以有截然不同的解释。有些人认为“地方”需要有行政的界线,有些人认为一个“地方”需要有特定的文化,但有些人认为,只要对自己有着特殊意义,不管或大或小,都可以被当作是一个“地方”,而我也是这样认为。对我来说,一个“地方”,只需要一个对自己有意义的故事发生,它在我心中就可以被称作一个“地方”。故事中的女孩所打造的“地方”,虽然可能没有地方独特的文化,或者特别的指标,但是打造的过程中一定充满回忆,充满着故事,我认为这就算是她的“地方”。我们每个人都来自不同的地方,我们每个人背后都有不同的故事,这些故事诉说着他们成长的特色。看完这个影片之后,我希望有一天也能创造一个像影片中惠安女孩所创造的“地方”,留下自己的故事。

C同学:此次上课影片让我了解在“地方”适在地安居是个多棒的体验与收获。片中的女孩在经历了大城市的喧嚣之后,选择回到适在的地方隐居,自己种些食物,过着自给自足的生活。在这信息爆炸、交通进步的年代,不管多远的地方,都变得近在咫尺,仿佛成了一个“地球村”。但正因为如此,现代人反而容易忘了关心我们真正生活的土地,其实我们脚下踩着的每一片泥土,都值得我们更多的关注与关爱。另外,《天空院子》的影片让我了解到如何结合在地的“地方”与现在的“观光”。过去人们常说观光等外来产业会对地方带来冲击。但我认为在这部影片中,他在投资老旧房子、发展观光的同时,也宣传并保留了地方文化,巧妙地在“注重在地、传统”与“观光、创新”两者看似对立的价值观之中达成了微妙的平衡。影片中的主角在奋斗了一辈子考上了医学院并经历了大城市的喧嚣之后,选择了一个适在的地方,在经历了艰难的初期,他通过串联附近的传统产业并结合创新的文化产业,不仅发扬了当地的文化,为当地留住了一批有理想的青年,而且也为自己带来了可观的收入。我认为这个“个人与地方互动”的例子十分值得深入分析探讨。

D同学:一个区域能否被称为某个人的“地方”呢?我觉得衡量标准是“联结”,与当地人、与土地、与其他生灵、与过去历史,每一次的互动都会增加和增强这些“联结”。以影片中的情景来说,女孩原本与惠安这个区域并没有多少联系,但她选择来到了这里,自己建筑房屋、自己劳作生产、与当地人一起生活,每一天、每一次,她与当地的其他部分进行互动时,他们之间的“联结”都在成长。多年的共同生活,我想惠安已经成为了她生命中的一个“地方”。那么,怎样去判断这个边界呢?要有多少或是多强的联结,我们便能把一个区域称为我们的“地方”呢?我想很难去量化,有些地方我可能就去过一次,但是那一次旅程中发生了一些印象深刻的事情,虽然过了很久,现在回忆起来我都会印象深刻,也许我也能说那里是我的一个“地方”。

相较于惠安女孩是个人生的选择,“天空的院子”的案例则讲了一个创业的故事,主角何培均放弃了前景较稳定但是自己并不感兴趣的医学道路而选择了到山村开民宿。

从社会效益的角度来说，何培均确实影响了更多的人，他为地方招徕了更多的游客，并且让游客们对地方有了认识和联结。这个时代我们面临着诸多环保和社会问题，这些问题有很大一部分是由于城市与乡村脱节，人口向城市集中后，逐渐丧失了原本自己的"地方"，因为没有地方的意识，所以也不会真正意识到平时行为可能的伤害。但是这样的趋势是可逆的，尤其是在东方社会的文化背景里对于"故土"的情怀，像影片中这样的民宿可以帮助"地方"重塑独特文化，就能够让一些离开的人回游，也能让周边或者对这样文化感兴趣的人重新进入到"地方"，并帮助解决很多问题。

从上面可以发现，学生逐渐认识到地方是自我经验的联结，以及关系的重塑。类似学生自我经验的联结也在谈论"水利与地方关系"主题时反映出来。在台湾新竹南埔村水圳的影片观后感中，可以看到学生的反馈与他个人自我经验的验证。其中一位同学提及："因为我爷爷本身也是务农的，所以更能够体会那些农民为什么会殷切地想要修筑水圳，为的不只是他们自己，更是为了他们的子孙。年轻人不去修筑水圳的原因很简单，现在的年轻人大多不会选择留在乡下种田，所以当然不会在意灌溉农田的水圳是否能够正常使用。但是年轻人不做，有一群平均年龄超过 75 的老年人出来自己做。从这里可以看出他们对于自己聚落的无私奉献，尽管他们的子孙后代不一定会继续务农，但他们还是处处替子孙着想。影片中也提到了村长，即便一开始村民都不看好他，他也不气馁，反而用满腔热血以及冲劲去证明，他愿意为了这个 500 人不到的村庄作贡献，也正是有了老年人的牺牲奉献和年轻人的返乡热忱，才有现在的南埔村。"从学生的反馈中可以发现，学生都注意到了地方是个人主观经验的塑造。

主题二：什么是地方的人？

地方塑造的核心在于自我的"惯习"(habitus)，即不断重复的空间行为与空间体验在自我中的内化。人通过日常的"定居"(habitation)不断重复对地方的体验，通过与地方不断的互动过程，使得地方成为定义自我的一个关键元素。地方构成个人或社会群体身份的一部分，而社会与文化意义又通过不断的空间实践将意义记录在地方之中。地方是安居所在，是透过人群日常生活日复一日操演(performance)所形塑出来的。因此有共同经验和惯习的人共同塑造出地方，也在这过程中形成地方的范围与边界，而显示出对内整合凝聚及对外排斥的性质，形成圈内人即在地方里的人 VS 圈外人即外面陌生人的分际。村里讲人情关系，社群亲密关系建立在互通有无、相互救济、互相欠债的基础上，礼物交换的背后，是一个永远的债务联结。以人情维持，以相互馈赠模式互动，因此人际上抢着付账，但最怕算账，因为算清等于绝交。还有社群关系空间化——村里人 VS 村外陌生人。商业贸易必须在村外街上进行，也就是在村外市集与陌生人做生意，即使是隔壁邻居也须走十多里到街上交易,不能在门口交易。村里是邻居,村外是陌生人,被称为"客"或"寄籍"。村里开店的多是外来的新客,商业是在血缘之外发展出来的网络。

在本讲问题与讨论中,请学生思考:怎样才能成为村里的人?带领学生以骑单车或徒步的方式到离学校最近的三座屋村落实际考察。三座屋村落为单姓(邱家)宗族聚落,除了以宗族祠堂为中心外,村内没有见到任何庙宇,土地公位在村的外围,显然是以宗族为主的血缘性聚落。本次探访希望学生通过村落的实地访查,理解作为地方的人或说村里人的一些基本内涵,并发现宗族聚落的特色与问题。学生回应如下:

E同学:我记得带我们参观的邱家人指着我们学校方向说,学校的土地过去都是他们邱家的田,邱先生还在村里指着对面山坡的建筑对我们说,那边就是我们的学校宿舍,这让我认识到了老师课堂上提及的地方的连结。我觉得有趣的是,三座屋村落实际不是很发达,紧邻隔壁的是这一带最贵的别墅区,村落外围是新建的别墅区,地皮经由村庄卖给地产开发商,然后转手卖出高价,建成高级住宅区,与破旧村落形成鲜明对比。宗祠里面拜神明,与之前去的大溪林腾芳家族不同,布告栏上面的公告说明宗祠财产是公有的,只要有一个家族成员不同意,就不能进行修缮。因为风水原因,就将父亲与儿子坟墓分开,且村里村民都十分信服,在迁坟前也会先和风水师沟通,这对于家里没有信仰习惯的我来说比较新奇。最后关于村落是开放还是封闭的问题,引发老师与同学们的不同意见,我个人认为村子还是比较开放的聚落。

F同学:在这次的探访之前,我从来不知道中大路上还有一个如此温暖的地方。最令我印象深刻的是邱家的大祖坟。以前坟墓对我来说是一个阴森恐怖的地方,但他们竟然可以将坟墓盖在非常显眼的必经之地。介绍的时候,我看见邱先生他们都是直接走上坟墓,脚踩在坟土上,甚至还邀请我们也一起过去,难道是文化或习俗的差异?我听着他们的故事,隐约感受到他们对自己家族的骄傲。于是,我猜测他们将坟墓设在显眼的道路,甚至是入村口,是不是希望每个经过的人都可以记得当初祖先开垦的辛苦而缅怀他们。对我可能只是一个恐怖的存在,对他们来说却是一种荣誉的象征。当然这也只是我的揣测,但邱先生在介绍时,眼中闪烁的光芒是千真万确的。老师问大家这个村庄是封闭的还是开放的,我想,就结构而言,他们的村庄是封闭的,毕竟他们要保护他们的家人们,设计了一条连当地人都不见得走得出来的道路。不过,他们也提到以前台湾"中大"这块地一直到消夜街的红色大宅也是属于他们的,那么大的地,以前住在上面的人要往平地,势必都会经过那里,是不是可能没有办法防止其他人经过,以致有住人的地方是封闭的,但对外其实又是开放的呢?不过就当天的感觉而言,我觉得他们的心态是开放的。他们非常熟悉地介绍他们的故事,也带我们绕了整个村落。在我们之后来的访客似乎也要邱先生他们介绍,因此推测他们有意想发扬他们的村落。不过他们似乎又不喜好太多人去打扰,我也观察到他们村里的宁静及祥和,这样静谧又平和的家乡,宛如世外秘境,大概也不会想让其他外地人轻易破坏与打扰。整个参访,我有种在熟悉的地方却感到新鲜的陌生的感觉。让我不禁想起一首英文歌 *A Whole New World*,我就像故事里的公主一般,住在城堡里,没有好好看过身边所居住过的环境,这次的参访使我可以看见另一个世界的魔毯。一砖一瓦间,这个村庄村民对于自己历史的自豪和自信,如此的感情就是对地方的情感,也是之前老师一直与我们讨论的"地方"。

G 同学:在上过这学期的课程后,我得到许多平常不会接触到的地方知识,像是一个聚落之所以会形成,跟地域性有非常强烈的关系,像是一群人可能从以前就在同一块土地上耕种,使用同一条水圳灌溉,即使彼此起初互相并不认识,但经过长时间的共同生活,渐渐地这群人产生了情感联结,也会开始参与公共事务,有共同的宗教活动,最后就成为了一个聚落,一个真正的"地方"。几个礼拜前的课堂,老师带各位到学校旁边的邱家河南堂去做实地访查,虽然我已经大四了,但若是没有老师这次的带领,我可能永远不知道原来在学校旁边有这样的地方。而在当地邱家人的带领下,我们看到了一个传统地方的样貌,对于在都市长大的我来说,实在是一次非常特别的体验,而在与邱家人的谈话中,也能感受到他们对地方的那份情感,毕竟这是从他们的祖先开始就一直传承下来的地方。

主题三:地方的象征——历史如何空间化

在田野考察村落与实际讲解什么是地方的人后,紧接着阐释了地方的象征与建构的主题。地方是安居所在,是通过人群日常生活日复一日操演出来的;但地方也充满了社会意义与权力建构,是一个社会和文化冲突的所在。阿帕杜莱(Appadurai)主张地方具有复杂的现象学特质,展现在它的能动性、社会性及再生产性上,如此使它成为一个独特的范畴。同时作为情感的结构、社会生活的整体以及定着社群的意识形态是一个不断竞争的过程。萨义德(Said)指出,地方认同是一个不断对地方进行想象与再想象的过程。在一个时间的轴向上,认同的建构从来都不是稳定的,而是动态与流动的。本讲题将阐释地方如何随着时间被赋予不同的诠释,并在特定地点与地景上发挥塑造人群认同的作用。地景的塑造能反映与巩固何种事物是社会所需要、何者被排斥,以及何者构成人群的观念。塑造人群如何与地方及过去发生关联时,便牵涉了"发明历史"。阅读地方就是要观察地方如何对不同人群有不同的意义,以及这些意义如何变化。

为具体阐述地方建构的理念,课程中会带领学生到田野现场观看地方,例如,以台湾北部桃园大溪为场域。大溪在不同时空背景下曾经历不同族群、不同政权的塑造。在清朝政府治理台湾前，大溪是台湾少数民族泰雅族的领域猎场，被称为大嵙崁；后来汉人逐渐移入，拓垦茶米和樟脑，并在清朝治理时候逐渐成为内山物品集散及河道运输的中心；19世纪末因为对外开港通商，大嵙崁成为国际贸易通商的重要转运港口之一，并且日后成为清代官方开垦内山的抚垦署中心；日本殖民时代，大溪再度成为官方理番的重镇，并逐渐发展成近代化的都市。国民党政府迁台后，大溪被指定为蒋中正驻跸的行馆所在之一。随着20世纪80年代台湾"解严"、本土化发展及社区营造，大溪又成为地方社区营造的重点乡镇。随着不同政权及族群力量的塑造，大溪也在不同时空下表现出不同的面貌。在这个课题中，作为地方的田野现场变成我们观察的主题，不同于一般史学训练，其目的不是到田野中找寻既有的碑拓等文献资料，去印证解读历史，而是带领学生站在此刻观看地方，理解地方的形塑，并认识以下几点：(1)"过去"并没有消失，并在现代中发现过去，如带领学生观察大溪林本源的古厝如何被摆置及当地人的感受，如标志林本源发祥地的石碑被重新放到一个被遗忘的空间，以及李腾芳古厝的抽离化(单独物件)；(2)过去如何被诠释建构成当代的一部分，如大溪中正公园的层叠累积如活化石，以及大溪老街的社区营造。

以中正公园为例，当带领学生穿梭公园时，告知学生他们脚下的土地其实是墓地，清代时期是埋葬无主孤魂的坟场——大墓公。日据时期墓地被迁走，改建成台湾最早出现的近代公园，公园是日本殖民政府试图推动现代化国家概念下的产物，通过公园催生近代国民健康的体魄，利用近代都市计划之名改造台湾城市，是基于日人风土适应与卫生保健的观点，引用欧洲的计划，移入公园设施，并在其内加入神社等日本文化。公园空间被塑造成一种具备神秘性、仪典性的场所，让人明显感受到其在意识形态上的控制意图。公园内有一处类似中国造型的凉亭被命名为复兴亭，是日据时期的"忠魂碑"旧址，虽然"忠魂碑"被拆除，但石头基址仍在，便在原地基石上建起复兴亭。此外，公园内原有的日本神社也被拆除，原有石灯笼与石柱或被敲毁，或用水泥涂污。直到20世纪90年代地方政府推动社区营造后，在原址兴建超然亭，重新建造了一段参拜道，随意弃置在公园角落内的石柱被重新安置，并在参道左右侧各设五座石灯笼。日据时期作为神圣空间的相扑场也被去神化改成民众广场，而紧邻公园外的日据时期公会堂，先是成为国民政府蒋中正宾馆及纪念馆，目前则作为社区文创展示空间。日据时期巴洛克建筑的新市镇大溪老街，今日则成为社区文化产业推动的历史空间。从"忠魂碑"到复兴亭，从神社到超然亭，从相扑场到民众广场，大溪公园的面貌不断转变，作为地景的大溪公园本身就是权力在地方的展现。

大溪田野案例的观察是希望回应课堂中提及的地方象征建构的概念，以揭示福柯(Michel Foucault)提出的"权力空间"概念，让学生理解权力通过空间得以实体化的过程。地方空间形式包含了人活动的一切，地方空间涉及政治——庞大又细微的权力的关系、组织和运行。从地景的塑造到地方社会建构的产物，背后涉及文化价值、资本主义、种族、阶级、性别及其他社会关系。地方不只是一种社会过程的结果，地方建立后就成为创造、维系和转变各种支配压迫及剥削关系的工具，地方就是权力。因为权力，所以有差异性的地方空间建构，如加拿大温哥华中国城、中国台北万华华西街以及乐生疗养院等。最后，希望学生能反思我们习用视觉来观看环境却习惯对环境视而不见的情况，我们应从不同角度审视"空间与人的关系"与周遭环境产生互动，使生活的价值与意义能从中呈现，能够开始对事物进行有价值的判断，并且参与都市乡镇公共事务。课堂的最后问题与讨论，回到对当代台湾台北宝藏严社区的反思，让学生从影片中再度反省国家权力进出对地方塑造的影响，以及环境正义的问题。

主题四：作为地方行动者

为回向地方知识的主体以及行动参与实践性课程设计，本课程最后从地方知识的认识性质转向行动关怀。而其行动关怀其实又含摄着对关怀对象——地方知识的认识。近代以来，我们的教育内容主要以都市为中心导向，大学青年普遍对都市以外的地方——乡村知识感到陌生。由于缺乏对家乡、社区、土地的认知，来到乡村的青年不知道如何在家乡生活，也就是我们在教育的过程中丧失了理解作为他者——都市以外人群的能力、丧失面对都会地区以外的生存能力。因此作为地方行动者，第一件事情是返回地方，正视已经脱离地方的生活，以及反省人与自己所在的地方的疏离。重新返回地方、正视脱离地方的生活，需要花时间。重新面对疏离的人、事、物，修补与这些场域彼此的关系，也在解决生命缺乏的恐惧，增加对自己的勇气。本堂课以南台湾的台青蕉乐团为例，理解他们如何返回家园，在地方乡村创业，以及与地方连结，并促成地方改变，同时在行动中由地方定位自己生命意义的过程。期末报告设计主要希望学生分成两个面向报告，一个是从知识上认识地方，从事田野调查，拍摄纪录片，另一个是从行动面向上提出对地方社会的改革建议与可能性。以下是学生的期末心得：

H同学：在课堂中老师给我们看了很多关于地方社会的影片，包括南埔水圳、台中神冈、宝藏严等，身处都市的我已经渐渐忘记了地方社会上的感情联结与文化，老师在课堂中说过，每个人对于自己专业领域都十分在行，但是相反的，我们变成了除了自己的专业领域外什么都不会的人，甚至忘记地方上人与人的相处，只会处在都市中面对计算机。我小时候住在彰化较乡下的地方，人与人之间的联结十分紧密，别人对我的印象都是住在哪边、谁的孙子，虽然不如传统村落中的联结那么紧密，但是也颇有那种感觉。

I同学：在都市环境下长大的我，早已习惯了身旁的高楼大厦、便捷的大众运输系统，并认为世上大多数的都市都应该如此。但在课堂中，老师播放了许多有关地方的影片，终于激起了我对地方的感情，终于开始思考从小到大我所住的板桥，思考哪些是板桥的特色，关心板桥的大街小巷，关心着巷弄内的店铺，甚至关心着长坐在公园的老人。每次与老人聊天，他们总是感慨着时过境迁，科技的高度发展把地方原有的特色消灭，从前的三合院、透天厝、稻田等土地，都一一被政府征收，改建成一栋栋的高楼大厦。听到这里，我内心十分悲痛，心想有一天必定要为地方贡献一己之力，或是去实地访查。

J同学：在上这一门课之前，我其实对自己居住的地方没有那么深的理解。我都认为地方只是自己在某个时候生活的地方，我会利用地方上的设施来充实自己的生活。例如：我在学校学习知识；我在游乐场玩；我在家里居住。我觉得我不会对地方产生感情。但是当我修了这个课之后，我才知道为什么人类会对地方产生感情，知道为什么有些人会愿意花很多金钱和时间，去改善一些很破旧的地方，我也学会了一些跟地方有关的知识，例如水利、家族祠堂。

期末田野调查探访老街溪之前，尽管我已经在这个地方生活了三年，但我对这个地方还是没有很多印象和知识。例如：我并不知道为什么这个地方叫老街溪；我不知道为什么它会成为一个观光的地方，政府举办活动都会在老街溪；我不知道老街溪到底经历过什么，才会变成这个样子。所以，我其实蛮期望可以利用这一次的机会，来了解老街溪。在探访老街溪的时候，我才开始慢慢了解我这三年居住的地方，在访问咖啡厅的时候，才知道原来人会对他身处的地方产生感情，从而会为地方作出贡献，让地方变得更好。咖啡厅老板们会愿意推广老街溪（利用网络，实地宣传），同时也会回报问题给政府，让政府可以作出改善。我也开始知道这个地方因为历史原因，所以才会叫老街溪，而不是其他名字。我也从这里土生土长的居民那里得知，为什么老街溪会变成这个样子，因为以前的施政失误，所以之后要补救。他们也会对这个地方有一些想法，希望这个地方变得更加美好，更加适合人居住。

K同学：我觉得地方知识与社会这堂课带给我很多东西，让我对地方的概念不再是像以前一样，以为地方是由政府划分的，而是可以自己建立的，一个令自己感到满意以及舒适的地方，这颠覆了我以前对它的想象。让我印象深刻的主题课程就是提到台北公馆河边的那片土地。那里住着一群从军营退休下来的荣民，因为政府的政策不得不迁徙。最后又住着一群艺术家，为这片土地添增了一些色彩。除此之外，还让我了解到地方名称不只是名称而已，它背后也有着一些权力的意涵。很多明清时期的古迹，到日据时期后也会改头换面一番，像是二二八纪念公园里面就有一座庙叫作天后宫，而后被拆除成为一座博物馆，但是到现在仍然能看到天后宫的遗迹，这也是让我觉得奇妙的地方。田野考察也让我知道实作的重要性，毕竟地图上看到的不一定就是实际上所看见的。我们从河南堂经过洽溪再去棒球场那边的老街溪,也许过程很辛苦,我们淋着大雨东奔西走,但是我觉得很快乐。在过程中,可以与洽溪附近的人互相聊天、认识彼此,这是其他通识课所体会不到的。

结语:地方知识课程的反思

回到前言说的,本课程设计一开始就是有着现实的社会参与的预设,因此不同于人类学或历史学的"地方"专业知识讲授,本课程更希望回向个人的生命经验与关怀。地方知识作为一门课程的目的是让学生学会观察与重新认识地方,并在行动上重返地方。以前的社会是人离开了地方,从家乡出走到都市打拼,才是掌握人生发展的钥匙,因此曾经熟悉的地方突然变得面貌模糊。现在我们学习省思,以个人存在经验为主体,让学生反思自己与地方联结的意义与重要性。从学生的期末成果报告中,可以发现学生能回到自己经验出发。过去普遍对地方的知识是陌生的,而且也没有深沉的地方感,通过这堂课多少启发与增进了他们对地方的认识与情感。虽然田野调查的成果十分有限,抽象知识、感受性、应用知识仍然不足,但至少让不同领域的学生走出各自的专业圈,走向田野进行实地的田野观察,并学习关心学校附近周边的生态环境与社区人文,因而实现了本课程的双重目标。

虽然从学生的反馈与心得分享中发现学生多少已能将自身的经验与地方联结,并显示出对地方的基本认识,然而作为一门选修的通识教育,在操作及认知上仍然存在着困难与局限。大多数学生将通识教育看成是一门营养学分,视为填补其他学分数的补充科目,并没有真正抱持高度兴趣,或投注太多心力学习。更不是太乐意在夏天里离开教室冷气,跑到田野晒太阳和与陌生人进行交流。因此这类需要在外进行田野观察的课程,无法吸引太多学生选修,学生主要还是关注自己的专业科目及未来的职业取向,或者可以较轻松学习的通识科目。虽然学生从小学到中学,因本土化教育实施,很早就接触台湾历史与社会的相关知识,但关于台湾地方的具体理解其实很空洞模糊,学校教育并没有真正落实学生对台湾地方社会的理解,学校教育体系也无法提供更多弹性的教学设计或驻足点让学生学习欣赏与体会地方知识,也因此大多数学生对自己生长的地方其实是很陌生的,更谈不上对地方的互动参与。

我们很难期待一学期的课程,可以使学生对地方有多大的认识,联结学生与地方、从教室到田野的目标实现得并不顺利,如时间与教室空间的限制,每周两小时的钟点教学,无法促进学生充分讨论,也无法真正在地方驻扎进行田野调查与深度感受,只能以学校周边环境为主。此外,主题讲授方面,由于地方知识是镶嵌在整个社会系统中的,需要更细致的分析讨论相关的整体知识及进行不同地方的比较才能使学生充分理解,但因时间等种种限制，主题缺乏脉络化串联，对地方的比较不足，特别是无法进行都市议题的深入讨论与乡村的比较，这都是本课程实施的缺憾。另外，在认识论上也遇到挑战，地方知识作为一门课程为什么教（政治社会取向）与为什么学（学科价值取向），以谁为主体，从什么位置看，用什么东西看，都是值得教学者不断反省的课题。地方知识的诠释，无论如何最终要回向以地方为主体。在希望学生投入情感，产生社会关怀的同时，如何能以学科理性的思考，冷静分析认识地方知识，而这份认识又能以地方为相互主体，是教师自我在研究与教学时的挑战。特别是教师其实有双重他者，一个是研究对象——地方知识本身外；另一个就是教学对象——面对学生。理解学生如何看待地方，更是这门课程最需要克服的挑战。我们期待未来地方知识的教室是在去除大学之外的地方本身，地方的人就是授课老师，那样的地方知识才能真正算是地方知识。

（傅宝玉，原台湾“中大”客家研究院助理研究员，现台湾“中大”法律与政府研究所助理教授）

高校历史学专业实践教学模式的探索

——以北京联合大学历史文博系为例

李　扬

北京联合大学应用文理学院历史文博系的前身是成立于1978年的北京大学分校历史系。建系40余年来，我系秉承"应用史学"的发展方向，不断开拓创新，形成了自己的特色。历史文博系于1987年在历史学专业创办了文物博物馆方向，是全国最早创办文博方向的高校之一。进入21世纪以来，历史文博系开始以文化遗产的研究、保护与传承作为主要的发展方向。2007年，我系获批历史学专门史硕士点，开设文化遗产学课程，是国内高校最早开设相关课程的专业之一。2009年，我系历史学(文物博物馆、文化旅游)被评为北京市特色专业。2012年，我系历史学新设文化遗产方向，历史学被评为教育部国家级专业综合改革试点专业。2014年，我系新增文物与博物馆学专业，学院与故宫博物院签署合作框架协议。2015年，我系开始与故宫博物院合作培养文物保护与修复试点班。2017年，我系获市教委批准为3+2+2贯通式文物保护与修复人才培养试点。2018年，我系获批文物博物馆专业硕士点，与故宫博物院签订研究生联合培养协议。在多年的教学实践中，我系尤为重视学生的实践教学，将其作为教学工作的重要一环，除课内实践之外，还注重行业实践，培养学生的实践能力与综合素养，为我系毕业生更好地服务于北京文博行业打下了坚实基础。

一、"应用史学"人才培养模式与实践教学的探索

自20世纪90年代以来，我系不断改革专业培养方案，除原有的历史学专业训练之外，加大实践教学的培养力度，开设文化遗产(物质文化遗产与非物质文化遗产)调查与

评估、文化遗产数字化、文物保护与修复等方面的专业课程。学生的实践能力与应用能力均得以提升。

我们从行业胜任能力的角度出发改革人才培养方案,学生进校之后即参与教师与校外指导教师的课题,直接进入行业一线实习锻炼。另外,我们努力构建突出职业素质教育和能力培养的模块化课程体系,课程模块对应行业需求与专业前沿,取得了良好的效果与社会影响力。我们还尝试在文科的不同专业之间进行跨学科的合作教学,建设了国家级文科实践教学中心和国家级虚拟仿真实验教学中心。

在前期努力的基础上,2012 年我们的应用史学教学模式探索项目——“依托学科、面向应用、服务首都的文化遗产保护与利用人才培养体系的构建”与“地方本科高校人文社科类多专业综合实践教学体系建设”先后获得北京市教育教学成果奖。这是对我系应用史学教学模式的充分肯定。

在文物博物馆专业实践培养中,探索学历制与师承制教育相结合的模式,邀请校外专家参与具体的实践教学指导。邀请故宫博物院的纪秀文、黄有芳及国家博物馆、首都博物馆的部分专家在古籍书画装裱与修复,砖石古建、陶瓷与金属文物的修复方面作为校外指导教师,每周到校给学生上课,学生的实践操作能力大幅提高。

我系先后与首都博物馆、北京古代建筑研究所等 14 家单位建立了学生校外实践基地,其中首都博物馆为北京联合大学市级校外实践基地。2014 年,我校与故宫博物院签署合作框架协议,双方在人才培养、实习基地建设与实践教学等方面开展深入合作。校外实习基地的建设为我系应用型史学人才的培养提供了有力保障,为学生的实践教学提供了良好的师资与物质条件。

二、实践教学案例

1.调查背景

北京作为文化古都,历史底蕴深厚,古今名人云集。尤其在近现代历史中,北京居住过诸多的名人,北京的大街小巷都留下了他们的足迹。名人故居作为北京历史文化名城的重要组成部分,深化和细化着历史文化名城的文化内涵。做好北京名人故居保护与利用工作,是落实国务院对《北京城市总体规划》的批复,建设北京历史文化名城以及全国文化中心的一项重要工作。自 2006 年起,在北京市政协文史委员会的支持下,北京联合大学历史文博系与城市科学系的部分师生将名人故居与四合院调查作为暑期专业实践及部分专业课程实践的重要内容，既训练了学生们的文献查阅检索能力，同时也对北京旧城的历史文化遗产保存现状有了直观的印象与认识，增强了同学们保护北京文化遗产的责任感与使命感。

我们在调研中，把"名人"的范围初步界定为：在历史上特别是在近现代历史上作出过重大贡献、在某方面产生过较大影响、具有较高知名度、"文化大革命"结束前去世的各领域知名人士（含少量"文化大革命"结束后去世的在全国甚至世界知名的人士）。对于什么是"故居"，我们的调研采用了国际上较为通用的概念，即将名人的出生地、名人长期生活工作过的住所、名人虽短暂居住但却为其人生重要阶段的住所，以及名人逝世纪念地等，统统作为"故居"归入调研对象。北京的名人故居数量多，影响大，主要分布在东城、西城、宣武和崇文四个城区，也就是通常所说的北京旧城范围内（海淀区也有一些名人故居，未做调查）。2010～2013 年，我们完成了对北京旧城四个城区（现今的东城与西城）名人故居的调查工作。

这次调查摸底工作从查阅文书档案、报刊书籍，以及搜索网络资料入手，在收集大量文字资料后，又深入到四个城区进行了实地考察。经过逐一核实，基本上掌握了 308 处名人故居的现状。虽然这 308 处名人故居的资料并不就是北京名人故居的全部名录，但这些信息已完全能反映北京名人故居的基本情况。

2.名人故居现状

（1）名人故居数量及空间分布。北京四个城区的名人故居分布不均衡，西城区和东城区数量较多，各有 101 处；宣武区有 95 处；崇文区最少，只有 11 处（见表 2-1、图 2-1）。

表 2-1　北京四个城区名人故居数量一览表

	东城	西城	宣武	崇文	合计
数量（处）	101	101	95	11	308
百分比（%）	32.79	32.79	30.85	3.57	100

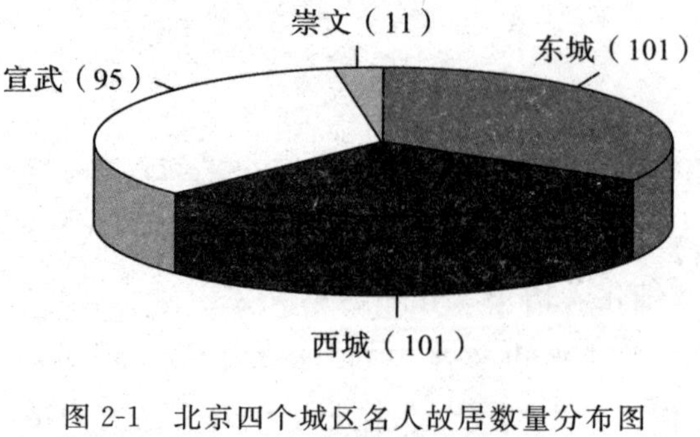

图 2-1　北京四个城区名人故居数量分布图

（2）名人故居的类型。从建筑类型看，北京四个城区的名人故居主要是传统的四合院，少量是中西合璧的近代建筑。北京现存的名人故居中，明朝的建筑已经很少，保存下来的大部分是鸦片战争以后到新中国成立前后这段时期的建筑。从名人故居的历史产权看，有的是祖宅私产，有的是租赁房屋，有的是单位宿舍、公寓或会馆。

名人可分为政治、军事、文化、艺术、经济、科技、医学和其他等类型。其中数量较多的是政治、文化和艺术类名人，这与北京的城市性质有关。综合分析，名人大致有三种：一是中国近现代革命史上的名人；二是近现代文化、艺术名人；三是有一定影响的历史人物。第三类比较复杂，例如李莲英、段祺瑞、张作霖等，也可称为历史名人。

3.北京名人故居的保护状况

（1）名人故居列为文物保护单位的情况。目前，北京四个城区的名人故居被列入全国重点文物保护单位的有 3 处，被列为北京市级文物保护单位的有 40 处，被列为区级文物保护单位的有 33 处，还有 43 处被列为保护院落或普查登记文物项目，其中有的是以名人故居命名的，有的是以四合院、祠、纪念地命名的，共占所调查故居总数的 38.64％（见表2-2、图 2-2）。此外，还有 189 处故居未列入上述保护项目，其中近半数已被拆除（见表2-3、图 2-3）

表 2-2　北京四个城区名人故居文保级别一览表

	国家级	市级	区级	保护院落/普查项目	非保护项目	合计
数量（处）	3	40	33	43	189	308
百分比（％）	0.98	12.99	10.71	13.96	61.36	100

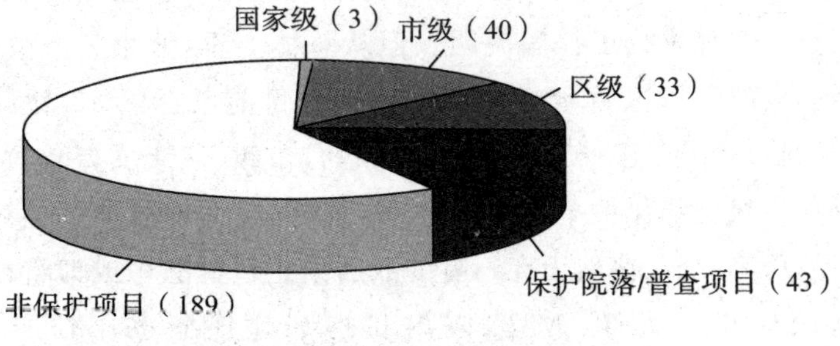

图 2-2　北京四个城区名人故居文保级别分布图

表 2-3　北京四个城区各类文保级别的名人故居拆除情况一览表

	国家级	市级	区级	保护院落/普查项目	非保护项目	合计
拆除数量(处)	0	2	3	10	83	98
拆除百分比(%)	0.00	0.65	0.96	3.25	26.95	31.81
备注	有一处故居正在拆除中,两处故居将要被拆除。					

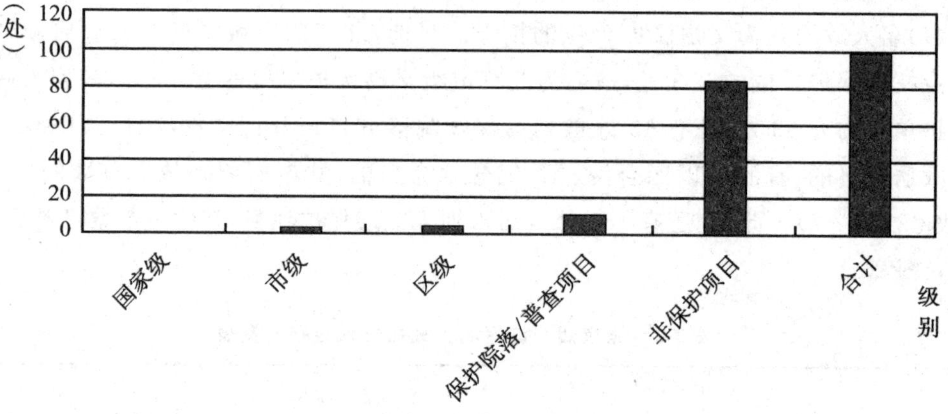

图 2-3　北京四个城区各类文保级别的名人故居拆除数量图

名人故居保护现状。北京市在名人故居保护方面做过许多工作,特别是最近几年,随着文物保护工作日益受到重视,政府连年筹集资金对一批名人故居进行了抢险抢修、腾退搬迁、维修整饰和开放利用。近年来,北京市文物局从已列为各级文物保护单位的名人故居中选出 31 处进行了挂牌说明。但从总体上看,北京名人故居的保护状况不容乐观。首先,名人故居拆除数量巨大,速度很快,目前已拆除 98 处,占调查故居总数的 31.81%,主要是 20 个世纪 90 年代以来拆除的,市级、区级文保单位和文物普查项目都有被拆除的(如市级文物保护单位朱彝尊故居和区级文物保护单位林白水故居、尚小云故居、余叔岩故居等,现已荡然无存);有的故居则正在拆除中或即将被拆除(见表 2-3、图 2-3)。其次,故居年久失修、改建、院内私搭乱建现象也比较严重,多达 98 处,占 31.81%,主要集中在大杂院和一部分单位宿舍;保护较好的故居只有 74 处,主要是纪念馆、博物馆、单位办公用房和名人后人居住的独户住宅(见表 2-4、图 2-4)。

表 2-4　北京四个城区名人故居保护状况一览表

	较好	一般	年久失修	私搭乱建	改建	拆除	合计
数量(处)	74	38	12	66	20	98	308
百分比(%)	24.03	12.34	3.90	21.43	6.49	31.81	100
备注	有一处故居正在拆除中,两处故居将要被拆除。						

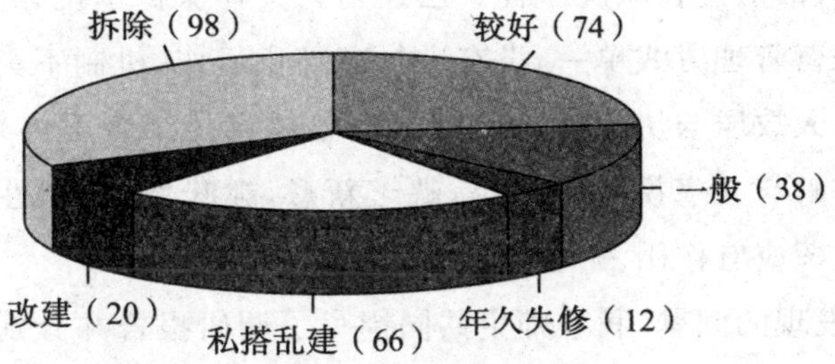

图 2-4　北京四个城区名人故居保护状况分布图

各个城区的名人故居建筑遗存及保护状况不尽相同。东城和西城的名人故居保护状况较好;宣武区和崇文区的名人故居保护状况比较差,现多为大杂院。东城区被拆除的故居所占比例最小,为 19.80%;崇文区故居数量不多,但被拆除的故居所占比例最大,为 54.55%;西城区和宣武区拆除的故居所占比例分别为 34.64%和 37.89%。

4.存在的问题

名人及名人故居缺乏认定标准。目前公布为文物保护单位的名人故居,基本上是在社会上争议不大且在全国乃至世界上都有很高知名度的人物的故居。但是,如果进一步开展此项工作,就会面临急需制定认定标准的问题。实际上,由于缺乏对名人及名人故居界定的统一认识和权威标准,保护对象的范围难以划定,保护工作无法有效开展,以至于一些很有价值的名人故居在大规模的旧城改造中已经或者正被拆除。

缺乏明确的具体主管部门。北京尚缺乏明确的名人故居保护与利用的具体主管部门。已列入文物保护单位的名人故居由文物部门负责管理;未列为文物保护单位的名人故居产权关系复杂,基本处于无人管理的状态。名人故居是一类综合性的有形文化加无形文化的特殊历史文化遗产,目前这种状况是难以完成保护和利用管理任务的。

缺乏适用的管理办法。《文物保护法》《北京城市总体规划》《北京历史文化名城保护条例》等相关法律、法规及规划,是名人故居保护与利用的宏观政策和法律依据。但由于缺乏专门针对名人故居的具体规划或条例法规,落实起来仍有相当的难度。例如,已列入文物保护单位的名人故居可以按照《文物保护法》进行管理,但名人故居综合性很强,只依据《文物保护法》进行管理还不够,特别是非文保单位的名人故居缺乏具体的保护管理规定，在管理上处于空白地带。又如，《北京历史文化名城保护条例》明确规定，"对尚未列为不可移动文物、反映一定时代特征、具有保护价值、承载真实和相对完整历史信息的四合院和其他建筑，应当认定为具有保护价值的建筑"，由于尚未出台认定标准和程序，实施起来难度很大。此外，由于目前对文物保护单位的搬迁腾退并无具体法律依据，对名人故居保护也十分不利。由于没有相应的名人故居保护和利用方面的管理规定，很多故居中现在的住户对故居擅自进行拆改。

对外开放的名人故居经营状况不佳。已经列为文物保护单位、经过修缮对社会开放的名人故居，由于经营管理方式单一，没有进行市场化运作，机制不灵活，激励性差，宣传力度不够（特别是名人故居与历史文化名城形象整体宣传结合不够），故居内的陈列、展览内容单调陈旧，讲解与文字说明不到位，缺乏新意，趣味性、知识性不足，路标不明等，参观者寥寥，未能发挥应有作用。

针对前期调研发现的问题，我系师生共同撰写了调研报告并分别提出了具有针对性的建议，经北京市政协文史委审阅后在北京市政协会议上作为重要议题进行讨论，受到市委领导与政协委员的好评。

2008～2011 年，历史文博系 2006 级～2008 级本科生组成多支暑期实践调查团队，这是我系专业实践的重要内容。其中由顾军教授与李扬副教授带领的学生实践团队连续调查北京市的非物质文化遗产项目与传承人生存现状，最终完成了《北京市城八区非物质文化遗产调查报告》，获得了第五届"挑战杯"首都大学生课外学术科技作品竞赛二等奖，为我系争得了荣誉。

1."非遗"分布统计

经过我们的调查，截至 2010 年底，北京市现有国家级和市级非物质文化遗产 151 项，其中国家级非物质文化遗产 48 项，市级非物质文化遗产 103 项，这两级遗产在北京市各区县的分布情况见表 2-5、图 2-5。

表 2-5　北京市各区县非物质文化遗产项目分布情况一览表

城区	国家级（项）	市级（项）	合计（项）
东城区	3	4	7
西城区	5	3	8
崇文区	11	14	25
宣武区	12	12	24
海淀区	3	9	12
朝阳区	2	6	8

续表

城区	国家级(项)	市级(项)	合计(项)
丰台区	1	2	3
石景山区	2	3	5
平谷县	0	4	4
门头沟区	2	10	12
延庆县	1	1	2
昌平区	1	3	4
大兴区	0	3	3
怀柔县	1	9	10
密云县	1	5	6
顺义区	1	4	5
房山区	2	3	5
通州区	1	5	6
全市	7	4	11
总计	56	104	160

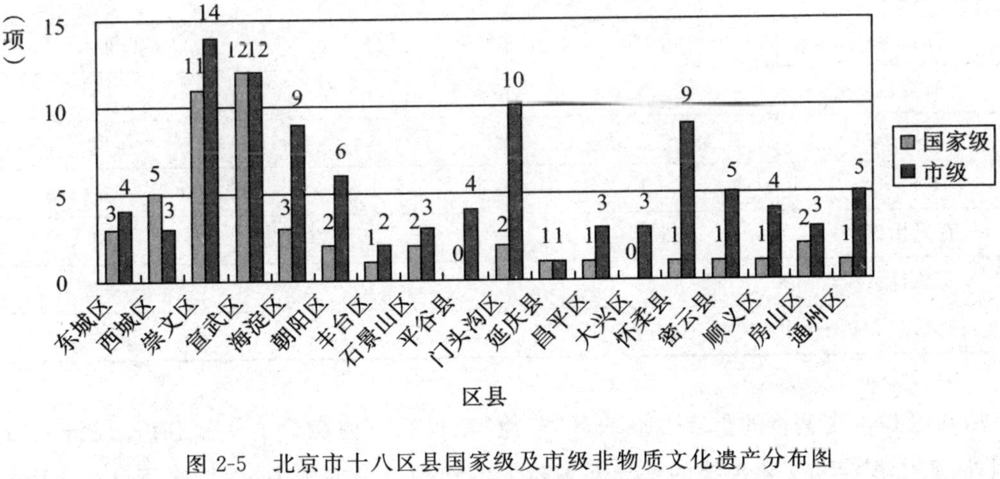

图 2-5　北京市十八区县国家级及市级非物质文化遗产分布图

从表 2-5 可见，相对来说，北京市的市级以上非物质文化遗产项目城八区比远郊区县更为集中，城八区共 86 项，约占 57%，平均每区 10.75 项；10 个远郊区县共 65 项，占 43%，平均每区 6.5 项，其中门头沟加怀柔区共 22 项，占了三分之一。这一差别不一定是“非遗”项目遗存多少的差别，有可能还包含了文化意识上的差别、文保工作上的差别，甚至是经济实力上的差别。比如门头沟区,民国年间就是中国民俗学研究的重要基地,20 世纪 80 年代以后,北京地区的民俗专家依旧持续关注妙峰山庙会、京西太平鼓、京西幡乐等民俗项目,研究水平高,知名度高,地方领导在学界影响下文保意识强、工作热情和水平高。比如,门头沟斋堂山梆子戏近两年来就得到了政府 40 余万的资助,新置办了服装、音响,每年还有专门的演出费用,包括巡演的交通和伙食费。这大大提高了民间的积极性,使这一濒危项目得到了较好的保护。如今,门头沟区已经成为北京市"非遗"保护工作的两个试点区县之一。总之,目前城近郊区"非遗"项目的数量超过远郊区县,并不能说明远郊区县的文化遗存就一定比城近郊区少,随着"非遗"保护工作的深入,我们相信将有更多藏在深山人未识的带有鲜明地方特色的文化瑰宝被逐步发掘出来。以上的分析也适用于北京城近郊区。

北京城八区共有"非遗"项目 86 项,分布也很不均衡(见表 2-6、图 2-6),其中宣武、崇文两区就有 49 项,约占全市的 53%,其次是海淀和朝阳两区,共有 20 项,最少的是丰台区,只有 3 项,差距悬殊。

表 2-6　北京市城八区非物质文化遗产项目分布情况一览表

城区	国家级(项)	市级(项)	合计(项)
东城区	3	4	7
西城区	5	3	8
崇文区	11	14	25
宣武区	12	12	24
海淀区	3	9	12
朝阳区	2	6	8
丰台区	1	2	3
石景山区	2	3	5
总计	39	53	92

附注:国家级项目统计中有 6 项因联合申报而重复计算。

城八区是本次调查的重点。城八区"非遗"项目的不均衡除了文保意识、经济实力等原因外,历史积淀和文化传统的差异起了较大的作用。总的来说,南城多于北城,宣武和崇文两区就占了一半多,这与南城是老北京民俗文化和商业文化中心的历史有很大关系,当然也和这两区领导对"非遗"保护工作重视有关。

本次调查对北京城八区"非遗"类型的分布也做了统计。我们将非物质文化遗产项目分为表演艺术、传统工艺、传统节日、传统仪式、民间文学、生产知识、生活知识及文化空间8个类别。传统工艺类项目占了将近一半，其次是表演艺术和生活知识。这说明老北京城面人、泥人、风筝、宫灯等民间手工艺相当发达，相声、评书、京剧等民间表演艺术丰富多彩，而列入生活知识的项目多为全聚德、东来顺等老字号的食品加工类和盛锡福、内连升等服装加工类，说明老北京的饮食文化和服饰文化有着良好的传统。其中特别值得注意的是传统节日项目为0，传统仪式项目为1，这两个类别的缺失是因为当代的北京作为国际化大都市，人们的生活方式和理念发生了很大变化，传统节日文化和信仰仪式在北京人的日常生活中消失殆尽。

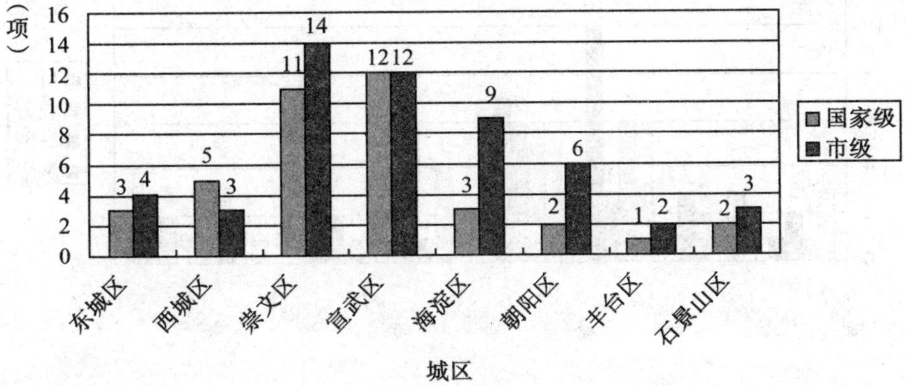

图2-6　北京城八区非物质文化遗产分布图

2.北京市城八区国家级和市级非物质文化遗产生存状况

本次调查，对北京城八区“非遗”项目的生存状况进行了分析统计，其中，保存和传承好的有21项，占23%；较好的有20项，占22%；一般的有17项，占18%；濒危的有34项，占37%（见表2-7、图2-7）。

表2-7　北京市城八区非物质文化遗产项目生存状况一览表

城区	好（项）	较好（项）	一般（项）	濒危（项）
东城区	3	1	2	1
西城区	3	0	2	3
崇文区	6	6	3	10
宣武区	6	5	6	7
海淀区	1	4	1	6
朝阳区	2	1	2	3
丰台区	0	1	0	2

续表

城区	好(项)	较好(项)	一般(项)	濒危(项)
石景山区	0	2	1	2
总计	21	20	17	34
百分比(%)	23	22	18	37

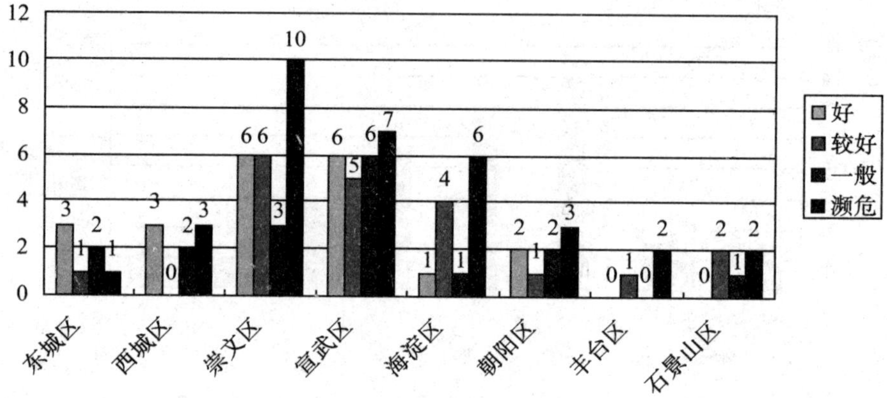

图 2-7　北京市城八区非物质文化遗产生存状况示意图

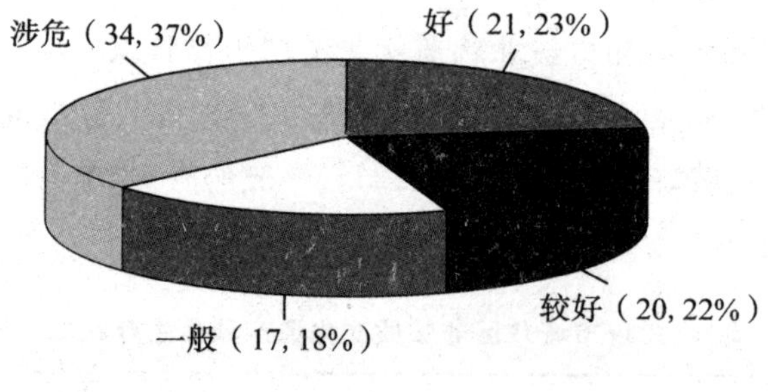

图 2-8　北京市城八区非物质文化遗产生存状况示意图

其中保护和传承较好的项目多为全聚德、东来顺、盛锡福、内连升、同仁堂等与人们日常生活密切相关的商业老字号,其次为有强大的国营企业背景或集体企业背景的项目。

3.北京市城八区非物质文化遗产濒危项目分析

通过普查我们看到,北京市的非物质文化遗产保护工作总体来说还是很有成效的,北京市非物质文化保护中心和各区县文化馆做了大量的工作。政府的支持、学者的呼吁、媒体的宣传不但提高了全市人民保护非物质文化遗产的觉悟,而且也提高了非物质文化遗产传承人的社会地位,使那些默默无闻的传承人受到了整个社会的普遍尊重。但由于保护非物质文化遗产保护工作刚刚开始，现在依旧有37%的项目处于濒危状态，这一比例在远郊区县更高，因此要做的工作还很多。下面将这次调查中所遇到的濒危项目所面临的种种问题汇总一下。

在北京地区的“非遗”调查过程中，我们常常会看到许多项目的传承人已进入老年期，但他们还没有找到也难以找到称心如意的传承人。如果任其发展下去，就很容易因老艺人的辞世而人亡艺绝。比较典型的濒危项目有如下几种。

(1)学习周期长、见效慢、效益差的项目

典型的如北京海淀区冠琴绣鞋坊的王冠琴老人。手工制鞋和绣鞋是一项比较繁难的民间手工艺，需要较长时间的练习。王冠琴老人已经七十多岁了，视力严重下降，家中又没有子女能够传承她的绣鞋技艺。老人曾用各种方法带过二十几名徒弟，但由于资金、场地、生活等等问题没有一个能够留下来继承这门绝技，这使老人十分伤心。

(2)一脉单传的以家族为传承主体，而家族中后继乏人的项目

比如冠琴绣鞋坊、小灯张、面人郎等，家中都无子女继承长辈的技艺。

(3)传承人出现年龄和技术断层的项目

比如荣宝斋的木版水印，25岁到45岁之间有一个近20年的断层，而技术成熟需要近10年的培养，现在这几位50多岁的传承人正处于艺术的高峰期，应该集中精力创作精品，一幅传世精品要近10年的创作期，而他们却被琐事缠身。

(4)传统经济来源断绝的项目

比如一些国营企业倒闭后，一些老北京手工艺项目处于风雨飘摇的境地。

(5)市场严重萎缩的项目

比如北京琴书、京韵大鼓、评书等老北京曲艺项目，这些民间艺术形式在历史上也曾是大众艺术，也曾经辉煌过，但如今在流行歌曲等现代艺术的冲击下，听众已经寥寥无几，特别是年轻人绝大多数都没有接触过这些艺术，更不用说接受了。如今这些老北京的“玩意儿”彻彻底底地成了小众的艺术，艺人想凭此艺生活几乎是不可能的，更不用说像那些流行歌星那样大红大紫了。没有专业的艺人就没有专业的艺术。

4.保护建议

(1)重视非物质文化遗产的活态保护

俗话说：“活鱼要在水中看。”保护非物质文化遗产犹如池中养鱼，关键处是要为“鱼儿们”营造出一个适合它们生长的客观环境。从这个角度说，对非物质文化遗产的保护，关键处还是要为非物质文化遗产特别是那些非物质文化遗产传承人营造出一个更加宽松也更适合其成长的生态环境。随心所欲地改变原有自然环境与人文环境，或是使传承人离开他所熟悉的原生环境，都会对非物质文化遗产及非物质文化遗产传承人带来负面影响。

如果把"已经死去"的物质类文化遗产比作"鱼干",非物质文化遗产则是一条"活鱼"。前者的保护方式主要是"防腐",而后者的保护方式主要是"养生"。将非物质文化遗产搜集并记录下来固然重要,但说到底,做成标本存入库房并不是我们的最终目的,我们的真正目的是想让这些活生生的非物质文化遗产像水中之鱼一样,永远畅游在中国文化的海洋里,生生不息,永无穷尽。因此博物馆式的保存方式虽然需要,但绝不是非物质文化遗产保护的主要途径和最好方式。

(2)"非遗"保护应尊重其固有的生存方式

"非遗"项目的存在方式是多种多样的。有的"非遗"项目只是民间的一种自娱自乐,一种狂欢,一种祈福禳灾,并不以盈利为目的。比如京西幡乐、斋堂山梆子戏、大兴诗赋闲以及各种丰富多彩的民间花会等等,都是当地民众文化生活的一部分。也有许多项目是艺人谋生的手段,如各种风味饮食、许多民间手工艺品、各种专业的戏剧演出等等。尊重他们固有的生存方式也是保护"非遗"原生态的重要方面。这一点在制定"非遗"保护政策时应该给予充分的考虑。如智化寺京音乐,现在就像是养在鱼缸里的金鱼。有的地方项目评为"非遗"后就不许再进行商演或商业性的经营。特别是一些民间的自发的祭祀娱乐活动被政府看中后进行包装炒作,变成豪华的、官气十足的、商业味十足的形象工程,民间味全失。民间的小吃、小手工艺在胡同小店里小本经营,现在把它们搬迁到豪华的大房子里,结果是赔本赚吆喝。

北京智化寺所传承的佛教音乐便是明显的一例。智化寺以前本是个佛教寺庙,但后来作为文物保护单位归属于市文物局,成了国家级文物保护单位。几年前,出于保护智化寺音乐的需要,当时的乐僧张本兴开始组建智化寺乐班。由于该寺不再归中国佛教协会主管,所以当时的乐手都是从河北的乡下招来的农家子弟。对于当时的年轻人来说,能在北京生活,活计又不累,每月一千多块钱的工资也还算可以,但在消费日益增长的今天,一千多元的工资显然不能应付日常的生活开支,进入结婚年龄的他们也不能不考虑结婚费用等问题。如果他们的身份是乐僧,他们便可以通过办堂会、办法事等方式来养活自己。但现在他们的身份不是乐僧,而是乐手,按原有签订的合同,他们只能是上午三场、下午两场演奏给几个游客听,积极性很难调动起来,他们所熟知的智化寺音乐,也很难在现有体制下得到传播。可见,体制不改,智化寺音乐很难获得有效传承。

(3)坚持民间事民间办原则

在文化遗产保护工作中,政府、学术界、商界、新闻媒体及各级文保组织的积极参与是十分重要的,但是,如果上述各界在参与过程中忘掉了自己的身份而反客为主,势必变参与为"掺和",使文化遗产因我们的热情参与而遭遇保护性破坏,将活生生的"民俗"变成千篇一律的"官俗"。国内外非物质文化遗产保护实践已经证明,各级政府的过度干预常常会造成"大保护大破坏、小保护小破坏、不保护不破坏"的尴尬局面。

我们在充分肯定民间文化自主传承的同时，也并不排斥社会各界对非物质文化遗产保护运动的积极参与。但由于政府、学界、商界以及新闻媒体等毕竟不是非物质文化遗产的直接传承人，并不熟悉非物质文化遗产的传承规律，所以，在非物质文化遗产的保护过程中，必须明确自己作为局外人的这样一种特殊身份，从局外人的角度，以自己的方式，为非物质文化遗产保护做出自己的独特努力。

而学界的作用不是自己亲自参与文化遗产的传承，而是通过深入细致的研究，从理论的高度，告诉每一位非物质文化遗产守望者们，什么是文化遗产，为什么保护文化遗产和怎样保护文化遗产。要学会尊重民间艺术，学会欣赏民间艺术那种自然美、朴素美、原生美，而不是按着精英文化的模式来解读传统、改造传统。用京剧模式改造山梆子，用美声唱法改造民歌，用苏绣的办法改造京绣。

三、余论

经过30余年的探索，北京联合大学应用文理学院历史文博系自20世纪80年代中期开始的"应用史学"探索之路已经取得了一些成绩，当然也有很多不足。尤其是作为地方本科院校，如何发掘地方历史文化的特色，同时又立足于北京首都的特殊区位，发挥自身的优势，一直是我们努力追求的目标。我系将"历史文化资源的发掘与利用""文化遗产的保护与利用"作为我们专业实践的主要内容与方向，实践教学基本也围绕这两大模块展开。近年来，我们以基础的实地调查与档案整理、数据搜集、文物普查为切入口，在重视历史学理论训练的同时，发挥北京学生喜欢实践的特点，有意识地引导他们将专业学习与微观社区个案调查、口述史研究等相结合，先后完成北京名人故居与四合院调查、北京市东城区有价值的历史建筑调查、北京市近现代优秀建筑遗产调查、北京非物质文化遗产传承人调查与口述史访谈、"三山五园"周边村落历史调查与口述史研究等课题，学生们积极投入，调研报告得到了相关政府部门的肯定与支持，取得了较好的效果。此外，我们努力拓展校外实践基地，与北京的文博行业建立广泛的联系和合作关系，为学生的行业实践提供平台。因此，我们认为，实践教学必须立足于学校与院系的实际，尤其应当立足于地域社会之中，扬长避短，寻求学术价值与社会价值的统一，这样才能使长期稳定的实践教学成为可能。

（李扬，原北京联合大学应用文理学院副教授，现北京语言大学文学院副教授）

田野考察活动在大学教学的应用

吕永昇　朱宝盈

一、学术回顾

近年我们在教学时，发现一个很有趣的现象：学生通常对人文学科既好奇，但又很抗拒。以历史学科为例，他们一方面好奇不同时代的人怎么过日子，希望透过历史，能了解周边的世界，认同以史为鉴对美好生活的重要性；另一方面又十分抗拒修读历史，误以为历史学科就只是着重背诵，要死记年代、地点、人物和事件。传统史学的主题总离不开朝代更迭，学生无法把对历史的体会带进日常生活，因此，人文学科需要调整教学策略、主题和课堂设计，加强学生自主学习和反思活动，提升教育质量。此外，现今学生身处信息爆炸时代，手机在很多时候取代了传统的纸本媒介，学生的阅读习惯和方式正在改变。信息传播获取的速度越来越快，长篇论述欠缺吸引力，简短的标题、文字、影像成为主流。虽然学生每天阅读的量很多，但往往欠乏思辨、批判思考能力。因此，我们需要改变教与学的关系，多鼓励学生阅读经典，细读文本，脱离习以为常的阅读模式。

传统讲授式教学以教师为中心，课堂上倾向以单向的授课方式传递知识。这种教学的理论着重教师的讲学技巧，把重心放在教师身上。教师可以按照课程指引，逐步完成教学任务。学生也可以在教师的教授和听讲的过程中，获得知识。但近年这种讲授教学方式备受诟病，教师强迫式的教学方式和以考试为主导的学习目标，被批评令课堂缺乏互动交流，无视学生学习能力的差异，也缺乏培养学生自我反思、主动学习的动力和批判思考的能力。① 由于学校是近代教育的主要机构，对传统讲授式教学的检讨便包括对近

① 参见邱珍琬：《批判思考与教学——以南部大学生为例》，《彰化师大教育学报》2012 年第 22 期；黄月美、欧用生：《美国大学教学改革的新典范——日本"单元教学研究"的应用》，《课程与教学季刊》2013 年第 2 期。

代的教育应否减少依赖传统正规学校的反思。

20世纪70年代初，伊里奇(Ivan Illich)出版了《去学校化社会》一书，开始质疑传统学校教育功能，寄希望教师能够反思自身所处的教育制度。作者认为，学校的制度化和对教育的垄断，有违学生的自然学习成长。[①] 例如，学校僵化的教学制度、强迫式的学习和考试模式，扼杀了学生自主学习的动力，将学生变成只是盲目服从指令、追求分数的被动群体。[②] 考试成绩作为学生唯一追求的价值指标，这不但无法帮助学生解决问题，同时制造了更多的问题。[③] 因此，伊里奇反对学校对教育的垄断，其真正的意图除了希望改善社会将教育完全依赖于正规学校的现状之外，更重要的是摆脱传统学校强迫式的教学方式，把学习的主动权与责任感还给学生。[④] 伊里奇对教育的反思是很有启发性，我们应该探究如何在现行教学的基础上有所突破，吸引学生学习动机，培养学生掌握自发自主、自我反思的学习方式。

要改变学生被动的学习模式，关键是如何从教师该"教"转移到学生如何"学"。这种教学重心的转移，着重运用有效教学的策略促进学生学习。翻转课堂(flipped classroom)为近年较受关注的教学方法，该教学方法是将学校课堂上单向的讲授和学生在家学习的环节对调，例如将讲课内容拍成影片让学生在家学习，并将腾出来的课堂时间进行师生们互动交流的活动，提升学习效能。[⑤]近年来有不少研究证实翻转课堂确实能够让教师更善用课堂时间，配合学生的需要和兴趣，增强学生表达、自主学习的能力。活泼的课堂活动和讨论也能够加强互动元素，带动学生进行体验式学习，从而达到课程的目标。[⑥] 翻转课堂的成功之处在于将以往填鸭式的教学，转向重视师生的互动、交流的教学，让学生把握更多学习的自主权。翻转课堂的教学目标更认同多元评核与多元价值，也更看重激发学生学习动机，帮助学生培养自主学习、自我反思的能力。

---

① 参见 Ivan Illich, *Deschooling Society*, New York: Harper and Row, 1988, pp.35-36.

② 参见 Ivan Illich, *Deschooling Society*, New York: Harper and Row, 1988, pp. 60-62.

③ 参见 Ivan Illich, *Deschooling Society*, New York: Harper and Row, 1988, pp. 65-68.

④ 参见 Ivan Illich, *Deschooling Society*, New York: Harper and Row, 1988, pp. 24-26, 108.

⑤ 相关的讨论，详见 Hüseyin Uzunboylu & Damla Karagözlü, "Flipped Classroom: A Review of Recent Literature," *World Journal on Educational Technology*, 7:2(2015), pp. 142-147; Maureen J. Lage, Glenn J. Platt, Michael Treglia, Lage M. J., Platt G. J. and Treglia M., "Inverting the Classroom: A Gateway to Creating an Inclusive Learning Environment," *The Journal of Economic Education*, 31:1 (2000), pp. 30-43; Sarah J. DeLozier and Matthew G. Rhodes, "Flipped Classrooms: A Review of Key Ideas and Recommendations for Practice," *Educational Psychology Review*, 29:1 (2017), pp. 141-151;黄国祯主编:《翻转教室:理论、策略与实务》,(台北)高等教育出版社2016年版。

⑥ 近年有不少研究探讨翻转课堂的学习效益、教学策略以及在不同学科上的运用，参见施淑婷:《翻转教学在通识人文课程的实务应用——以〈文学与人生〉课程为例》,《通识教育学报》2014年第2期;陈瑞玲、韩德彦:《没有教师的一堂课——翻转教室自主学习效益及其促成要件》,《远东通识学报》2015年第2期;洪如薇:《由割舍到回归——从教学策略的调整谈大学国文教学理念及其实践之可能》,《联大学报》2015年第1期;黄志雄:《翻转教室模式在大学课程中的实践与反思》,《师资培育与教师专业发展期刊》2017年第1期。

教师除了能在教学活动中，善用课堂上跟学生接触的机会，多安排学生学习活动，促进学生主动学习和思考外，也可以带领学生走出课室，安排贴近生活的体验学习活动。这种活动不单能够扩展教育的视野和策略，使学生重拾学习好奇心，也可以加强教与学之间的互动和深度学习。《以身为度，如是我做：田野工作的教与学》一书，便是一个很好的例子。谢国雄在该书中分享了他的教学经验以及师生一起探究台湾社会生活的过程。谢国雄指出，教师可以与学生分享自己的研究经验，鼓励学生走进田野，以自身当作探索他者生活世界的媒介，让学生透过学习和研究的历程，生产和转化知识。[①] 教与学都是成长的过程，教师跟学生分享如何探究、摸索知识，也是有效学习的重要一环。走出教室，走进田野，能够让学生学习如何提问和做深刻的社会分析。[②] 通过田野考察，学生可以用主动获取的信息，转化为自己对知识、对世界，甚至是对自我的认识。

综上所述可见，传统以教师为中心的单向讲授式教学，未能促进学生自主自发的学习意愿。在教与学的过程中，教师应该以学生为中心，同时运用适当的教学方法和策略，引导学生主动学习，激发学生的学习兴趣、增强学习效果，从而提升教学和教育质量。下文尝试以大学通识课程为例，探讨教师可以如何举办田野考察活动进行教学，让学生获得理想的学习成果。

二、走进田野

屏山文物径于 1993 年 12 月 12 日开放，是香港首条文物径。该文物径位于新界北部，是新界邓族聚居地。相传邓氏的祖先在九百多年前定居新界，在 12 世纪，七世祖邓元祯与其儿子在屏山定居下来，成为屏山的开基祖。[③] 屏山曾是香港一个重要的产米区，乡民以水稻耕作维生。直到 20 世纪 50 年代，屏山的乡民还是以耕种为生，到了 20 世纪 60 年代，社区的农业生产才开始式微。邓族定居屏山后，先后建立了"三围六村"[④]，兴建宗族、宗教和教育方面的建筑，如古塔、祠堂、庙宇、书室等。这些建筑物乃是为祭祀、教育和团结族人之用，形成了一个关系密切的宗教和礼仪的社区，是了解南中国宗族社会的重要个案。

---

① 谢国雄主编：《以身为度，如是我做：田野工作的教与学》，(台北)群学出版有限公司 2007 年版，第 4～11 页。

② 参见谢国雄主编：《以身为度，如是我做：田野工作的教与学》，(台北)群学出版有限公司 2007 年版，第 4～11 页。

③ 有关屏山的研究，参见 Jack M. Potter, *Capitalism and Chinese Peasant: Social and Economic Change in a Hong Kong Village*, Berkeley: University of California Press, 1968；廖迪生、卢惠玲编：《风水与文物：香港新界屏山邓氏稔湾祖墓搬迁事件文献汇编》，(香港)香港科技大学华南研究中心 2007 年版；卢惠玲、张兆和编：《书写屏山：香港新界屏山邓氏宗族表述本土历史文化传统文献汇编》，(香港)香港科技大学华南研究中心 2013 年版。

④ "三围六村"包括上璋围、桥头围、灰沙围、坑头村、坑尾村、塘坊村、新村、洪屋村、新起村。

屏山文物径长约 1.6 公里，途经上璋围、坑头村及坑尾村，沿线古迹众多，包括达德公所、聚星楼、社坛、上璋围、古井、杨侯古庙、邓氏宗祠、愈乔二公祠、觐廷书室、清暑轩与洪圣庙（见图 2-1）。文物径位于一个独特的社区之内，很容易引起学生的学习兴趣，可以让我们更具体了解一个社区的历史，例如考察各古迹的位置、功用与及其与所在环境的关系。一般带领学生考察，只需花三个小时，便可以对香港新界的传统面貌及宗族生活有初步的理解，也可以引领学生反思中国的历史和社会文化的转变。

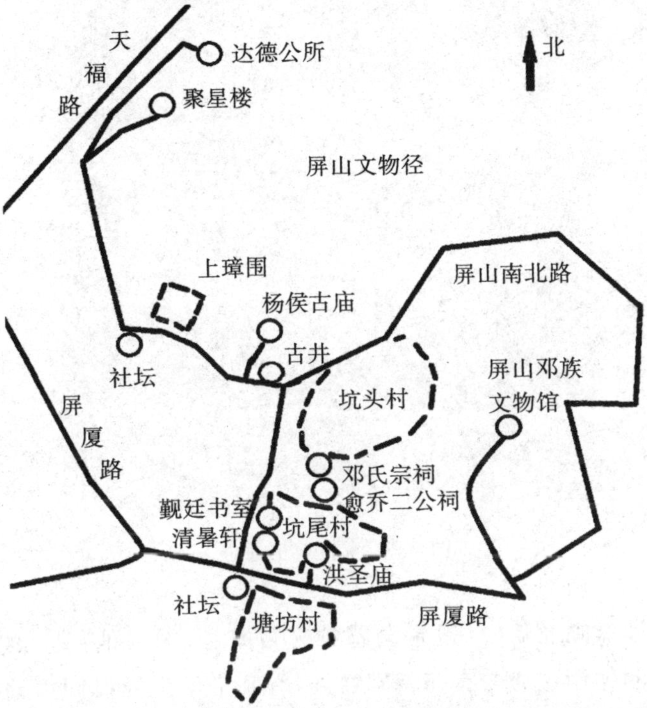

图 2-1　屏山文物径

一般研究者在进入乡村做调查时，都会先看看村内的告示板，看最近会有什么事情发生。这些告示板通常竖立在村口或者村内的公共场所，告知乡民最近村内的活动。这些临时的通告往往是了解地方社会很重要的切入点。大多数居住城市的学生，走进陌生的乡村，多少带着猎奇的眼光和想象。教师如何引导学生以“他者”的眼光去理解这个乡村社会，深化学生对社会生活的理解，是一个很重要的过程。这个过程包括教师与学生在田野中如何互动，如何观察与记录，如何进行资料分析与诠释。

通常乡村的通告是最容易被看到与被提出来讨论的课题，图 2-2 是学生在屏山考察时看到的一则通告。

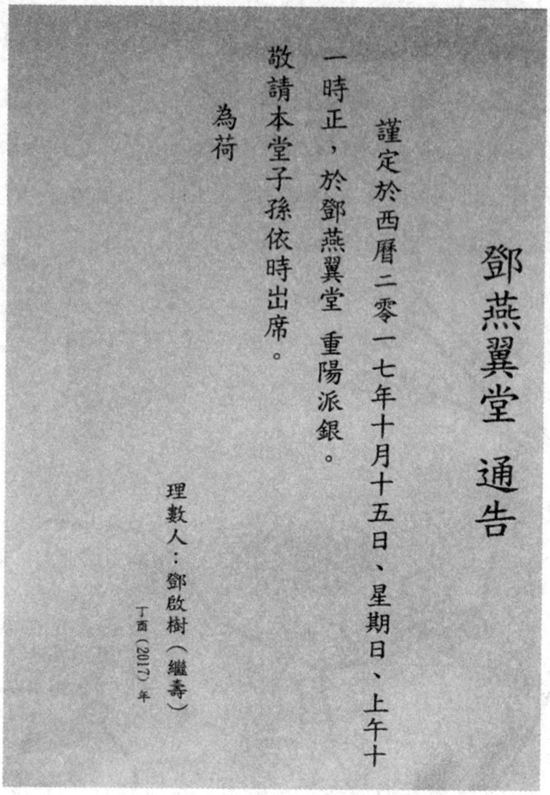
鄧燕翼堂 通告

謹定於西曆二零一七年十月十五日、星期日、上午十
一時正，於鄧燕翼堂 重陽派銀。
敬請本堂子孫依時出席。
為荷

理數人：鄧啟樹（繼壽）
丁酉（2017）年

图 2-2 乡村祭祖通告

当学生一起阅读这则通告时，通常会感到异常兴奋，因为他们立刻发现了他们感兴趣的东西——钱。问他们这通告有何特别之处，有几个学生异口同声地说："重阳派银。"一般我们会开始追问学生：重阳扫墓时他们会不会收到钱？通告内的"堂"是什么意思？为什么是以祖先的名字命名？他们记不记得自己太公的名字？通常，学生都会答出他们对中国文化的印象：太公分猪肉、宗族、大家族、有族谱、祠堂、有土地（祖尝）等。通常我们会让学生带着这些问题一起进村讨论。只要学生对社区感兴趣，他们便会主动发问，就算是好奇问问"太公如何分猪肉"也好，都可引导他们代入历史文化背景里去思考问题。

关注地方社会的文字资料，其实与文化和史学教研的转变也有关系。不同时代研究者对新材料的挖掘与使用，不断地改变中国历史的研究主题，也让我们不断地去重新审视中国历史与社会的发展。随着 20 世纪 70 年代孔飞力（Philip Kuhn）、魏斐德（Frederic Wakeman）等人对省级资料的研究，80 年代黄宗智等人对县一级所进行的研究，中国历史的研究也从处理全国或中央朝廷的课题转为处理中国各省份和县级的地方行政的课题。[①] 80年代末以来，乡村地方社会的文献材料开始慢慢受到重视，例如村落收集到的碑记、族谱、文书与口述等材料，这些材料成为我们了解地方社会或者区域史不可缺少的材料。[②] 由此可见，田野考察于教学上的运用，与史学研究的主题关系密切。以上述乡村的通告为例，阅读通告的好处是学生可以透过各种蛛丝马迹来解读一个活生生的乡村社会，触动学生主动认识社会生活，让学生对社会的结构有深刻和突破的理解。

参观文物径，不是要局部认识一间又一间建筑物的历史和文化意义，而是希望通过各种建筑物，了解社区和乡民之间的关系，从人文空间透视乡村社会的社会组织和权力关系。

1.村落的边界：达德公所→聚星楼

学生参观的第一站为达德公所，公所是达德约（又称"屏山约"，大约由39个村落组成）所属村落成员聚会、祭祀和管理市集之用，同时具有供村民议事、联谊等功能。公所由屏山乡绅于清朝咸丰七年(1857)建成，并于清朝同治五年(1866)于左右两侧各加建了慰寂祠和英勇祠，分别为纪念孤苦无依者和卫约护乡的捐躯者。当学生参观英勇祠时，很快察觉到村落之间的矛盾，也明白乡约的目的是保护所属村落的经济和社会资源，是一个基于地缘的跨村落的组织和政治联盟。公所讲述的是19世纪以来达德约与邻近村落械斗的历史，这牵涉到地方社会在土地、水利资源、权益上的矛盾。由于这是一个村落联盟，建筑物看起来跟祠堂很不一样，选址并不是在邓氏的村落里。

聚星楼位于达德公所不远处，处于屏山乡的村口边界。由于屏山位处后海湾河口，容易出现水灾，乡民便在河口位置修建一座六角形的古塔，塔顶最上层供奉魁星神，该塔取名"聚星楼"。聚星楼与风水相关，不但用以镇压水灾、抵挡北面后海湾的煞气，据说还可以庇佑乡民考取功名、守护乡民的财气。聚星楼现已位处内陆，通过旧照片，可以让学生了解当时的地理环境。聚星楼正正划分了村内村外的界线。

2.村落的地缘关系：社坛→上璋围→古井→杨侯古庙

学生走进乡村的小路，很快会发现一个社坛，村民称之为"社公"（也有乡民称之为"大王""社稷大王"）。社坛由青砖砌成，露天，两侧有"镬耳"山墙，乡民以石头代表社公。

① 参见 Philip Kuhn, *Rebellion and Its Enemies in Late Imperial China: Militarization and Social Structure, 1796-1864*, Cambridge, Mass.: Harvard University Press, 1970; Frederic Wakeman, *Strangers at the Gate: Social Disorder in South China, 1839-1861*, Berkeley: University of California Press, 1966; Huang C.C., *The Peasant Economy and Social Change in North China*, Stanford, Calif.: Stanford University Press, 1985.

② 参见 David Faure, *The Structure of Chinese Rural Society: Lineage and Village in the Eastern New Territories, Hong Kong*, Hong Kong: Oxford University Press, 1986; David Faure and Helen F. Siu (eds), *Down to Earth: The Territorial Bond in South China*, Stanford, Calif: Stanford University Press, 1995.

通常一个乡村都有一个社稷大王和多个土地伯公。土地伯公一般安奉于榕树头、井泉、围门等处。这些土地伯公只占有一个很小的固定位置，一般没有神像，或者是书写的文字牌位，通常只是一块石头而已。特定的土地伯公保护着特定的地域范围，如井泉伯公只守护井泉的范围。大王或者是社稷大王，其管理的地域范围一般比土地伯公大。[①] 土地伯公及大王在乡村里面是比较重要的神祇。乡村遇到有人出生、结婚都需要向这些伯公、大王通告。乡民视之为地方的守护神。

香港新界的村落，每年正月都会在社坛、土地伯公和神庙内点灯(见图2-3)。广东话里"灯"和"丁"是谐音，有添丁之意。一般我们会带着照片，问学生这是什么活动，学生通常猜不出来。点灯，乡村里面叫"开灯"，负责的人叫"灯头"。"开灯"有两次，一次在村子里面，有地缘的关系；一次是在祠堂里，有血缘的关系。在村里的开灯，有些村落会将村庙的神祇和所有的土地神都请过来，放在临时搭建的神棚内，灯头会带着小孩在这里祭拜，进行开灯的仪式，告知神明，村子多了一名男丁。

图2-3　香港新界乡村的社坛开灯仪式

那我们该怎样理解这一套开灯的仪式呢？乡民为什么要通知所有的神明这里多了一个成员。学生通常会猜是"请求神明保佑"。其实另外一个更重要的答案是表述"谁有权"的问题。要让学生明白这个理念比较困难，我们可以开始问一些比较有趣的问题，如当一群人聚在一起时，他们会如何在该处定居？通常定居要做一件事情，就是宣示土地

① 有关土地神龛及庙宇作为地域性的祭祀，参见 David Faure, *The Structure of Chinese Rural Society: Lineage and Village in the Eastern New Territories, Hong Kong*, Hong Kong: Oxford University Press, 1986, pp. 70-86。

的拥有权。可是早期由官方支撑的土地契约并不流行，乡民用什么形式与办法在一个地方居住下来？这与建在村口的社坛有没有什么关系？学生在思考这些问题时，开始发现要表述、证明“这是属于我的”的拥有权其实不容易。比较聪明的学生会开始问，是不是跟祭祀土地神有关，即祭祀权的问题。

在早期的社会，表述土地权的一个办法就是找一个地方，拜祭土地神。土地神保护这片土地，我去供奉土地神的时候，是进行一种交换：我供奉土地神，而土地神将土地使用权交托给我。由于乡村的土地神是管地的，谁有资格、有权去祭拜，谁便有权去使用那块土地。乡民是通过祭“社”来宣示对土地的拥有权。简单来说，可以使用土地的是神，我们拜祭之后，就可以使用那一块地，包括耕田、劈柴、打猎等等。“社”是有做标记、划地盘的意义。后来有了土地契约，土地权的表达方式也有了改变。祭祀的功能消失，但仪式并没有消失，变成文化传统流传了下来。

地方的庙宇与土地神不一样，它们以人的模样出现，神职比土地神大，从图 2-1 可见，文物径内有两间庙宇。杨侯古庙为坑头村物业，而洪圣宫则为坑尾村物业。在香港新界的乡村社会，乡民通常会组成“值理会”来管理庙产、修建庙宇。同时，乡民也会筹办周期性的神诞来界定和团结村落的成员，这个做法在杂姓村内尤为重要。有些乡村还会在庙宇的名义下兴建墟市、组成自卫组织。因此，庙宇除了有宗教的功能外，也是地方社会的公共空间和活动的核心场地。因为庙宇具有公共性，很多时候一些地方的材料如碑铭文字等资料都存放在庙里，庙宇犹如当代的档案馆，有助于理解地方的社会历史。

与学生走完这段路，我们会开始问学生：我们该如何描述乡村社会？通常学生大致能够描述出来——乡村是指一群人聚集居住在一起的定居地，当地人将无墙的村子称为“村”，有墙的称为“围”，也就是说，村或围是由一些房子丛聚而成。几个村之间，可能紧接着，也可能隔着田地、溪水、小丘，这样被称为一个“乡”。一般而言，乡大约是指村民可以步行的范围，而且大家认为彼此是属于同一个社区，乡民通过不同的祭祀对象来表达地缘的关系。有些比较细心的学生会开始问，如果村落组织主要以地缘为主，那为什么说屏山邓族是一个宗族社会？学生一般认为乡村就是宗族，但实际上并不是如此。就算是一个单姓村，也不等于所有的活动仪式都是围绕着宗族祖先进行，祭拜神祇也是乡村社会重要的体系。那祖先何在呢？这时我们会请学生再仔细观察文物径的地图（详见图 2-1），学生很快就发现屏山邓氏宗祠在地图上的特殊性。

3.村落的血缘关系：邓氏宗祠→愈乔二公祠→觐廷书室、清暑轩

邓氏宗祠的地理位置很特别，正正处于坑头和坑尾两村之间（见图 2-1），由屏山三围六村所环抱。由此可见，屏山被视为宗族社会，邓氏宗祠的地理位置扮演了一个很重要的角色。邓氏宗祠为三进两院式的建筑，祠堂前有一块大空地，门前立有石造旗杆夹，以便竖起旗杆，让周边的村落知道屏山邓氏有人高中科举。祠堂的前院有红粉石通道，显

示邓氏先祖曾身居朝廷要职。祠堂第二进的中门,挂有"钦点翰林院庶吉士"的牌匾。后进祖龛供奉着邓族一百多个祖先神位,最高的三个神主牌分别为广东邓族第一世、屏山邓氏宗族开基祖及其儿子。祠堂的牌位代表整个屏山邓氏的祭祀群,是一种身份以及宗族团结的象征。有时我们会邀请在祠堂闲坐的父老们讲述他们祖先的故事,一般他们会告诉学生屏山邓氏宗族源远流长,以及其先祖为国家做出的功绩。中国人常言:"生不入官门,死不入地狱。"但当你一进去乡村社会,乡民流传的故事和其建筑物,处处都在表达与中央朝廷的关系。

在参观祠堂时,我们会延续刚才在社坛讨论的话题,当一群人聚居在一起后,除了要解决入住权的问题,还要想办法组织成一个地域团体。那该如何运作呢?学生一般都能指出这套体系与祠堂有关。找一个共同的祖先来祭祀,同时设立族产(乡民称为"祖尝"),并组织成地域社会。族产多以田地的形式存在,田地不能分割或出售,由不同的"房"轮流管理,是为"轮值"。例如,太公有三个儿子,就分成三房,三房轮流管理太公的共同财产。负责管理族产的人称为"司理",司理是由祖堂成员推选,负责掌管族产,并作为与政府沟通宗族事务的桥梁。田地是维系宗族的主要元素,每位追溯共同祖先的男性成员均为族产的持份者,可享用族产的收益。通常族产的田地会分租予乡民耕作,租金收入成为春秋二祭、兴学、救济等宗族公共事务的经费。

学生会开始明白祠堂的管理模式就像经营一家公司,或者管理一个基金会。我们会问学生,能否说出他们高祖或祖上任何一个祖先的名字,通常学生都答不上来。但在场的乡民都能随口说出几个,这是为什么呢?我们会以成立一个基金会作为例子。假如你想让你的子孙记住你的名字,办法很简单,可以成立一个以你为名的基金会,例如你叫陈大文,你就成立一个陈大文基金会,规定基金会的本金不能变卖,但你名下的男性子孙每年可以分享基金的利息收益,同时也鼓励成员捐献,以发展壮大基金会。因为有基金会的利益存在,你名下的子子孙孙就会记得你的名字。刚才学生在进村所看到的通告中的"邓燕翼堂",就可视为以祖先名字命名的基金会。

可以想象,经过一段时间之后,一个大宗族会出现不同大大小小以祖先命名的祖堂,祖堂拥有一定数量的土地收取租金,用以祭祀祖先及赡养该祖堂名下的子孙。这些祖堂成为宗族的内在组织,形成以财产权和祭祀权为基础的关系网络,同一宗族内部衍生出不同的支派。一个人可以隶属于一个以上的祖堂,这也导致宗族内部的贫富差距。宗族表面上强调男性亲属世系群的结合,表现为友爱、团结、无差别的群体,但实际上并非如此。我们需要让学生明白,香港很多宗族的建构并非完全依靠血缘关系,更重要的是取决于同房祖先的经济能力以及地方的社会政治经济因素。因此,宗族是一种自发的组织。不能简单理解为儒家的伦理道德促使乡民有宗族的组织和行为,同时也不能将乡村社会聚族而居的社会形态视为中国的文化特性。

最后还有一个关键的问题：如何登记成为新宗族成员？香港新界很多宗族都有祠堂点灯的仪式。每年正月，祠堂会挂起彩绘的纸灯笼（见图 2-4），上年初生的男丁的父亲会在祠堂的祖先牌位前放置一盏点燃的小油灯，告诉祖先添丁的消息，并把该名男丁登记进丁口簿。开灯标志着男丁正式成为宗族成员，可以写进族谱里面，“有权”分享宗族的祖尝。新生的男丁是通过一套祭祀的方法加入宗族社会的，丁口簿也是香港特区政府承认的作为居民身份证明的法律文件。点灯或者春秋二祭的意义都在于显示个人与祖先的关系，是个人具有分享祖先名下财产的权利标志。

图 2-4　香港新界乡村的祠堂点灯仪式

在参观邓氏宗祠时，学生常会发现一个很特别的地方，就是邓氏宗祠神龛旁建有“更练团办事处”的厢房，相信这是暂时狱禁犯人的地方。清代的行政系统只去到县级，县官为一县之长，集行政、司法、劝农、征税、教育诸权于一身。官僚系统简单，行政经费、人手又严重不足，再加交通不便，要管理乡村的事务，可谓鞭长莫及。那乡村社会在国家的行政体制外是如何运作的？通常我们会鼓励学生通过这次田野考察来反思这个问题。宗族可视为地方社会政治的基本组织单位，它们有自己的防卫组织，这些组织由年轻的男性宗族成员组成，巡逻保护成员的生命及财产。

文化本身就是一套生存的策略。一个历史悠久的宗族，主要由四个重要的部分组成,包括共同的祖先、族产、祠堂和一套祭祀的礼仪。在祖先崇拜礼仪的整合下,宗族成为一个结合亲属关系、宗教、经济及政治的地方社会组织。因此,宗族可以视为是一个以共同祖先为祭拜对象的地缘团体。有一批人为了维系地缘上的关系而建构起来的,其办法是宣称有一共同的祖先,实际上不一定是血缘的结合。

血缘和地缘是传统乡村赖以组织的关键,两者的互动是考察地方社会时不可忽略的。学生参观完屏山文物径后,开始明白乡村社会的地域关系建构于拜祭的对象,尤其是祖先和神。

祠堂、庙宇作为地缘组织的建筑,不单是乡村社会的联盟组织,也是维系地域认同的工具。所谓血缘或宗族组织,乃是以祖先为拜祭对象的地域团体,而血缘组织则是以神明为拜祭对象的地域团体。学生通过了解当地居民的生活和社会网络、组织及地缘关系,有能力去分析其社区脉络的形成。例如,勾画村民的地缘观念,重新认识中国传统乡村的社会组织。最后,我们需要引导学生去了解乡民如何利用不同的文化资源,包括祠堂、族谱、庙宇、祭祀礼仪等,来建构地方社会。田野考察提供了一个很重要的切入点,让学生在很具体的人文空间去理解乡村社会,当中涉及地方社会的政治、经济和社群等矛盾。同时,我们也需要引领学生回到课室,走进历史,掌握中国文化的特点,阅读文献资料,反思中央政权、文化精英如何形塑这些文化资源,地方社会又如何利用这些文化资源来解决区域内的各种矛盾,推动这些文化资源深入植根地方社会并得到普及。

通过这次考察,我们希望让学生了解到历史和文化并不一定是繁冗难记的文字,历史和文化其实是无处不在,是活生生的,并借此鼓励学生多观察事物,培养接触历史的触角。参观屏山文物径后,我们会要求学生阅读其他人的田野考察报告,然后让学生去反思报告所观察到的体制是如何形成的。我们通常会选择毛泽东的《湖南农民运动考察报告》,这篇报告可以帮助学生更深刻地理解中国传统社会的特征。

1927 年,毛泽东赴湖南湘潭、湘乡、衡山、醴陵、长沙五县考察,做了 32 天的考察工作,并写了一篇有关湖南农民运动的考察报告,该报告指出:

> 中国的男子,普通要受三种有系统的权力的支配,即:(一)由一国、一省、一县以至一乡的国家系统(政权);(二)由宗祠、支祠以至家长的家族系统(族权);(三)由阎罗天子、城隍庙王以至土地菩萨的阴间系统以及由玉皇上帝以至各种神怪的神仙系统——总称之为鬼神系统(神权)。至于女子,除受上述三种权力的支配以外,还受男子的支配(夫权)。这四种权力——政权、族权、神权、夫权,代表了全部封建宗法的思想和制度,是束缚中国人民特别是农民的四条极大的绳索。[①]

据毛泽东的观察,在 20 世纪初,传统的乡村社会受到四种权力的束缚,包括政权、族

---

① 毛泽东:《湖南农民运动考察报告》,《毛泽东选集》第 1 卷,人民出版社 2009 年版,第 31 页。

权、神权、夫权，这代表了“全部封建宗法的思想和制度”。课堂上，我们会引导学生去解读毛泽东所提及的传统乡村社会的秩序，这种体系是在怎样的历史背景下产生的？这个社会又是如何维系起来？从田野出发，“中国通史”的课程设计和教学目的就是教授学生如何去寻找问题，如何处理史实的基本方法和态度，最后反思地方社会和国家之间的互动。田野考察合影见图 2-5、图 2-6。

图 2-5　学生于田野考察的合影

图 2-6　师生于田野考察的合影

三、走回课室

从屏山文物径的个案出发,我们该如何让学生们了解地方、地区、国家以至世界之间的关系呢?这个复杂的问题背后,有一个简单而明确的方向,就是学生学习、做研究、找答案的方向。田野考察的设计,可以辅助以课堂授课为主的历史教学方式,引导学生了解中国历史和社会,改变历史学科予人沉闷的看法。下文为"中国通史"的课程大纲,详细课题划分见表 3-1。

本学科透视中国传统思想、历史地理、国家制度和政治发展,以宏观的视野,了解中国大历史。

学习目标:

(1)学懂以宏观的视野,分析中国二千年的大历史。

(2)透视中国传统思想、历史地理、经济演变和政治发展。

课程涵盖:

(1)中古的历史地理

(2)古代思想与政治

(3)明清制度与社会

(4)近代中国的转型

表 3-1 "中国通史"课题及延伸讨论

	课题	延伸讨论
1	引言:中国历史地理概论 (安排田野考察)	中国历史、地理的概论
2	周代的天命、革命和宗法制	商周文化的变革;周封建制与宗法制的关系
3	政治儒学:秦汉的方士与儒生	转变中的儒家;秦汉对政治体制的摸索
4	隋唐中国社会的佛教化	佛教转轮王的传统;唐玄奘与《心经》的关系;安史之乱与禅宗的发展
5	宋代儒佛之辩与文官政治	中国思想的革命(宋明理学);文官政治的出现
6	金元皇权、汗权与家臣政治	金元的政治结构对明、清朝的影响
7	明代的货币、税收与户籍制度	明代民族国家建构的过程;市场如何促成户籍制度的崩溃;嘉靖大礼议之争

续表

	课题	延伸讨论
8	明清的政体与族类分野	明清族类的分野和对中国20世纪50年代民族识别的影响
9	清代的政治与官僚体系	和珅与清朝的陋规
10	太平天国与地方社会的武装化	传统中国的社会叛乱;中国社会武装化的背景
11	改革还是革命?清末西方新思潮下的救国方略	西方新思潮如何改变中国的政体
12	走进共和:从臣民到国民	城市的革命;仪式与国民身份的塑造
13	农村的革命:1949年后的中共政治体制与改革开放	农村的革命;中国政治体制的发展和市场经济的步伐
14	总结	启蒙与救亡:中国社会该何去何从?

设计这门课程的目的是让学生明白,我们在讨论中国历史的变革时,不要像以前修读历史那样,将中国历史划分成一段段,如明朝、清朝,中国社会和文化并非一个断裂的时空。另外,这门课程并不着重讨论朝代兴替、帝王将相、群雄争霸的历史,因为这些主题与学生的距离太远,很难让学生产生读史的兴趣。这门课程先透过学生的田野考察,让他们去理解地方的社会结构和历史,再由此联结到中国的历史,让学生容易明白和接受。

田野考察可以与中国历史的教学相衔接,例如通过课堂的讲授,学生会明白西周封建制与宗法制的关系,虽然秦朝实行郡县制,但宗法制还是以中国文化的传统形式保存了下来;明嘉靖大礼议之争对民间修建宗祠有何影响;自宋以降,皇权的扩张又如何影响地方上的礼仪;等等。课程同时通过对不同历史人物生平的解读以及后世的评价,让学生明白历史是如何被建构的。

在课程设计和课堂活动两方面,我们不会着重让学生死背史料,而是强调历史与日常生活的关联,希望以此激发学生的兴趣,评论剖析历史事件。在课程考核方面,除了要求学生对课堂的知识有基本的把握外,也希望来自不同学科背景的学生可以从不同视角去理解中国的社会。因此,学期论文的主题是“与文物对话”。课程会要求学生自己去找一件他们感兴趣的历史文物,并撰写一篇学术论文。论文需要介绍该历史文物的性质、功能、造型、装饰风格等,探讨这些文物反映出怎样的历史背景、观念意识和审美趣味,以及这些文物对后世有何影响等。由于历史文物往往承载了一段深刻的历史,横跨历史、艺术、科技、考古等多个领域,论文可以考验学生如何回到历史现场,阐述文物所处时代的生活片段,包括当时社会的历史、经济、科技和文化等面向。通过论文的写作,学生可以自由探索、思考、领悟古人的智慧，关注文物里的中国，最后培养学生形成自己对于中国历史的独立见解。

又如在"中国文化导论"一科，屏山文物径的考察能让学生们了解地方、地区和国家的关系，正能与课程中"家国的秩序——中国伦理观""家国的秩序——中国礼法观"这两个课题互相呼应。同时，也能引起学生反思，香港如何保存了传统文化，以及中国文化如何适应当代社会，以加深同学对导修讨论主题"中国文化的过去与现在""香港的节庆与传统文化"的认识。

四、总结

传统的教学主要以教师讲授方式传递知识，无法解决学生学习意愿低落和学习成效不佳的问题。由于这种单向的讲授方式缺乏师生间的互动交流，也缺乏培养学生批判思考和主动学习的作用。因此，教师在设计课程和举办活动时，需要留意如何才可以提高学生的学习兴趣。本文视田野考察活动为教学上的重要环节，教师可以把课室搬到校外，把学生带到历史现场和现实生活中去学习。学生通过田野考察，能够从亲身参与和观察中学习。这些活动有助于学生自我反思与自主学习能力的培养。

每届学生在学期末所填写的"学科与教学评鉴"，都对这种教学模式给予了正面的评价。学生认同课程能够教导他们如何把历史论述融入生活，也鼓励他们从发掘身边的故事开始去领略读历史的乐趣，懂得欣赏一个具有多元性和多重意义的社会文化体系。我们发现，传统的课堂讲解配合户外田野考察活动，能有效地解决目前大学课堂中学生被动学习的问题。教师不再只是扮演着教授知识的角色，而是从旁协助学生学习，引导学生厘清问题、探究和学习，从而增进学生的学习表现。田野考察的引入，将被动的课堂学习变成主动的知识探求。学生体会到我们身边隐藏了许多宝贵的历史资料，并开始慢慢体会到修读历史并不是要强记史事原因、经过、结果和影响。因此，本文认为教师可以在课程与教学活动设计中，安排以学生为导向的教学活动，亦可参考本研究所提倡的田野考察活动，以便能从中促进学生的学习动机和学习成效。

（吕永昇，香港中文大学大学通识教育部讲师；朱宝盈，香港理工大学专业及持续教育学院高级讲师）

放养还是散养？*

——在理论课程中让学生做第一手资料搜集

舒　萍

在人类学专业的本科生培养方案中，作为人类学看家本领之一的田野调查工作，是不可或缺的训练部分，因此即使是低年级的理论课程，任课教师通常也会设计让学生进行"田野"的环节。作为人类学专业调查方法的田野工作，它对调查者有几个基本的要求，即会说被调查地区的语言、在被调查地区至少生活一年、与被调查对象同吃同住同劳动等。而伴随理论课程的"田野"调查，由于时间和地理位置所限，明显不可能达到这些要求，那么这是否就意味着理论课程中不需要进行调查实践呢？如果需要的话，那么穿叉在理论课程中的调查应该是一种什么样的"田野"呢？笔者将基于自己的教学经验和学生在理论课程中的调查感悟，围绕这两个问题进行分析探讨，进而对人文社科类理论课程中的实践环节予以反思，以求教于同行和方家。

一、理论课需要实践环节吗？

笔者认为，在人类学这个学科里，理论课程需要设计实践环节，主要原因有四。

首先，这与人类学的专业特性有关。对人类学学生的田野能力训练能够帮助学生在这个专业里跨出很重要的一步。在课堂教学中展开的田野训练里，"田野"主要指的是让学生离开课堂，勇敢地与陌生人打交道，学会围绕事先准备好的感兴趣的问题，对他人的行为进行近距离的观察，面对面交谈，甚至是参加到陌生人群体的活动里。

其次，在实践过程中，学生之间通常需要进行分工合作，比如谁进行文献搜索、谁负

---

* 本文是山东大学2019年教育教学改革研究一般项目"'以发展需求为中心'教学模式改革研究：基于大社会学类专业的实践"的阶段性成果。

责拍照、谁负责录音、谁负责访谈提纲、谁负责在访谈的时候进行提问、什么时候大家碰头在一起进行讨论等，都需要学生事先互相商量好，有的环节还要在实践中进行适当调整，这些必然会培养和锻炼学生在进行团队式工作时的领导力和协作精神。

再次，实践环节能够深化课堂上所学到的理论知识。比如在笔者教授的"经济人类学"这门课里，仅仅是在课堂上向学生灌输"市场并不仅仅是交换的场地，它还体现了社会关系"这样的观点，学生可能会死记硬背住这句话，但是并不一定能够理解。如果让学生去市场进行调查，他们就会发现，即使是一个小摊贩，从进货到卖货都离不开社会关系，他一直在跟不同的人打交道，这才使得他的各种经济活动能够展开。

最后，很多刚接触人类学专业的学生都反映，他们性格内向，不敢跟陌生人打交道。人类学课程中的实践环节，通常都起到逼迫他们不得不跟陌生人打交道的作用。学生一旦冲破了自己心理的第一道防线，克服与人打交道的恐惧和羞涩，后面跟调查对象进行访谈就会越来越顺利，这也可视为对他们日后进行长期的田野调查的"预演"和"热身"。

二、何为第一手资料搜集？

笔者提出"第一手资料搜集"这种说法，经历了思想上的转变和反思。最初由于受到专业思想的影响，笔者通常跟学生说我们要进行"田野工作"时，布置给他们的作业是：基于自己感兴趣的话题，自由组队进行田野调查，撰写调查报告。有学生曾经问笔者：这样短暂地跟别人做访谈，能够算是田野吗？类似的问题引起了笔者的反思："田野"这一用词是否严谨？是否会误导学生？其实配合理论课程布置的调查作业，初衷是让学生尝试自己找到兴趣点，学会提问题，根据问题用自己亲自获得的第一手材料，站在研究对象的立场分析问题。人类学的学生多多少少对"田野"这个词都不陌生。在他们的认知里，田野与长时段调查、与对异民族的调查、与马林诺夫斯基等都密切相关，而理论课程安排的实践环节更类似于一种让学生在有限的时间和空间亲身做调查以获取第一手资料的过程，所以当学生在都市里进行短时段调查的时候，"田野"一词的用法会对他们有误导。

第一手资料的搜集主要分线上和线下两种形式，笔者通常鼓励学生采用线下的形式进行资料搜集，面对面地、深入地与被研究对象进行交流，甚至做朋友，这都有助于学生建立起一种参与情感、与被访对象共情的思维和调查方式，使"调查"有温度，这是人类学进行田野工作、实地考察的一大特色。但是，随着网络的普及、学生兴趣的多样化，仅仅依靠线下的调查并不能完全满足学生收集资料的需要，线上调查的需求逐步增多。通过线上的方式进行材料搜集，主要是与学生的选题有关，比如近年学生喜欢做的选题涉及网络消费、"网红"直播、"粉丝"经济等等，要研究这些选题不可避免地需要对研究对象进行线上观察、聊天和访谈。进行问卷调查也通常是学生需要运用线上形式搜集资料的一个原因。问卷星等大型在线问卷调查平台为学生提供了便利,现场派发填写问卷的方式在学生中已不多见,学生们更倾向于利用网络平台进行问卷调查,并且利用网络工具进行后期的数据分析。可以说,线上和线下两种调查形式,在理论课程的实践环节中都很常见。

无论是线上还是线下,通常可行的调查方法有问卷、深度访谈、半结构式访谈和参与观察。此外,线上和线下两种调查形式并不相悖,不是只有在研究与网络相关的话题的时候,才用线上的调查形式;以现实具体空间中的活动主体为研究对象的调查,有时也会使用线上问卷的方法。换言之,线上和线下两种调查形式可以同时使用,都有利于学生获得第一手资料,同时运用二者有时可以获得意想不到的效果。但是必须承认,同时进行线上和线下的调查对学生的精力投入、调查技能要求比较高,不一定人人都能用好,用不好则可能适得其反。

三、放养还是散养?

由上述可见,人类学的理论课程需要插入实践环节,虽然由于地理位置、时间和精力的限制,不可能要求学生离开校园进行长时间的调查活动,但是至少可以鼓励、促进学生运用多种形式和方式进行第一手资料的搜集,这也是对学生进行专业训练的一个有效且必须的环节。随之而来的问题是:这样的实践环节是由老师带队带领学生进行为好,还是由学生自由组队自行前往调查为好呢?前者即本文所谓的"放养",后者为"散养",笔者接下来将围绕教学案例对此问题进行具体分析。

案例1:"放养"之威海调查

2014年秋季学期,笔者给社会学和人类学的本科三年级学生开设了"全球化和当代社会"这门课,当时授课的主要内容之一是要让学生明白全球化下的同质性和地方上的多样性问题。课堂上有关同质性和多样性的理论讨论和案例分析是比较多的,为了深化学生对这个问题的理解和反思,笔者在学期中间安排了一次前往山东省威海市进行调研的活动。由于学生平时有课,所以此次调研活动安排在周末。当时从济南到威海的高铁还没有开通,坐普通火车需要8个小时,为了节省时间和费用,我们最后计划在周六的晚上出发,坐通宵的火车到达威海,周日晚上坐通宵的火车,从威海返回济南。在威海考察的时间是周日白天,下车后我们直接从火车站步行到威海时代广场韩国馆,然后从韩国馆又去了韩国一条街,中午在韩国一条街的韩国餐厅就餐,下午转到海港大厦韩国城和威海客运港,晚餐就近解决,餐后参观韩国不夜城,然后从韩国不夜城直接到火车站返济,考察结束。考察的内容围绕着与韩国元素有关的商场、餐厅、摊位和客运码头展开,考察的方式主要是笔者带着学生在上述地点进行观察、讲解和组织学生讨论,其中每一个地方也留出一定的时间让学生分散活动，但是绝大多数时间还是以集体行动、老师讲解为主。在这种方式下学生还是颇有收获的。一位学生在威海调查之行的感想中这样写道：

这次威海之行，我们在威海韩国人聚居的小区里找了一家韩餐店。这家韩餐店是东北朝鲜族人开的，店里的客人主要是附近的韩国人。当我在这家韩餐店吃饭时，看着旁边两桌年轻的韩国学生盘着腿坐在低矮的小木桌旁，熟练地使用韩式餐具吃饭，听着店里的顾客用流利的韩语交谈、打招呼，我顿时感觉，我虽然站在一家中国的韩餐店里，却仿佛置身于韩国本土的饭店，我感到一股强烈的陌生感，仿佛一个来到韩国的异乡人，这让我重新审视什么才是韩餐店的问题。在济南的韩餐店，尽管饭店会努力营造一种韩国氛围，但身旁的其他中国顾客和说着中文的服务员，无时无刻不提醒我是在一家中国饭店。墙面上不再有为了营造韩国氛围而写的装饰性的韩文，而是挂着一张用韩文写的广告，是关于能接收韩国卫星电视的机顶盒，而店里的电视上正在播放着韩国的电视节目。在这家以韩国人为主要消费对象的韩餐店里，韩语的存在是为了满足沟通交流等使用方面的需求，并不是单纯为了营造韩国氛围而特意设计的"消费品"。

威海调查以"放养"为主，主要是因为此次调查离开济南前往异地，从上车的那一刻起，老师就需要对学生的安全负责任，这既是学校的规定也是老师应尽的职责，老师成为"领头羊"责无旁贷，而学生在陌生的环境里，从安全的角度考虑，也希望老师带队，以群体的形式活动。此外，在"放养"式的调查中，老师会因为职业习惯，不断提醒学生从哪些方面来观察全球化的现象和如何去理解全球化的现象，这让学生在有限的时间里更容易领悟到调查的主题内容，上引的学生感想就反映了这一点。在韩国餐厅里，笔者会有意提醒一同就餐的学生，将这里的餐厅与济南的韩国餐厅进行比较，去观察餐厅的装饰和装修风格、服务员的态度语言、就餐顾客的情况以及他们与服务员的互动等等，这些明晰的元素一旦列出之后，学生能很快进行比较归纳，形成观点。但是"放养"的不足之处也显而易见，即学生容易受到老师的影响，被老师"带节奏"，发散性思维和自主性发挥都不够。

案例 2：散养之丧葬用品店调查

2019 年秋季学期，笔者开设了"经济人类学"课程，这是人类学二年级本科生的必修课。虽然是二年级，但是由于山东大学实行的是第二学期专业分流制度，所以这批学生是从二年级才真正开始接触人类学专业。笔者在课堂上讲授了经济人类学的发展史、生产消费、礼物商品等专题，课程考核之一是要求学生自由组队，利用课余时间，对自己感兴趣的经济现象做调查，撰写小组调查报告。教师主要是在课堂进行指导，比如选题是否可行、调查前需要做哪些准备工作、团队成员之间需要什么样的分工、调查报告应该怎么写等。学生需要充分发挥自己的主观能动性，从组建团队、选题分工到撰写报告，都需要团队成员之间友好合作、不断协商，遇到问题积极主动咨询老师，否则无法较好完成调查任务。

“散养”对学生感受文化冲击、锻炼组织协调能力和迸发思想火花，都有明显效果。以其中一组学生为例，这组学生进行的是济南丧葬用品店调查，调查源于他们对殡葬行业的好奇。在对济南市中心医院附近的丧葬用品店进行走访之后，最终确定了五家丧葬用品店/公司为其主要调查对象。受自己兴趣的驱使以及根据老师在其调查中期口头报告的意见反馈，他们一共对丧葬用品店进行了四次调查，对丧葬用品店的老板和员工都进行了不同程度的访谈和观察。从最初的看黄历只敢在正午开始考察到克服恐惧心理按需进行调查，他们不断破除迷思、建立新知识、对自我进行挑战，出色地完成了调查报告。小组中有成员这样概括自己的调查：

> 这次经济人类学的市场调查对我来说有许多第一次：第一次进行人类学方面的田野调查，第一次确立主题、准备问题、外出采访、撰写报告，第一次和他人合作完成野外任务。从未出过教室的我第一次进入社会与陌生人这样交谈，原以为坐下来访谈是电视的访谈录里才会发生的事情。这一次我获得了以下三个感悟，或许能为接下来的田野调查所用：理论学习，联系实际，分工合作。

小组成员还在调查报告中对此次调查进行了反思：

> (1)对商品分类、名称、具体知识和服务内容的访谈、记录不全面。商品分为殡葬和祭祀用品，二者以殡葬功能为重，因此在提问和记录上皆倾向于商品的殡葬功能，对其祭祀功能的提问、记录、了解偏少。另外，对于庞大的服务流程细节访谈得不全面，没有将每个环节的具体内容特点落实。之后的研究中应该更具体化注重细节，相关方面都不能错过。(2)提问方式和问题不中立，有引导性。在与老板的交谈中，出现了不中立的、有感情色彩的问题和互联网上现有的问题，对被访谈者的思维和心理有引导作用，不能真实反映情况。这就要求我们今后要理清问题逻辑，斟酌言辞，把握尺度，理解被访者，理性思考。

丧葬用品店调查以“散养”为主。首先，锻炼了学生的胆量和合作精神。“经济人类学”这门课程是学生从其他专业转学人类学的第一个学期碰到的专业必修课，对于大部分学生来说，走出校园开口跟陌生人交谈、问问题，都是对自身心理的巨大挑战。笔者经常鼓励学生迎接这样的挑战，因为它不仅仅是专业学习的需要，还是以后走上工作岗位的必备能力。其次，培养了学生分工合作的能力。学生在调查开始前大部分没有经历过团队合作，在调查当中，学生发现一块儿做调查比单打独斗让人更能鼓足勇气，大家在访谈中能够互相“救场”，事半功倍。再次，“散养”的方式能够激发学生的兴趣，而不是围绕老师圈画的重点展开，兴趣总是能引导学生更好地、自觉地进行多次调查，"兴趣是最好的老师"对于大学生们一样适用。最后，学生在调查的过程中，能够清晰感觉到自己的不足之处，比如上引文中，学生在撰写报告的时候发现访谈记录不全面，提问的方式和问题带有调查者的主观性。在"散养"的方式下，学生对调查中的不足之处进行反思确实更常见。

讨论：以教师为中心 VS 以学生为中心

我国人文社科类专业教学目前仍多为传统式教学。传统的教学模式即以老师为主，学生为辅；以教师灌输为主，学生被动接受为辅。注重知识传授，轻视能力培养；注重知识的系统性和逻辑性，轻视与现实社会的联系；等等。显然，其存在着忽视学生的主观需求、抑制学生的个性、导致学生负担过重、不能满足现代社会发展的需求等弊端。[①] 与国内以传授理论知识为主的教学模式不同，国外人文社科类专业从理论和实践上都进行了拓展。注重学生的个性、着力培养学生各方面均衡发展的教学模式正开展得如火如荼。如萨巴格（Ola Sabbagh）和霍亚瓦赫（Ghonah Hamwyah）主张以学生为中心，学生不应被动接受老师灌输的知识，而应自主参与到自己的学习过程中来的教学模式，主张学生主动发现问题、提出问题，并在与老师的探讨中获得能力的提升，等等。[②] 诸如此类的教学模式，既关注知识的传授，又关注实践能力的培养；既符合学生自身的个性特点，又为社会培养了符合需求的人才。

有学者从社会学研究视域对课堂教学进行评价研究，认为情境分析、沟通民族志等以方法论为基础的互动分析关注教师的"教"和学生的"学"，从而将教学设计与学习过程关联起来；细致地观察与记录课堂的文化、社会与人际情境，从而促进更深入的理解与更准确的分析；为评价呈现可见证据，从而更有效地促进教师发展与教学变革。[③] 在人类学专业方面，有学者认为要在教学内容及教学方法上突破传统教学手段，可运用多媒体技术将文字、图形、音像、动漫、视频等进行综合处理，全方位展示本学科的多姿多彩。除了传统的讲授方法外，还采用主题讨论法、案例分析法，多与学生交流，修正教学方式，鼓励学生多提问、多发言，提高自身的表达能力，既可以活跃课堂气氛，又能调动学生的学习积极性。同时，要加强教学实践，重视田野调查，发挥人类学作为一门实证学科的优良传统。[④]

笔者认为，"放养"还是"散养"的问题实质上是实践中以教师为中心还是以学生为中

---

① 参见汤夺先、孙文：《高校社会学专业教学模式改革的必要性及可行性分析——以安徽省A大学为例》，《宜春学院学报》2014年第1期。

② 参见 Ola Sabbagh & Ghonah Hamwyah, "Fresh Ideas in Learner-Centered Instruction," *Procedia-Social and Behavioral Sciences*, 2010 (5), pp.213-215.

③ 参见肖思汉：《基于互动分析取径的课堂教学评价》，《教育发展研究》2017年第18期。

④ 参见董素云：《"人类学"课程教学改革的几点思考》，《中国电力教育》2011年第16期。

心的问题。高教改革中常提倡以学生为中心的课堂改革，但是很少去讨论人文社科类的理论课程中的实践环节以谁为主导的问题。如前所述，理论课程中的实践环节可以帮助学生深化课堂上所学的理论知识，锻炼学生的领导能力和分工合作能力，克服学生的社交恐惧症，是非常必要的理论课程辅助环节。上述两个案例显示：在以教师为中心的放养式实践中，学生固然可以很快克服恐惧心理，进入调查场景，明白自己在调查中要看什么，但是缺乏明显的自主性，说话的机会也不多，且缺乏寻找自己兴趣的切入点，一切跟着老师走，这与目前高校教育倡导的以学生为中心的教学改革有所偏差。如果是在异地进行考察，考虑到学生的安全问题，或者虽然是在学校所在地进行考察，但学生完全缺乏经验，这种以教师为中心的放养式实践可以作为示范性调查进行一次，然后过渡到让学生自己组队进行调查。

以学生为中心的实践，能迫使学生思考，解决调查中碰到的问题，且文化震撼更加直观，比如丧葬品调查小组中的一位成员在报告中这样描述：

> 有一个问题让我印象深刻，那就是在调查安逸殡仪公司的过程中，商家老板对我们说他那里的寿衣最贵也就 3000 元出头，但是当我们用美团 App 查找这个店铺的具体信息时，发现了一个用户对这家殡仪公司的评价："……强买强卖，老板娘只认钱，一套寿衣卖 5000 多，这种发死人财的，就得曝光！"我们当机立断认为这个老板就是欺骗我们，现在冷静下来想想，当我们站在上帝视角去审视、用消费者维权心理去批判这个问题的时候，我们的关注点更多在"我们在田野调查过程中被欺骗了"这个事实上，而不是真正的关注"为什么商家和消费者反馈的信息不对称""为什么消费者愿意购买商家规定的高价格寿衣"这两个值得深入研究的问题。明白了这个道理，我的个人论文也就有了着落。所以说，人类学的田野调查，不是让你找到真相然后加以批判，也不是让你在调查中因为被欺骗而义愤填膺。真正需要做的是在尊重和理解的基础上，分析为什么会出现这个问题。在这种层面上来说，挖掘本质比浮于表面的诉求情感重要得多。

这段话反映了学生在调查过程中经常碰到的一个问题，就是纠结于被访者所说的是不是真实情况。如果缺乏专业的训练和反思，很容易被这个问题牵着鼻子走，甚至深陷其中不知如何进一步开展调查。学生遇到"为什么商家和消费者反馈的信息不对称"时，非常困惑，主动与笔者就此进行了讨论，转换了思路，从关注是否说假话到为什么会出现信息不对称的情况，使调查更深入。

另一位成员在调查报告中这样描述自己的心得：

> "纸上得来终觉浅，绝知此事要躬行"，从书本到社会，活学活用，还需要不断加强。最后，小组合作、分工配合的重要性不言而喻。在这次市场调查中，四位同学从

选题、准备到调查、报告的整个过程都是共同完成、一起讨论。集思广益、互相帮助、答疑解惑,各自有各自的分工,各人有各人的建议,在这种情况下,调查才得以顺利进行。……调查中,碰壁是很正常的事情,拒绝、隐瞒、谎言是常见的场景。对"象牙塔"里的我来说,这无疑是一次生动的实践课,脱离书本的学生,能怎样观看世情,如何体察社会,怎么处理人际关系。必须要走进社会中,否则理论只是无用的辞藻。

由此可以看到,以学生为中心的实践,使学生能够充分认识到分工合作的重要性,也让他们认识到,调查受到挫折是常态,社会是一个大课堂,能教会他们课堂上所学不到的东西。可以说,这种认知和反思已经超越了学习知识的范畴。所以,"散养"式的实践既能达成理论课程的教学目标,也能让学生不得不迈出自主调查的第一步,使学生的主观能动性得到充分发挥。从这个意义上来说,"散养"比"放养"更适合理论课程的实践环节,与目前高教改革中以学生为中心的目标也更为接近。

四、问题及应对策略

无论是"散养"还是"放养",在实际操作中都存在共同的问题,主要表现在两个方面:

一是不同专业的学生面对的问题很不一样。笔者教授的本科生课程中既有人类学专业的必修课,也有针对大社会学类(包括社会学和人类学)学生的选修课,无论是哪一种,笔者都试图用一种人类学的视角教学生思考问题,并安排了收集第一手资料的实践环节。一般来说,人类学专业的学生很容易理解第一手资料收集的方法和必要性,他们的问题更多体现在作为新生胆量不够大,一旦他们克服羞怯恐惧进行了第一次调查,后面的调查基本上就比较顺畅。社会学专业的学生,由于受到定量研究的影响,所以即使是三四年级的学生,他们对"第一手资料到底是什么"也表现出很大的疑问,他们经常咨询的问题是:"问卷算是第一手资料的收集方法吗?""可以用别人的数据进行分析吗?"

二是新的交流平台的出现带来的挑战。随着互联网的发展,学生通过线上的形式,如微信、QQ等,与被研究对象进行互动,成为获得第一手资料的比较常见的方式。人类学传统的田野工作是在具体的时空中展开的,虽然随着网络人类学或赛博人类学的兴起,如何进行线上的民族志工作被提上了日程,但是在许多问题上仍未有定论。比如,以什么方式或什么时间向被研究对象说明自己的身份,如何做到对被研究对象身份和隐私的保护,如何与被研究对象形成良性互动,等等。这些变化和新的问题都对教师和学生提出了新的挑战。

针对上述两个方面的问题,笔者建议:

一是教师应该兼顾不同专业的学生所面临的不同问题,在课堂上给出详细的调查指导意见,包括:人类学的田野工作指的是什么?第一手资料有哪些?搜集第一手资料的方式有什么？可能会遇到的问题是什么？学生分工可能包括哪些方面？调查报告应该包括哪些内容？简言之，课堂上的指导越详细越好。

二是教师要鼓励学生在碰到问题时主动与老师联系，商量解决之道。学生在选题上通常出现的问题是他们感兴趣的选题可操作性不强，那么这时候就需要教师帮助学生进行筛选和缩小选题范围。在调查中，学生也会碰到这样或者那样的疑惑，有的是针对搜集的材料，有的是针对被访者，还有的是出于自身的问题。如果学生能够及时向老师反馈，通常都会得到有效的解决，反之则可能影响调查的进度和最后的结果。

五、结语

从已有的政策和研究来看，政府和学术界都认识到：以"教师、教材"为中心的传统课堂教学模式有必要向以"发展学生创新能力"为中心的现代课堂教学模式转变。我国高校的教学模式需要进行改革才能适应社会的需要。随着经济社会发展与大学扩招，教育结构从精英教育向大众教育转型，社会对大学生的需求更多地从以知识为主转向以能力为主，所以对课堂教学模式进行改革的目标就是要改变传统的单一课堂讲授式教学模式，增加多样性的教学方法与教学手段，突出实践教学模式的价值和地位，将传统的教学模式改成课堂讲授与实践教学并重的模式。

在实践教学中，笔者主张以学生为中心的"散养"方式优于以教师为中心的"放养"方式，因为"散养"更易于培养学生的社交能力、领导能力和学习能力，这些能力不仅仅能够培养学生自主学习的习惯，更重要的是，它们有助于学生早日适应社会、锻炼领导才干，在走出"象牙塔"之后，懂得与他人交往的法则，迅速融入社会，而这些都是课本上所学不到的知识，只有通过实践，在实践中经历了挫折，有所反思，最后才能积累而成。必须强调的是，笔者并不认为"散养"是理论课程中唯一应该采取的实践方式，"放养"也有其可行之处。具体采取哪一种方式，还是需要教师根据实践地点的安全系数、教学目标、学生的情况等进行判断和做出决定。

（舒萍，山东大学哲学与社会发展学院人类学系副教授）

在参与中感知历史*

——对本科生田野实践教学的一点观察

谢晓辉

本科生历史教学应该如何开展，才可以更好地激发出学生们对史料的敏感，培养学生们发现问题、解决问题的能力，这是从事高校本科生历史教学的同仁们，一直在殚精竭虑探索的一个重要议题。历史学作为一门人文基础学科，无法提供能立即解决国计民生的实用之道，也不试图追求给出包治百病的灵丹妙药。对大多数本科生而言，往往还难以真正感受到历史与当下、古今之间的双向复杂关系，理解到长时段内文化与社会运作底层逻辑的变与不变。尤其是当下的科技日新月异，数字化技术深刻地改变了人们获取知识与信息的方式、阅读与思维习惯以及社会交往方式等等，这些都在深刻地影响着历史研究和教学的手段、对象与成果。① 如此种种，使得学生们往往会产生对历史的深厚隔阂感，从而容易对历史学习与研究意兴阑珊，或者不得要领，使得本科教学的效果大打折扣。

在高校一线教学老师们的各种探索与努力当中，将历史学与人类学的田野实践相结合的教学实践，作为其中一种探索方向，已经越来越被从事历史学本科教学的教师们所注意到，不少老师会在本科历史教学工作中加入田野实践的内容。这背后当然有一个历史学界自身深刻的反思以及方法论转向的大背景。② 然而，虽然近几十年来，历史学与人

* 本文的撰写得益于中山大学历史学系“历史人类学理论与实践”课程多位老师的支持与提点，尤其是黄国信、温春来、任建敏等老师慷慨提供相关资料和建议，诚致谢意。

① 参见程美宝、刘志伟：《数字化时代的历史学教育》，《中国高等教育》2000 年第 13、14 期；项洁、翁稷安：《数位人文和历史研究》，项洁编：《数位人文在历史学研究的应用》，（台北）台湾大学出版中心 2011 年版，第 10～20 页；申斌、杨培娜：《数字技术与史学观念——中国历史数据库与史学理念方法关系探析》，《史学理论研究》2017 年第 2 期；等等。

② 参见[英]杰弗里·巴勒克拉夫：《当代史学的主要趋势》，杨豫译，上海译文出版社 1997 年版；刘志伟、孙歌：《在历史中寻找中国：关于区域史研究的认识论对话》，东方出版社 2016 年版。

类学在方法论上的结合越来越紧密，历史学的科研与教学工作中也越来越重视田野考察，但是对于该如何具体实施本科生的田野教学，虽已经有不少高人妙论，但在实际操作中仍存在相当大的误区。田野教学并非就是简单地将学生们带进田野，学生们马上就可以心领神会，自然而然地起到立竿见影的效果。事实上，目前相当多的田野教学往往容易流于只是到地方上去收集更多的地方文献史料的层面，更有甚者实际上变相成为了一种走马观花式的走过场。如此进行田野教学，对于学生们理解历史和人类社会，并未有多少实际上的裨益，甚至还会传递错误信息。职是之故，笔者不惴浅陋、不厌其烦地冒昧以笔者参与的中山大学历史学系的田野实践教学为例，分享一点相关经历与思考，期待可以抛砖引玉，求教方家。

一、田野实践课程设计的理念与目标

在历史教学中加入人类学的田野调查逐渐为一些历史教学者所接受，主要有两个核心因素：其一是前文提及的基于历史学自身学术发展的影响；其二是基于历史学教学如何由传统的以老师“填鸭式”教学为中心转变到以学生为中心的、提高学生参与度的教学探索这一因素密切相关。对于后者的重要性，学界已有众多的讨论，也基本达成了共识，兹不赘述。本节主要是针对在本科生田野教学的实际操作过程中，容易出现问题或者误会，影响田野实践教学效果的部分，加以强调或者厘清。

展开历史学的田野教学工作，首先需要师生们对田野实践教学背后所蕴含的历史学自身的学术发展脉络有相当的理解，否则就难以真正有效地展开田野实践教学。中山大学历史学系相对较早地开展本科生的田野实践教学，正是基于对历史学学科发展的深刻理解的基础之上。[①] 恰如由长期从事历史人类学田野教学实践的老师们主持编修的历史学田野实践教材中所指出的那样，中山大学历史学系长期坚持田野实践教学，完全出于本系师生对于历史学学科方法的理解，背后是有长期的学术传统与对历史学这一门学科的理解密切相关。[②] 对于20世纪历史学的进步，有学者就曾总结指出，在很大程度上同历史学跟其他人文学科尤其是人类学、社会学的借鉴并与之融合密切相关。[③] 其中，历史学的一个重要发展在于，越来越把人本身放在历史学研究的核心位置，强调历史学的研究对象本质上是人。马克·布洛赫指出：“历史学所要掌握的正是人类，做不到这一点，充其量只是博学的把戏而已。优秀的史学家犹如神话中的巨人，他善于捕捉人类的踪

① 由中山大学温春来、黄国信等多位老师主持的“历史人类学理论与实践”课程已经被选为2020年度“广东省本科高校社会实践一流课程”。

② 参见温春来、黄国信主编：《历史学田野实践教学的理论、方法与案例》，广西师范大学出版社2017年版，第2页。

③ 对历史人类学相关理论脉络的梳理及其在中国的实践，参见常建华：《历史人类学的理论及其在中国的实践》，冯天瑜主编：《人文论丛》（2002年卷），武汉大学出版社2003年版，第404～427页。

迹，人，才是他追寻的目标。"[①]

中山大学历史学系有着长期的田野研究传统以及田野实践教学经验。自20世纪80年代以后，中山大学历史学者与人类学者继承老一代学者的学术传统，与海外人类学家、历史学家合作，开展了多个项目的研究，努力把握当代国际学术发展的趋势，把历史学与人类学方法结合起来，在传统乡村社会研究的实践上进行了长期的探索，尤其在族群与区域文化、民间信仰与宗教文化、传统乡村社会等研究领域，作了一些相当有意义的探索。[②] 对于了解中国社会历史的学者从事具有历史人类学取向的田野考察的必要性及其与整体历史的关系，早在20世纪90年代，陈春声就指出："随着近几十年人类学与历史学的相互影响、渗透，小社区的社会变迁日益受到社会史研究者的重视。人们发现，小社区的典型研究对于理解一个社会内部多种因素的相互关系，从总体上把握社会发展的趋向，具有其它研究所不能取代的意义。而在小社区研究中，田野调查（即人类学家所强调的'参与体验'）的方法就成为最基本的工作方式。如果把社区（在实际工作中，可以是一个自然村，也可以是一片有相近文化特征或社会经济联系的地域）理解为构成社会的基本单位，那么通过实地深入观察而获得对社区内部各种社会关系和各种外部联系的了解，对于深化整个社会史的科学认识是有积极意义的。这种小社区的研究实际上已带有揭示'整体历史'的意义，而且这种在较深层次上对复杂社会关系的总体把握，也只有在小社区的研究中才有可能。"[③]可见，早在20世纪90年代初，学者们在指出小社区型田野调查对研究中国社会史的重要性时，就一再强调要在"整体历史"的脉络下进行。在历史学专业素养的培养过程中，一定要强调历史学者进入到社区田野，应该是在一个"整理历史"的关怀与追求下展开田野考察与思考，而不只是单纯为了解一个社区、村落的历史。

具体而言，在从事田野实践教学中，恰如学者们所呼吁的那样，务必让学生清晰地认识到历史学者到田野中不仅仅是为了到田野中去收集材料，虽然这也是进入田野的重要目的之一。对于田野考察以及田野实践教学具体操作，学界目前存在较为普遍的误解。历史学者走向田野，不仅是因为"在田野调查中，可以搜集到极为丰富的民间文献，包括族谱、碑刻、书信、账本、契约、民间唱本、宗教科仪书、日记、笔记等等，这些材料在一般的图书馆是无法获见的"，"更为重要的是，在调查时可以听到大量的有关族源、开村、村际关系、社区内部关系等内容的传说和故事，对这些口碑资料进行阐释，所揭示的社会文化内涵往往是文献记载所未能表达的。置身于乡村基层独特的历史文化氛围之中，踏勘史迹，采访耆老，尽量摆脱文化优越感和异文化感，努力从乡民的情感和立场出发去理解所

① ［法］马克·布洛赫：《历史学家的技艺》，张和声、程郁译，上海社会科学院出版社1992年版，第23页。

② 参见刘志伟、任建敏：《区域史研究的旨趣与路径——刘志伟教授访谈》，温春来主编：《区域史研究》第1辑，社会科学文献出版社2019年版，第6～9页。

③ 陈春声：《中国社会史研究必须重视田野研究》，《历史研究》1993年第2期。

见所闻的种种事件和现象，常常会有一种只可意会的文化体验，而这种体验又往往能带来新的学术思想的灵感”。更具体而言，在中国社会史研究中，“倡导小社区研究和田野调查的根本目的，在于社会史理论的本土化”。[①] 很显然，这批学者从刚一开始就很清楚地强调历史学者下田野，不仅仅是为了收集更多的材料，更是为了在当地获取一种不可或缺的文化体验，以此去捕捉阅读文献的灵感，是带着强烈的方法理论追求与使命感进入田野力图实现超越。

在历史学的田野实践中，需要充分意识到历史学本位的重要性。恰如学者们早就意识到的这种以历史学为本位的重要性，不仅是历史学跟其他学科平等对话的需求，更重要的是学理上的需求。“中国传统社会的一个重要特点是具有极大差异的‘地方社会’长期拥有共同的‘文化’，加上城乡之间并不像中世纪的欧洲那样，存在着功能与文化上的隔离与对立，而是表现为所谓的‘城乡连续体’。对于许多在都市中展示其‘治国平天下’的政治抱负的士大夫来说，乡村社会仍然是其情感上与文化上的‘根’之所在……这样，中国乡村社会的各种活动和组织方式，差不多都可以在儒学的文献中找到其文化上的‘根源’，或者在朝廷的典章制度中发现其‘合理性’的解释。结果，如果只是强调从乡民的情感和立场出发去体验乡村生活，忘记了与来自大的文化传统的影响和互动，是无从洞察中国乡村社会的实质的。只有对历代王朝的典章制度有着细致、深入、系统的理解，才可能在有深厚历史感的基础上理解具体的历史人物、历史事件和历史现象，所谓‘基层社会研究’才不至于流于浅薄、低水平重复和欠缺理论深度，也才谈得上对‘历史总体’的把握。而在这一点上，历史学家无疑是有其优势和特色的。”[②]虽然当下学者们在反省大一统历史素材下的传统中国历史书写跟实际社会历史之间的距离，尤其是涉及非汉族类与边疆地区的历史。但是不可否认的是，来自中原大一统文化对非汉与边疆地区的扩展是一种不争的事实。这种扩张，不仅仅表现为一种政治行政体系，同时也是一套文化、意识形态。这些当然也就构成了学者们强调的这些地区历史的一个重要方面。

对于目前学界普遍存在的对田野考察的误会，科大卫近期再进一步特意厘清历史学者走向田野的意义：“不只为了收集文献，更重要的目的，是在田野的经验下去了解文献。田野的经验，令他们知道历史上大部分的人都不识字，所以需要应用文献以外的办法去了解没有文献的人的历史。这些办法包括口述传说、物质文化以及尤其重要的礼仪演绎。通过诸多途径重构的制度史，不单是皇朝的法令，还包括民间怎样利用和引申皇朝的法令而建立的种种关系。但是，历史人类学不能停留在个别乡村的考察，需要通过不

---

① 陈春声：《中国社会史研究必须重视田野研究》，《历史研究》1993年第2期；对此，郑振满也一再强调这两个维度的不可或缺，详黄向春：《文化、历史与国家——郑振满教授访谈》，张国刚主编：《中国社会历史评论》第5卷，商务印书馆2007年版，第468～491页。

② 刘志伟、陈春声：《历史学本位的传统中国乡村社会研究》，林言椒主编：《中国历史学年鉴(1997)》，生活·读书·新知三联书店1998年版，第1～9页；黄国信等：《历史人类学与近代区域社会史研究》，《近代史研究》2006年第5期。

同地点、不同环境的地方比较，才可以得到广阔的视野。历史人类学也不应该只关注皇朝的时代，二十世纪的历史有很多地方值得历史人类学的取向去补充。历史人类学需要让历史学者知道文献之外有活的社会，让人类学者知道社会有活的历史。"[1]在这里，科大卫不仅仅进一步厘清历史学者走进田野在获取史料之外的价值，还强调了田野考察所具备的超越单一王朝国家历史书写的可能性，以及超越纯粹的单一小社区的必要性。

在这些对田野实践的基本认识之下，本"历史人类学理论与实践"课程的教学团队，由历史学系几位在各自领域具有扎实研究基础与经验的教师组成，以分成两组、两年一轮带队的形式进行开展，近年来，已在南岭、珠江三角洲、陕北等多地开展实践教学工作，取得了良好的教学效果。本课程设计的目的就是通过把学生带到具体的田野点，进行封闭式强化训练，锻炼学生们考察社区的历史流变与实际运作。希望通过田野实践教学，不仅让学生们学会如何在短时间内找到合适的访谈对象，并能与之迅速建立起一定的信任关系并进行访谈，同时学习结合丰富的史料阅读，让学生们在实践中体会历史与现实的相互渗透，从中增长智识与学问，并学习到为人处世的智慧。对人性的深刻把握、对社会的透彻了解，是优秀史家应具备的基本素质。值得说明的一点是，为了达到更好的教学效果，本课程只是面对已经受过历史学基础训练，对中国大历史已经有一定的掌握，并且有志于更进一步理解历史学的思维与实践方法的大二、大三学生，希望通过短期强化实践教学，进一步训练学生们的"历史感"与"田野感"。[2]

二、田野实践教学方案与案例

更具体而言，我们设计的历史系本科生田野实践教学，就是带着学生到具体的田野点，每天从早到晚，结合田野调查，发现问题、解读史料，相互辩难与启发，度过一段全天沉浸于学术中的生活。在此过程中，既要尽可能地鼓励学生们发挥他们的主动性，同时教师、助教还要与学生就研究目标、问题的性质、解决问题的途径以及如何在田野中建立起对文字与非文字素材的敏感以主动发现或者寻找"有意义"的材料、如何在当地具体的社会历史情境中综合解读各品类的史料等反复研讨。学生的成果出来后，教师们需要认真就发现与综合运用材料、提出问题、解决问题等诸方面作细致点评。这就是我们心中的历史学"实践教学"，一种践行史学思维方式的教学。

本门课程每年田野实践教学的田野点或有不同，但基本上都是沿着如下课程设计的流程展开。

---

① 科大卫：《历史人类学者走向田野要做什么》，程美宝译，《民俗研究》2016年第2期。

② "历史感的培养并非总是局限于历史本身，有关当今的知识往往能以一定的方式更直接地帮助人们了解过去。"参见[法]马克·布洛赫：《历史学家的技艺》，张和声、程郁译，上海社会科学院出版社1992年版，第37页。

第一步，由当年度主教课程的老师们根据教学实践目标，共同商议选择合适的田野点，并提前规划相应的田野点行程。田野点的选择相当重要，当中除了会考量到主修学生们已经修过的课程、受过的基础训练等因素，还会重点考量田野点自身的素材是否足够支撑起更好地达致田野实践教学的目的。对于历史系本科生实践教学而言，这种素材不仅仅会考量到文献材料，还会重点考虑涉及宗教礼仪、族群与文化、社区或者跨社区组织、生态地理、生计等诸多方面素材的丰富性。致力于让惯常在书斋、图书馆中认识、思考历史与社会的学生们拓展思路，从实际的人的历史、社会具体运作的层面来理解我们的过去与现在。希望这种类型的田野实践教学，可以在学生们的心中种下一颗从社会中人的具体生活、日常运作的层面来加深对中国历史与社会认识的种子。

第二步，根据选定的田野教学点，设计编制田野读本。通常这些田野读本，除了让学生提前知晓整个田野教学的具体行程，还会包括地图、人群概括等基本材料，旨在让学生们对考察对象的大致历史背景有基本的了解。对于这些首次进入社区学习田野考察的绝大多数本科生而言，让他们完全不做前期的培训与准备就直接进入田野开展短期的考察，很可能是一场冒险。短期的田野实践教学，应尽量避免学生进入田野点之后，茫然无措、毫无概念，变成只是在浮光掠影地收集史料或者走马观花、拍一堆以后不会再去查看的照片。但另一方面，也应该尽量避免在前期的培训中“喂食”过多，限制了学生们的思路与方向，应该保持问题和引导的开放性，留下巨大的空间让学生们去享受探索的乐趣，获得发现的成就感。

第三步，由课程老师进行田野前的课程培训，主要围绕历史学的田野理论、方法与实践进行，同时也会提醒田野考察的基本学术伦理、避免引导式提问等。如果田野点具备良好的网上博物馆资料，也提醒学生们先期浏览。提醒学生们在未来的研究中，各地的博物馆是一个非常重要的快速进入本地社会历史与文化的重要途径。

第四步，将参与田野实践的学生按照 4～5 人进行分组，并由受过田野考察训练、具备田野考察经验的博士生或硕士生担任助教，全程协助课程老师进行指导。安排助教是一个非常好的机制。在田野教学的实践中，不仅能够提高本科生田野实践教学的效果，对他们有更细致的针对性引导；同时，对担任助教的博士生或者硕士生而言，也是一个极佳的再训练的过程。通常这些研究生会在引导本科生实践中进一步去反思、总结田野方法、史料的处理等等，启发他们未来更好地开展田野考察。

第五步，田野实践教学。通常是白天由带队的老师们和助教们引导学生们进行田野考察，傍晚或晚上进行小组讨论，晚上再进行集体讨论与课程总结。鼓励学生们将在田野中整理的田野考察情况与收获撰写成小文章等，通过本系的公众号推送出来，可以增强他们的参与感与成就感。这些晚上的细致讨论与鼓励他们成文，也在一定程度上使得他们必须每天对当日的行程有一个吸收与再整理并且形成文字的过程。

第六步，田野考察结束后的课程报告撰写与评分。

由于每一年的田野点都不相同，每一年的具体田野教学安排都各不相同，兹以2018年的课程教学为例。

一、前期准备工作

1.2018年10月初，制定教学培养及考察行程方案。

2.2018年10月中旬，编写完成《2018年中山大学历史学系“历史人类学理论与实践”课程教学读本》并分发给学生。要求学生先期阅读教学读本，并且着手与之相关的基础史料的阅读。同时提醒学生们，在下次田野考察前的培训课程中每个人都要参与讨论，并且根据讨论的兴趣来分组。我们将当地的一些基本史料做成文件包发给学生们，学生们在这个基础上开始对研究点展开前期的史料爬梳、整理与了解。分发给学生的史料文件包中包括当地的方志、重要的文集、族谱等材料。文件包的史料刻意保持材料并非面面俱到，是希望留有相当余地可以让学生们进一步通过不同的数据库等途径获取更多的资源，让他们自己去获得材料。

3.2018年10月底，先在课室进行前期的课程培训以及课程。在课程培训中，开始就学生们的前期阅读、史料整理等，展开一些开放性问题的讨论。除了一些具体的理论、方法与田野考察伦理的训练，在具体的田野考察点上，老师和助教只是做适当的方向性引导，主要目的在于让参与田野教学的学生们对田野研究点的一些大的制度与社会背景有轮廓性的了解，更重要的目的是希望学生们在开放性的讨论中去探索新的问题，带着各种疑惑、开放性问题进入田野。然后，基于学生们研讨的兴趣，让学生们自动组队成组。

二、教学实习行程

第一天：11月4日，上午从广州南站乘坐动车前往西安北站，经过转乘后于5日早晨5点40分左右到达榆林市。

第二天：11月5日，抵达榆林后，开始“历史人类学理论与实践”课程野外实习教学的第一天考察行程。先赴建安堡。建安堡原属榆林卫，于清雍正三年划归佳州。乾隆二十七年又划归榆林县。随后前往神木县高家堡古城，教学考察时间随路程时间而定。随后赴常乐堡，提醒学生们观察生态与周边的生计、村落的架构，让学生们积极跟村民访谈。后返回榆林市区用晚餐。本日教学的重点是让学生在文献基础上，结合田野考察，尝试了解堡与周边环境的空间与社会结构。尝试以一个堡为例，讲述其从明代到现代的历史演变过程。晚上由带队老师、助教与学生一起进行一天的课程教学总结。

第三天：11月6日，先赴榆林市区附近的镇北台，特别让学生观察地势和村落的组织。随后赴波罗堡，最后考察悬空寺石窟。晚餐后入住酒店。本日教学的重点是让学生尝试解释在榆林地区看到的民间信仰与地方社会之间的关联。同时结合文献阅读与两天的田野考察，讲述明清榆林地区的历史变迁过程。晚上由带队老师、助教与学生一起进行一天的课程教学总结。

第四天：11月7日，乘车前往榆林县定边县花马池，考察明清时期西北地区最重要的食盐产地花马池。本日教学的重点是结合文献与田野考察，尝试讲述明清花马池盐的生产、行销、课征的变迁过程。其次是如何理解明清盐法的变迁与边防、边饷、边市的关系。当晚返回西安。

第五天：11月8日，约上午6点抵达西安。乘坐大巴前往半坡博物馆进行考察。中午由学生在西安市区内，围绕自己课程报告的题目自行选择考察点进行考察，或前往公藏机构查阅资料。晚上由助教与学生一起进行一天的课程教学总结。

第六天：11月9日，上午在西安北站乘坐高铁返回广州，结束考察。

三、课程报告撰写与评分

本课程采用田野教学实践表现与课程报告各占50%的分数进行成绩评定与考核，其具体评分要求如下：

田野教学实践表现(50%)。其中：(1)田野实践现场表现(20%)；(2)小组讨论发言(20%)；(3)集体讨论发言(10%)。

课程报告撰写(50%)。其中：(1)选题创新性与意义(10%)；(2)报告形式、论证与结论(30%)；(3)文字、语言与学术规范(10%)。

总体而言，通过本课程的实践教学来看，学生的参与程度相当高。由于每次田野教学实践考察地点距离中山大学比较远，学生需要乘坐火车、巴士等交通工具，在路上需要花费大量时间，但学生们的学习热情十分高涨。在本课程中，带队老师会提前准备好田野考察读本，并进行一次课程培训，让学生们在前期阅读大量相关史料，因此能够尽早熟悉田野点的历史背景。在田野考察过程中，学生们普遍都能积极地投入到田野访谈和调查之中，在课程的总结讨论中也能积极发言，并在完成考察后，提交与本次考察相关的论文或考察报告。总体而言，学生能够通过本课程的实践教学，初步了解历史人类学的一般田野方法、技巧，以及结合文献与田野讲述历史故事、梳理历史脉络的方法，课程实践教学达到了预期效果。

（谢晓辉，中山大学历史人类学研究中心研究员、历史学系副教授）

田野历史与文献

民俗学专业开展民间文献教学的实践与反思*

——以山东大学为例

龙　圣

从广义上说，民间文献是指在民众生产生活中形成和使用的文字资料，主要包括族谱、碑刻、契约、科仪书、账本、书信、日记等等。与官方文献相比，民间文献更能反映出底层社会的历史面貌，有助于推动历史研究的全面发展，因此近年来历史学专业越来越重视对民间文献的研究利用。在国内，一些高校和科研单位陆续成立了相关机构[①]，对民间文献进行搜集、整理、保存、出版和研究，其中部分机构同时开设了与民间文献有关的课程[②]。这说明历史学专业已较为深刻地认识到民间文献对于史学研究的重要价值。相比之下，民间文献对于民俗学研究的重要性至今未能引起学界的重视。为此，自2012年进入山东大学民俗学研究所以来，笔者针对民俗学（含民间文学）专业开设了“民间文献研究”课程，经过数年教学实践，积累了一定的教学经验，取得了较好的教学效果。借此机会，笔者尝试从个人教学实践出发，探讨在民俗学专业开设民间文献课程的原因、教学方法等问题，希望这些经验能引起国内民俗学界的重视，并对民俗学专业开展民间文献教学工作有所帮助。

---

* 本文获得“山东大学青年学者未来计划”资助。

① 主要机构包括：山西大学中国社会史研究中心（1992）、香港科技大学华南研究中心（1997）、南开大学中国社会史研究中心（1999）、中山大学历史人类学研究中心（2001）、厦门大学民间历史文献研究中心（2007）、香港中文大学—中山大学历史人类学研究中心（2010）、上海交通大学地方文献研究中心（2011）、山西大学民间文献整理与研究中心（2014）、华东师范大学民间记忆与地方文献研究中心（2016）等等。

② 就笔者所知，诸如厦门大学民间历史文献研究中心、中山大学历史人类学研究中心等机构都曾开设有关民间文献的课程，也有个别高校中的研究机构虽然没有正式开设民间文献课程，但经常开展有关民间文献搜集、整理和研究的讲座。

一、民俗学为何要开设民间文献课程

一般而言，历史学将民间文献视为探究历史的资料，文献学则将民间文献视为研究的本体，因而对于这两门学科而言，它们开设民间文献课程合情合理，无须多做解释。对于中国民俗学而言，开设民间文献课程似乎就不是一件顺理成章的事了。那么，笔者在民俗学专业开设民间文献课程的原因何在，是否有必要这样做？要解释这些疑惑，自然应当回到中国民俗学自身发展的学术脉络中来，才能给出具有说服力的答案。

民俗学在中国有着十分悠久的传统，早在先秦时期，民间风俗便已经受到官方的关注和记录，因而有了《诗经》这样伟大的作品。这种正视和记录民间风俗的传统一直传承下来，为后来中国民俗学的形成奠定了基础。至 20 世纪初，在救亡图存以及中西思想文化运动等诸多因素的综合影响下，具有现代学科意义的中国民俗学最终得以诞生。[①] 从那时起，中国民俗学曾陆续出现过多种不同的研究路数（包括"文学的""史学的""社会学的"等等），然而在很长的一段时期内，中国民俗学都把"民俗事象"作为其研究和探讨的对象，将民俗视为古老的"遗留物"。经过近 80 年的发展，从 20 世纪 90 年代初开始，中国民俗学界逐渐对其研究对象进行了深刻反思和探讨。高丙中在借鉴西方理论的基础上，率先提出民俗学的研究对象为"民俗生活""生活世界"，使得民俗学的研究对象、研究重心从"过去"转向"当下"。[②] 这一观点在中国民俗学界获得了极大响应，此后陆续有学者对此做出讨论和修正。[③]

进入 21 世纪以来，在继续探讨"民俗生活""生活世界"的基础上，中国民俗学界更为

---

① 参见钟敬文：《五四时期民俗学文化学的兴起——呈献于顾颉刚、董作宾诸故人之灵》，《钟敬文民俗学论集》，上海文艺出版社 1998 年版；王文宝：《中国民俗学发展史》，辽宁大学出版社 1987 年版；张紫晨：《中国民俗学史》，吉林文史出版社 1993 年版；[美]洪长泰：《到民间去——1918～1937 年的中国知识分子与民间文学运动》，董晓萍译，上海文艺出版社 1993 年版；赵世瑜：《眼光向下的革命——中国现代民俗学思想史论（1918～1937）》，北京师范大学出版社 1999 年版。

② 参见高丙中：《民俗生活：民俗学的研究对象和学术取向》，《民俗研究》1991 年第 3 期；高丙中：《生活世界：民俗学的领域和学科位置》，《社会科学战线》1992 年第 3 期；高丙中：《民俗文化与民俗生活》，中国社会科学出版社 1994 年版。

③ 参见吕微：《民间文学—民俗学研究中的"性质世界""意义世界"与"生活世界"——重新解读〈歌谣〉周刊的"两个目的"》，《民间文化论坛》2006 年第 3 期；户晓辉：《民俗与生活世界》，《文化遗产》2008 年第 1 期；丁阳华、韩雷：《论民俗学中的"生活世界"》，《温州大学学报》（社会科学版）2008 年第 4 期；高丙中：《中国人的生活世界：民俗学的路径》，《民俗研究》2010 年第 2 期；张翠霞：《常人方法学与民俗学"生活世界"研究策略——从民俗学研究范畴和范式转换谈起》，《中央民族大学学报》（哲学社会科学版）2011 年第 5 期；邵卉芳：《"生活世界"再认识》，《民俗研究》2012 年第 6 期；王杰文：《"遗产化"与后现代生活世界——基于民俗学立场的批判与反思》，《民俗研究》2016 年第 4 期；王欣：《论"生活世界"与民俗学——从胡塞尔的"生活世界"谈起》，《民俗研究》2017 年第 1 期；周福岩：《民俗与生活世界的意义构造——论民俗学研究的理论向度》，《民俗研究》2020 年第 4 期。

鲜明地提出民俗学的研究对象为大众的“日常生活”[①]及其“生活实践”[②]，民俗学逐渐被确认为一门研究大众日常生活(实践)的学问。

从学术发展脉络中不难看出，当下中国民俗学比以往任何时候都更加关注民众的日常生活，但它对大量记载民众日常生活的民间文献却没有给予足够的重视。就笔者所知，目前国内民俗学专业参与民间文献整理、研究的情况是十分有限的。在机构方面，仅有北京师范大学民俗学专业参与成立了“民俗典籍文字研究中心”，该中心虽重在搜集整理官方典籍中的民俗文献，但也涉及部分民间文献资料。例如，中心对汉魏以来民俗碑刻资料的搜集整理就包含有民间碑刻资料。在项目和成果方面，北京师范大学、中山大学的民俗学专业承担有关于民间文献的项目，并出版部分相关成果。[③] 就整体而言，目前国内高校鲜有民俗学专业成立有关民间文献整理研究的机构，也少有学者利用民间文献

---

① 参见吕微等:《定位于现代社会日常生活的民俗学——“国际比较视野下的民俗学前景”笔谈》,《民俗研究》2013 年第 4 期;高丙中:《中国民俗学的新时代:开创公民日常生活的文化科学》,《民俗研究》2015 年第 1 期;高丙中:《日常生活的未来民俗学论纲》,《民俗研究》2017 年第 1 期;刘晓春、崔若男:《以“日常生活”为方法的民俗学研究——“民俗学‘日常生活’转向的可能性”论坛综述》,《文化遗产》2017 年第 1 期;[日]中村贵:《探究普通人日常生活及其背后的心意——兼论现代民俗学研究中口述史方法的目的与意义》,《郑州大学学报》(哲学社会科学版)2017 年第 1 期;李向振:《迈向日常生活的村落研究——当代民俗学贴近现实社会的一种路径》,《民俗研究》2017 年第 2 期;李向振:《“通过民俗”:从生活文化到行动意义的摆渡——兼论当代民俗学研究的日常生活转向》,《云南师范大学学报》(哲学社会科学版)2018 年第 1 期;王立阳:《日常生活与作为视角的民俗》,《民俗研究》2018 年第 3 期;张翠霞:《现代技术、日常生活及民俗学研究思考》,《民俗研究》2018 年第 5 期;明海英:《探索民俗学的“日常生活”转向》,《中国社会科学报》2018 年 8 月 6 日;刘晓春:《探究日常生活的“民俗性”——后传承时代民俗学“日常生活”转向的一种路径》,《民俗研究》2019 年第 3 期;等等。

② 参见吕微:《走向实践民俗学的纯正形式研究》,《民间文化论坛》2014 年第 3 期;户晓辉:《非遗时代民俗学的实践回归》,《民俗研究》2015 年第 1 期;吕微:《接续民间文学的伟大传统——从实践民俗学的内容目的论到形式目的论》,《民间文化论坛》2015 年第 1 期;吕微:《民俗学的哥白尼革命——高丙中民俗学实践“表述”的案例研究》,《民俗研究》2015 年第 1 期;吕微:《实践民俗学的提倡》,《民间文化论坛》2016 年第 1 期;周星:《“生活革命”与中国民俗学的方向》,《民俗研究》2017 年第 1 期;尹虎彬:《从“科学的民俗研究”到“实践的民俗学”》,《中央民族大学学报》(哲学社会科学版)2017 年第 3 期;王杰文:《“实践民俗学”的“实践论”批评》,《民俗研究》2018 年第 3 期;吕微:《两种自由意志的实践民俗学——民俗学的知识谱系与概念间逻辑》,《民俗研究》2018 年第 6 期;刘铁梁:《个人叙事与交流式民俗志:关于实践民俗学的一些思考》,《民俗研究》2019 年第 1 期;萧放、鞠熙:《实践民俗学:从理论到乡村研究》,《民俗研究》2019 年第 1 期;李向振:《重回叙事传统:当代民俗研究的生活实践转向》,《民俗研究》2019 年第 1 期;李向振:《新时代实践民俗学理论与本土话语体系构建》,《中国社会科学报》2019 年 7 月 3 日;[美]西蒙·布朗纳、龙晓添:《民俗和民间生活研究中的实践理论》,《民间文化论坛》2019 年第 4 期;尹虎彬:《回归实践主体的今日民俗学》,《民族文学研究》2019 年第 5 期;户晓辉:《实践民俗学的日常生活研究理念》,《民间文化论坛》2019 年第 6 期;王杰文:《“实践”与“实践民俗学”》,《民俗研究》2019 年第 6 期;王均霞:《实践民俗志与女性民俗研究的一种可能性》,《民间文化论坛》2020 年第 2 期;张杰:《提升实践民俗学理论活力》,《中国社会科学报》2020 年 7 月 8 日;等等。

③ 民俗学关于民间文献整理研究的科研项目，主要有北京师范大学董晓萍教授主持的“中国民俗文献史及其数字化管理系统”“清代民俗文献史”“北京寺庙碑刻与社会史”等项目，中山大学王霄冰教授主持的“海外藏珍稀中国民俗文献与文物资料整理、研究暨数据库建设”项目，等等。相关成果主要有董晓萍等主编:《陕山地区水资源与民间社会调查资料集》(全四册)，中华书局 2003 年版;董晓萍、[法]吕敏主编:《北京内城寺庙碑刻志》(第一、二卷)，国家图书馆出版社 2011 年版;董晓萍:《民间碑刻使用的文字传统与民俗传统——从民俗学与语言文字学交叉研究的角度切入》,《民俗研究》2015 年第 5 期;王霄冰:《海外藏珍稀民俗文献与文物资料研究的构想与思路》,《学术研究》2018 年第 7 期;王霄冰:《民俗资料学的建立与意义》,《民俗研究》2020 年第 3 期;等等。

从事民俗学研究，在民俗学专业开设民间文献课程的情况更是凤毛麟角。

国内民俗学专业较少涉足民间文献领域，自然是因为受到20世纪90年代以来中国民俗学研究由"过去"转向"当下"的影响。面对当下的"日常生活"，民俗学者可以在很大程度上摆脱过去的文字记录，而直接采用访谈的方式获取研究资料。不过，就"日常生活"本身而言，它不仅仅是当下的问题，也是过去的问题，如果将"日常生活"研究局限于当下，则不免割裂民众生活的连续性，同时，这也使得民俗学不能很好地与社会学、人类学这些同样重视田野和当下的学科区分开来。这成为国内民俗学产生危机感的一大重要因素，由此也引发了新世纪学界对民俗学学科属性的"再讨论"：民俗学究竟是一门面对当下的社会科学，还是一门主要探究从过去到现在的人文学科，抑或二者兼而有之，等等。①

窃以为，通过多年的学术实践，至今中国民俗学已有了长足的进步，但总体上仍落后于社会学、人类学等学科，与此同时，它仍未能与这些学科有显著的区分。这表明将"日常生活"(实践)确立为研究对象(抑或方法、视角)，促进了国内民俗学学科的发展，但将其悬置于"当下""现代"，则限制了其学术创造力的进一步提升。由此观之，民俗学的"日常生活"研究仍有进一步拓展的必要，即如赵世瑜所言，应将民俗学视为探究民众生活如何从过去发展到当下的一门学问②，从而打通日常生活的"过去"与"现在"。这既符合中国民俗学自身发展的学术理路，也能将民俗学与社会学、人类学等学科显著区别开来。如果中国民俗学要完成上述研究范式的转变，增强民俗学的阐释力和创造力，那么在研究方法上就不能仅仅停留在田野访谈这一个面向，同时也需要加强历史学的训练，尤其是加强运用民间文献研究民众日常生活的训练。这也就是笔者为何要在民俗学专业开设民间文献课程的初衷。

二、如何在民俗学专业开展民间文献课程教学

民俗学专业的民间文献课程应根据其学科特殊性以及学科发展需求进行设计和讲授。

民俗学与其他大多数学科相比，最大的不同在于它没有本科生。按照国家的学科设

① 参见由张士闪主持，刘铁梁、赵世瑜、王建民、周大鸣、黄永林、刘晓春等关于国内民俗学学科当下危机、学科属性、研究方法和对象以及发展机遇等问题的讨论，详见《民俗研究》2011年第2、4期。此外，不少学者亦通过单篇论文对相关问题有过讨论和总结，参见高丙中：《民俗学的学科定位与学术对象》，《温州大学学报》(社会科学版)2011年第6期；朱刚：《民俗学的理论演进与现代人文学术的范式转换》，《青海社会科学》2013年第1期；董晓萍：《民俗学人类学科的建设模式》，《民俗研究》2014年第4期；旭东：《民俗学学科属性与学术范式讨论会在开封召开》，《中原文化研究》2014年第5期；等等。

② 参见赵世瑜：《传承与记忆：民俗学的学科本位——关于"民俗学何以安身立命"问题的对话》，《民俗研究》2011年第2期；赵世瑜：《民俗的人类学科特征》，《民俗研究》2011年第4期。

置体系，民俗学只招收硕士、博士研究生。由此，它的学生来源是比较复杂的。就硕士生而言，其主要来自于文学、语言学、历史学、哲学、宗教学、社会学、人类学、管理学等学科。博士生除来自这些学科外，还包括民俗学自身培养的硕士生。从生源来看，民俗学专业除了少数来自历史学的学生外，大部分学生都缺乏史学或文献学的训练，与民间文献接触甚少。此外，即便是本科、硕士阶段来自历史学专业的同学，也未必了解民间文献。这个特点决定了民俗学专业的民间文献教学活动需要从最基础的部分开始，即需要设计一套比较系统的关于民间文献的知识体系。

与此同时，民俗学开设民间文献课程主要是为了满足学科自身发展的需求，即构建作为传承之学的民俗学，将“日常生活”研究置于古今传承发展的脉络中加以讨论。可以说，搜集、整理、释读和运用民间文献进行研究实践是该课程的终极目标。这要求课程在设计上不能停留和满足于基础知识的讲授方面，需要更多地注意培养民俗学专业学生获取以及运用民间文献进行学术研究的实际能力。

此外，课程设计还需要考虑课时问题。由于课时有限，加之民间文献的种类又丰富多样，在有限的时间内不可能面面俱到地将每一类型的民间文献都详细涉及。因此，该课程应当从实际出发，结合民俗学在田野和研究过程中接触最为密切的几类民间文献开展相关基础知识的讲授和研究能力的训练。

基于以上考虑，笔者以田野调查过程中所遇频率较高的族谱、碑刻、契约三类民间文献为主，为民俗学专业设计民间文献课程并开展了教学实践。其课程内容主要由四大板块构成。

导论部分旨在搭建一个关于民间文献基础知识的总体框架，具体包括四个方面的内容：何为民间文献，民间文献的类型，民间文献的价值以及民间文献搜集、整理和利用的情况。

族谱包括基础知识、材料阅读与分析、专题报告三部分。

1.基础知识。这部分涉及族谱的起源与发展，族谱名称、类型与内容，现当代的族谱收藏、整理情况，族谱数字化资源，参考书目。基础知识的讲授主要是为了让不熟悉族谱的学生对这类文献资料有一个较为全面的了解。

2.材料阅读与分析。这部分选取笔者自己在田野调查中所搜集到的部分族谱作为阅读材料并加以分析。之所以选择笔者自己的调查材料，而不是用图书馆收藏或者出版的谱牒资料，是因为那些谱牒的来源及其社会背景等信息往往是缺失的，不利于谱牒的解读和利用。选用自己调查获得的族谱的好处在于，可以与学生分享田野的经验以及族谱所在社会的环境等信息，这些有助于师生深入解读族谱，发现其中的问题，引导学生注意在田野调查过程中关注族谱、解读族谱。

3.专题报告。专题报告即授课老师与同学分享自己的学术论文，论文必须是利用之前读过的族谱等材料撰写而成的。学生通过与教师一起研读论文，学习和体会之前读过和讨论过的民间文献材料是怎样转化为论文的，借此培养民俗学专业学生利用民间文献做研究的能力。

碑刻、契约一如族谱，也分为基础知识、材料阅读与分析、专题报告三部分。其中，基础知识就碑刻、契约的概念、类型、搜集、整理、利用等情况进行梳理、介绍。材料阅读与分析、专题报告的形式与族谱部分相同，都围绕自己田野调查的资料及在此基础上撰写的论文展开，目的是通过自身经历，与学生分享鲜活的田野与文献经验，引导他们去关注田野中的民间文献以及培养他们解读民间文献、运用民间文献进行研究的能力。

以上四大课程板块按照循序渐进的原则设计，从基础知识讲授开始，逐渐转向对研究能力的提升。

三、教学效果与课程反思

经过数年的民间文献课程教学，教师和学生皆有所收获，主要体现在以下四个方面。

第一，民间文献课程受到学生的欢迎。按照课程设计的初衷，民间文献课程主要针对民俗学、民间文学专业学生，是一门专业选修课。实际情况是，选择这门课程的不仅有民俗学、民间文学专业学生，也有其他院系不同专业(如历史学、考古学等)学生。

第二，学生对民间文献的兴趣较为浓厚。通过教学，部分民俗学专业学生逐渐接触到民间文献，并对民间文献的态度和认识有了较大的转变。一般情况是刚开始没感觉，甚至因为对繁体字不熟悉而怀有挫败感，但经过一段时间接触、摸索和讨论以后，逐渐有所感悟，最后兴趣盎然。

第三，民间文献成为学生调研的一部分。在兴趣的推动下，部分民俗学、民间文学专业学生在自己的田野调查中开始尝试搜集族谱、碑刻、契约、账本、科仪书等民间文献资料。有些学生主动与老师和同学交流，分享自己的调查经历，邀请大家一起阅读和讨论自己所搜集、整理的民间文献资料，并尝试在此基础上展开研究。

第四，教学也促进了任课教师的研究。教与学是相辅相成的关系，"教学相长"在民间文献这门课程的教学过程中得到了很好的体现。由于教师选用自己搜集的民间文献资料与同学分享、讨论，有些同学的提问也使教师注意到一些以前忽略的问题，从而获得了启发和研究灵感。

总体来看，笔者在山大民俗学研究所开设的民间文献课程取得了良好的教学效果，然而也存在不足之处，不妨在此提出，希望今后能得到进一步的改善。

一方面，这门课程只上一个学期，即十八周，每周三课时（三节课），一共是五十四课时。从安排上看，课程时间是较短的。因此，某些重要内容也只能简略讲授，不能详细展开。此外，由于时间有限，也无法进行大量的材料阅读和讨论，实事求是地讲，学生在这方面获得的训练并不多。

另一方面，由于各种原因，这门课程目前主要是通过课堂讲授和讨论的形式进行，在课堂外进行田野教学的情况是很少的。这显然是一个比较大的缺陷。例如，在这门课程中，老师也会讲到如何制作碑刻拓片，除了通过文字、图片展示外，还会播放相关的教学视频，以期获得最理想的教学效果。然而，学生要真正掌握这门技术，只在教室里“纸上谈兵”是不够的，还须走出去亲身体验。这就需要有一定的课外教学时间。希望这个设想可以在今后的教学中得以实现，让学生有更多的课外教学机会去加深他们对民间文献的认识和理解。

最后想说的是，虽然山大民俗学专业开设了民间文献课程，也取得了一定的成绩，但这仅仅只是一个开始，与这门课程开设的初衷还相去甚远。如何将这门课程引发的学生兴趣转化为他们具体的学术研究并产生为学界所认可的成果，是需要进一步深入探索的问题。总而言之，要实现在民俗学专业开设民间文献这门课程的初衷还有很长的路要走。

（龙圣，山东大学儒学高等研究院教授）

海港城市的历史观察与教研实践

——浅谈青岛与历史人类学

高明　杜德峰　高筱萱　李俏　李颖

自 2018 年夏季开始，以华东师范大学历史系、民间记忆与地方文献研究中心、香港中文大学—中山大学历史人类学研究中心为推动者的“城市的历史人类学”研习活动先后在上海与河北开展。正如很多担纲的学者所说，面对 20 世纪以来的中国社会变迁，城市史研究的深耕在前，历史人类学也应该将学术关怀投向城市，并尝试像寻找乡村的礼仪标签一样，在城市社会中找到人聚集、生存和发展的轨迹。

笔者并不深谙历史人类学之道，学术起步阶段的研究基本依靠上海档案馆藏的历史档案材料来关注二战后上海的电力系统与城市、工业之间的关系。由此，城市史成为笔者潜在的研究范畴，研究话题也从城市电力扩展到社会经济的其他面向。[①] 现在来看，在观察市政系统及其所折射的城市管理制度过程中，抑或以重大事件为背景的城市社会的描述中，既有的研究以统计数据、文书报告、会议记录和报纸新闻为主要材料，忽略了“人”的元素。换言之，笔者并没有将市民社会、团体或者某些人群纳入研究视野。

在“国家工业化”的大主题下，笔者对“人”的“视而不见”最初是无意识的，也源于官方档案史料对研究内容的契合。然而，当研究问题从一个城市工业所反映的国家意志的构建，转向在此之下的城市社会，或者以更长的历史时段来看技术和制度更迭下的社会变迁，诸如此类便很难单纯通过官方记录和重大叙事来呈现和讨论。在笔者看来，若要追溯传统中国的制度和文化下现代城市的早期发展，除了挖掘西方国家的官方档案[②]和个别要人的记录、描述，鲜有其他的出路。

---

① 高明：《边缘之路：战后中国经济的重建——基于民国时期上海燃料管理机构档案的研究》，《史林》2017 年第 3 期；高明、宋腾飞：《抗日战争全面爆发之际的中国口岸城市——以报纸新闻中的上海、青岛与天津为中心》，未刊稿。

② 例如，郑彬彬、张志云：《江汉关开埠与汉口国际贸易（1858～1869）》，《近代史研究》2020 年第 2 期。

基于上述问题，笔者将和学生一起，围绕青岛城市历史已有的叙述和观察，对历史人类学的研究方法在这一海港城市的开展做初步的探讨。诚然，笔者必须承认，站在历史人类学的门口，本文所关注的问题和现象仍然十分粗浅，其间的兴趣和想象大于理性、严谨的思考。即便如此，笔者相信这些都是必经之路。本文旨在抛砖引玉，请各位指教。

一、海边的庙堂

科大卫认为，乡村社会的众多“礼仪标识”表征着当地的社会制度，并往往代替国家的职能作用于地方社会。赵世瑜则观察到了地方信仰的多元叠加，以及由此形成的制度符号的“累层结构”。现今青岛市区周边的海湾和村镇仍然保留着一些供奉着神祇的场所，它们已经褪去了制度的功能，却可以帮助我们追溯地方礼仪的变迁历史。

李玉尚对崂山沙子口湾民间信仰变迁历史的观察和解读是较为经典的例子：“沙子口湾的海庙是姜哥庄和石湾渔村渔民的精神纽带；天后宫则是在沙子口成为市镇以后，商人出于长途贸易的需要而建立的。光绪年间，由于姜哥庄在渔业之外，也从事贸易，故海庙之中出现了妈祖；但此地仍以渔业为主，故从明末到 1960 年代，祭祀以龙神为主。1950 年代之前，海庙和天后宫都有明确的归属，分别服务于渔民和商人。1950 年代之后，庙宇作为特定职业群体和特定地域保护神的角色开始变得模糊。”①

在李看来，“海庙”的殿堂之上，前有龙王，后有妈祖，伴随着沙子口民间由单纯的渔业向商贸的演变。虽然当地有大量的外海捕鱼活动，但天后宫更多地象征着一种外向型经济活动的兴起。然而山东半岛地区现代港口的兴起对这些拥有妈祖信仰的传统商贸口岸形成冲击，或者说重塑了后者在这一地区的角色和功能。相比之下，龙神则一直是沙子口主要供奉的神祇。但让人不解的是，崂山区政府重修的“海庙”只有一个主殿，原来后庙供奉的妈祖取代了龙神被设在中心位置。

出资主体和产权人由共同祭祀的村民转向当地政府，从而造成了“海庙”的性质、职能和文化象征的变化。这不禁让人联想到沙子口以西十几公里的海岸上矗立的一尊“世界最高”的妈祖像。这座 28 米的妈祖像面向青岛市区而立，成为青岛海岸的景观之一。修建时间上，后者比 1998 年重修的沙子口“海庙”晚 10 年，且毗邻举办过北京奥运会水上比赛的青岛奥帆中心。这也许是国家意志和需要对地方文化信仰的重新定义。

在今天看来，青岛沙子口湾海庙与天后宫的变迁研究已经如此遥远，但现今仍可被视为经典的参照。由此，坐落于青岛市市南区太平路的天后宫成为笔者进行实地调查的对象。其建筑布局基本如图 1-1 所示。在民俗馆的叙事里，目前面对青岛栈桥的这座天

① 李玉尚：《崂山沙子口湾海庙和天后宫的变迁》，《民俗研究》2008 年第 2 期。

后宫起源于明代万历年间开设的青岛口。同治年间的《即墨县志》绘制了包括前者在内的三个口岸(青岛口、女姑口和金家口)组成的《海口图》。由此,在海运线路上承担周转的功能,妈祖信仰得以在青岛口登陆。此后,明洪武年间设立的千户所,清同治四年(1865)开设的东海关青岛口分卡,以及光绪十七年(1891)以胶澳总兵衙门设立防务,构成了青岛天后宫在传统社会历史中的各种"背景板"。

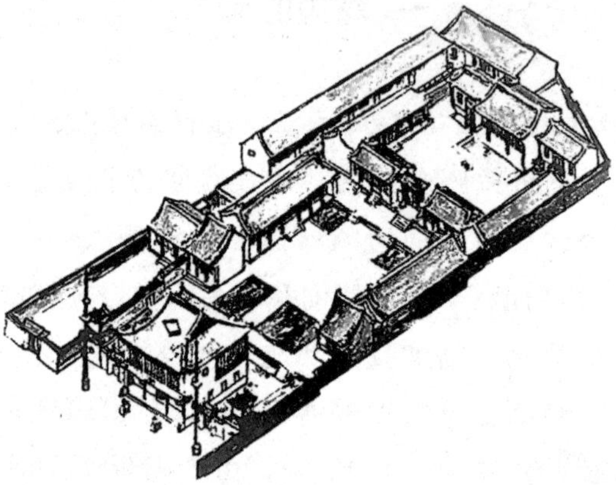

图 1-1 青岛口(今青岛太平路)天后宫建筑群示意图
图片来源:根据天后宫民俗博物馆内展览的图片资料制成

天后宫二进院门内有两块石碑左右对立,记载了清朝同治年间的两次修缮,时间和基本事实在碑文中清楚可见。与此相比,颇让人玩味的是前院中的一块民国三十年(1941)所立的石碑。其中,《灵山老母重修天一宫庙碣记》记载了当时另一座庙宇的修缮经过:

> 本市西镇团岛路左有方八尺庙一座,内塑胡三大爷、灵山姥姥、观音大士、吕祖帝君诸神灵异。老幼村竖皆知,于年前后特加显著。原无住持,年久失修,竟被风吹雨浸、雀啄鼠穿,殿基活摇、垣坍圮、丹青退色、神光不冲。道衲等目击心悲,不忍坐视荒凉。于是乃效公集腋成裘之法,乞化十方。善信居士、仁人君子均各忻然捐,资乐助善。于是鸠工庀材,月余不但焕然,且又加增规模,添筑墙垣。此后神光充足,更加灵爽,嘿禅世界和平,家国安太,己健人康,动植并吉。厥工告成。

依据碑文内容,加之对石碑基座和其在院落中位置的观察,可推测此碑是从他处移入天后宫内的,其原址应该是碑文中的"本市西镇团岛路左有方八尺庙"。不仅如此,团岛路的"八尺庙"内供奉的神祇更加让人产生兴趣。首先,观音和吕祖分别代表了佛教和道教的信仰,"胡三大爷"和"灵山姥姥"则是来自今天即墨和崂山地区的神灵。基于上述推断和旁证,"灵山姥姥"与其他神祇一同让佛道皆供的西镇团岛的天一宫变得非常有意思。而且,碑文题目显示"灵山姥姥"应该是天一宫的主神。西镇也称作"台西镇",是近代青岛华人聚居的区域之一，也是现今“老青岛”人文风貌遗存之地。笔者对团岛有过实地调查，天一宫大抵是不存在了。

此外，同治十三年(1874)的《修庙碑记》记载了东海关青岛口分卡与很多民间商号一起领衔了天后宫的修缮活动。咸丰十一年(1861)开关的东海关驻在烟台，咸丰十三年(1863)设立青岛分关。那么，通过天后宫，可以看出清廷的海关地方衙门在青岛口商业经济中是怎样的存在？似乎很多问题接踵而至，需要笔者和学生团队查找文献并继续进行实地调查来回答。

二、城市的遗存

建筑一直是城市历史遗存的直观载体。在现代文明的意义上，西式建筑在各种土地章程、空间扩张和中外交融之外，是最能诠释中国近代城市历史的重要标识。中山路南接栈桥，一向被描述为青岛近代城市商业和中外文化聚集之地。以沧口路为界，作为中山路的延伸，馆陶路西邻港口和铁路线，汇集了众多的洋行与商号。后世虽对馆陶路有各种美誉，但其规模实难与上海外滩相提并论。所以，建筑面积 1.8 万平方米的青岛取引所在其中格外显眼。

“取引所”是对日文汉字的直接引用，是日本政府效仿西方交易制度而建的从事证券与期货交易的机构。建筑外貌如图 2-1 所示。光绪三十二年(1906)，日本在营口设立株式会社牛庄取引所——日本在华的第一家交易所。随后，日本的取引所在中国的上海、大连、长春等口岸和城市都设有机构。青岛取引所是在第一次世界大战结束后，由日本商人在日本驻青守备司令部的支持下，于 1920 年 9 月开始营业的。尽管华人商会和青岛市民一直反对其存在，但在 1922 年北洋政府正式收回青岛之后，取引所仍然为日商继续经营，直到 1944 年 6 月才宣告解散。

图 2-1　青岛取引所旧址的实拍照片与沙盘模型

图片说明：右图中的沙盘模型陈列于取引所一楼展览室

抗战胜利之后，也许由于背靠港口且建筑体量庞大，取引所成为负责青岛防务的军事机关驻地。1950 年，青岛海军基地筹备委员会在此成立，北海舰队便在此发端。据实地了解，目前馆陶路 22 号的这栋建筑仍然是海军部队的资产。到此，笔者不得不再次强调，取引所旧址在今天馆陶路和中山路的历史建筑中，有着格外庞大的建筑规模。以占地面积粗算，取引所大约是 19 世纪初建成的胶澳总督府和 1934 年落成的圣弥厄尔天主教堂(St. Michael's Cathedral)的总和。

就今天的城市风貌而言，近代建筑的遗存无疑承载着某种回忆和叙事。当然，相当部分的近代建筑都丧失了它们原本的功能和地位，或挪作他用，或被产权人封存。城市中的历史建筑不能像乡村礼仪和民间信仰那样具有生命力，而是一种静止的过去。那么，笔者仍然试图将它们视为一种城市历史的标识(urban marker)，并希望在这种浅陋的认识下，找到叙述地方城市社会的出路。

相比于城市的建筑遗存，城市人群仍然是实地调查中更为可靠的对象。以城市工人为例，同样着笔于离开宏观叙事，深入到历史细部的叙述，以劳工为代表的城市人群研究的学术史大都会回溯到英国人汤普森的《英国工人阶级的形成》。而目前我们能看到的相关研究，已经意识到除了具体的生活场景和物质条件之外，政治宣传下的身份认同也塑造着城市社会中的群体或阶层。①

有关产业工人的历史叙述，可以说青岛有着极为丰富的遗存。1949 年之后，蜚声全国的纺织业"上青天"是新中国工业在近代产业基础上塑造出来的基本格局。然而，新中国的青岛"九大国棉厂"也于 20 世纪末先后将厂区出让为新建住宅的土地。可想而知，产业工人的生活和活动会随工厂的消亡而土崩瓦解。

目前，青岛已经进行过一轮传统工业遗产调查和保护。青岛纺织工人的历史叙述除了档案资料可以追溯之外，口述采访将是可以利用的另一个路径。事实上，现当代的工业历史大都需要使用实地调查和口述史的方法介入，徐有威的小三线建设研究即是这方面的典型。由此，在笔者看来，以"老国企"为对象的口述史将极大丰富现当代产业工人的研究语境，尤其是关于 20 世纪 80 年代之后的部分。

三、城市历史的记述文本

对于中国近现代的城市历史来说，利用最多的史料是市政档案。不论是制度探讨还是史实描述，档案史料对城市研究的意义是不言而喻的。就城市史研究的很多面向而言，历史档案所提供的材料具有专业性和系统性，比如专业地图、时点连续的数据统计，

① 相关著作如刘亚娟:《再造与自塑:上海青年工人研究(1949～1965)》，复旦大学出版社 2020 年版。

以及具有地图标识化前景的登记信息。

笔者曾利用上海接管时期的调研部门在1950年编制的《上海各区社会情况统计》与市内各供电系统下各区用电价格的分布进行对照，试图对解放初期上海市“电价划一”改革对市区工商业的影响作出定量分析。[①] 这是在没有用电户登记数据的前提下，利用数据统计和地理信息系统(GIS)而生成的替代方法。目前，在信息技术的加持下，对城市历史时期的专业化数据和记录进行系统性处理的研究有很多优秀的例子。比如，谢湜对近代日用类书中的地址信息、房地产档案中的相关登记数据进行标准化处理，运用GIS手段对民国时期汕头侨批业的研究。[②]

借鉴其他社会科学的方法，用数字技术对专门的历史材料进行标准化和系统化的处理和分析，这是目前学界研究现状的面向之一，也为“新文科”的发展提供了重要基础。可以说，在现代文明中建立起来的城市，天然地需要以科学的、富有创新性的手段来为城市历史的叙述和研究提供新的可能。但必须要说明的是，这些分析方法在操作前提、数据口径和分析结果上仍然有不断修正的必要，以使逻辑和结论相对来说更为可靠。

那么，当我们回到那些更富原始场景的史料中之后，会发现多元化的叙述文本对城市历史的意义与价值。就青岛而言，这是一座在历史时期被赋予军事要塞、港口、殖民地和商埠等多重定义的海滨城市。所以，一战日德青岛战役的记述存在于德国传教士的日记里，沈鸿烈执政岛城的社会风貌见诸当时的《青岛时报》和《青岛民报》上，老舍先生在自述中描述了全面抗战前夕的国立山东大学，康南海的旧宅至今还面对着汇泉湾……可以说，记述青岛城市历史的文本是丰富的。此外，建筑和街道无疑也在历史调查实践中被反复观察和利用。这些不同性质的史料已经在初步的研究实践中体现了出了价值。

四、小结

行文到此，本文已经将调查活动和研究实践的初步情况基本呈现出来，并重申上述文字对于历史人类学而言还显得十分浅显和粗糙。今天，赵世瑜老师已经开始向我们讲述“历史人类学”的旨趣所在，而我们业已走出了“大槐树”下传说和数据给我们造成的疑惑。在目前的学术史阅读中，“华南社会”仍然是一个在方法和机理上需要我们

---

① 参见高明、纪小乐：《战时经济：中共接管时期的上海电价与时局》，张利民主编：《城市史研究》第40辑，社会科学文献出版社2019年版，第42～57页。

② 参见谢湜、欧阳琳浩：《民国时期汕头城市商业地理的初步分析——以侨批业为中心》，《近代史研究》2019年第3期。

不断理解和体会的庞大集合，尽管历史人类学已经将部分目光转向了城市。庆幸的是，青岛为我们做出的实践和探索提供了空间和可能，学生对于实践性观察和思考也表现出了兴致和投入。这是写在本文最后的话，也是我们的青岛城市历史调查实践写在最前面的话。

（高明，青岛大学历史学院讲师；杜德峰、高筱萱、李俏、李颖，青岛大学历史学院2020级硕士研究生）

“行脚独流”*

罗艳春

宣统二年正月(1910 年 2 月),天津府静海县申请设立商务分会,会址选定“隶县城北境,为一邑首镇,系三河码头”[①]的独流镇。20 世纪 90 年代的地名志中也记载道,“城镇沿南运河西岸分布”,“因大清河、子牙河在此汇成一流,故名独流”。[②] 独流的历史深切地烙印着三河码头的地理特征。千百年来络绎不绝途经此地的文人仕宦们,用文字记下所见所感,亦成为地方发展脉络的见证。

有文献记载最早途经独流的,是五代时期的周世宗。后周显德六年(959)四月,周世宗进行北伐,命韩通先行疏浚水道,丁酉(二十二日)“自御龙舟”,由沧州沿流而北,两天之后的己亥(二十四日)至独流口,泝流而西,至益津关后,登陆继续西行抵达瓦桥关。此次北伐,关(瓦桥关)南悉平,并以瓦桥关为雄州,益津关为霸州。[③]

这也是独流作为地名的最早记录,而作为自然地理实体,其历史则可以追溯到更远。周世宗北伐前命令韩通所疏浚的水道,大部分都是隋朝开通的永济渠故道。隋炀帝大业四年(608)春正月乙巳,“诏发河北诸郡男女百余万开永济渠,引沁水南达于河,北通涿郡”[④]。据黄盛璋考证,“北通涿郡”的永济渠下段,并非通常所认为的沿北运河经天津或

---

* 本文为笔者整理的《晚清民国报刊中的独流》序言,系天津市哲学社会科学规划研究项目“天津滨海区域历史地理研究”(项目号:TJZL18—006)阶段性成果。

① 天津市档案馆、天津社会科学院历史研究所、天津市工商业联合会:《天津商会档案汇编(1903～1911)》,天津人民出版社 1989 年版,第 259 页。

② 《静海县地名志》编纂委员会编:《天津市地名志·静海县》,天津人民出版社 1994 年版,第 58～59 页。

③ 参见《资治通鉴》卷二九四《后周纪五》,中华书局 1956 年版,第 9596～9598 页。

④ 《隋书》卷三《炀帝纪上》,中华书局 1973 年版,第 70 页。

白河到达北京，而是在独流口折向西北行，利用当时的天然水道经今信安镇、永清县，然后利用当时的桑干水道(永定河)直抵幽州(今北京市)。[①] 人工运河之开凿，多利用天然之水道，独流口自秦汉以来就是滹沱河、清河等古水道会流入海处。东汉末叶曹操开凿了平虏渠，多种说法中的一种观点认为，其地理位置所在就是今青县至独流镇间一段南运河的前身。[②]

周世宗北伐本意在收复幽州，无奈"不豫而止"。此次北伐留给后继北宋统治者的遗产之一，是以白沟河为主体的辽宋界河。北宋在界河沿岸设置了大量军事铺砦，独流砦也是其中之一。北宋庆历八年(1048)，黄河改道北流，从今天津入海。在此后直至灭亡期间的北宋朝政纷争中，独流合黄河、御河(今南运河)，汇入界河，直入大海所形成的军事屏障意义，成为主张维持黄河北流派朝臣们的主要佐证之一。

到了元代，随着会通河与通惠河的开通，大运河正式形成，独流也从过往连接东西方向水路的枢纽，成为沟通南北运河通道上的一个沿岸聚落。现存元明清时期与独流有关之诗文，都是南下或北上的行旅所留下的。

一

嘉靖《河间府志》中收录了两首与独流有关的诗，其一为"元翰林学士张宁《夜泊独流次韵王尹子懋》诗"，另一为"监察御史倪敬《过独流浅》诗"。[③] 这也是目前能检索到的，完成于嘉靖十九年(1540)府志付梓前仅有的两首诗。

《夜泊独流次韵王尹子懋》(以下简称《夜泊独流》)选自《翠屏集》卷二，正文如下：

霁月中天见绛河，黄流满地漾金波。
荒陂野火兼渔火，短棹吴歌杂楚歌。
去雁已连家信杳，闲鸥岂识客愁多。
江南二月花如锦，独负归期奈尔何。[④]

除了正文中的"杳"，府志中作"远"之外，府志的记载还存在两处失误。其一，诗题中的"独流"原作"独柳"。其二，作者"张宁"应为"张以宁"。张以宁(1301～1370)出生于福建古田，生活于元末明初，元泰定四年(1327)登进士第，"初授黄岩州判官，转六合县尹，

① 参见黄盛璋：《永济渠考》，中国科学院地理研究所编辑：《地理集刊》第18号《古地理与历史地理》，科学出版社1987年版，第149页。

② 参见史念海：《中国的运河》，陕西人民出版社1988年版，第110～111页。该书并不认同这一说法。持此说法者，参见韩嘉谷：《天津古史寻绎》，天津古籍出版社2006年版，第104～105页。

③ 嘉靖《河间府志》卷一《地理志》，明嘉靖刻本，第25页。

④ (明)张以宁：《翠屏集》卷二，文渊阁《四库全书》第1226册，(台北)商务印书馆1986年版，第552页。正文后附有校注："杂一作和，已作竟，闲作眠，岂作未，皆误。"

坐事免”，“至正中，复起为国子助教，后迁待制侍读学士”，明洪武初年，“仍以为侍读学士”，洪武二年(1369)奉命出使安南，次年病逝于回京复命的途中。[①] 据游友基的梳理，从“坐事免”到“至正中”重返大都，张以宁曾经“教授淮南者十年”，其诗文创作在此期间进入成熟期。[②]《夜泊独流》就写作于滞淮时的一次远游，即元至元六年庚辰(1340)自直沽(今天津)沿大运河南下返回闽中。[③] 诗题中唱和的“王尹子懋”是张以宁此次南归时的旅伴，同行者还有赵德明以及张以宁的儿子张烜。[④] 诗歌描绘的是月夜客船停泊在独流的情景，几位南方的旅客(王子懋是浙江人)，面对着二月华北的“荒陂野火”，怀念起早春江南的花团锦绣，思乡之情油然而生。在直沽时，诗人的情感已然如此。“野泺天低水，人家时两三。雁声连漠北，鱼味胜江南。雪拥芦芽短，寒禁柳眼缄。持竿吾欲往，拙宦白何堪。”(《至直沽》)思乡念亲之情，也贯穿着整个南归旅程。[⑤]

监察御史倪敬(1416～1460)，其传记见于《明史》卷一六二，“字汝敬，无锡人，正统十三年进士，擢御史”，景泰六年(1455)因直言上谏被罢黜，被谪为广西宜山典史，天顺初任祥符知县，受安远侯柳溥器重，随其西征，次年卒于归途。俞宪的《盛明百家诗》后编、李腾鹏《皇明诗统》卷七以及曹学佺《石仓历代诗选》，皆辑录了倪敬诗十余首至四十余首不等，然其过独流诗均未收录。嘉靖《河间府志》卷一中的《过独流浅》，或是此诗现存最早之出处。其全文如下：

独流清晓发，高下乱帆樯。
潮入双塘浅，风高孤树忙。
荒祠烟火断，远戍角声长。
男女勤生计，苇篁聚海商。

嘉靖《河间府志》中还收录了倪敬的《舟次直沽》《过静海县》《晚泊泊头驿》《过安陵》等诗，表明其此行是沿着大运河，途经天津、独流、静海县城、交河泊头、景州安陵等地。[⑥] 作者在这些诗作中，不时流露出去职离都的失落，如“一官牢落辞京国，千里萧条入霸州”(《晚泊泊头驿》)，“还乡暂脱风尘吏，不负花前酒似渑”(《过安陵》)，等等。由此推知，《过独流浅》应为在景泰六年(1455)被谪后的归途所作。

---

① 黄佐、廖道南：《殿阁词林记》卷四，明嘉靖刻本，第 18 页；游友基：《张以宁年表》，游友基编：《翠屏集》，鹭江出版社 2012 年版，第 244～268 页。

② 参见游友基：《张以宁论》，海峡书局 2017 年版，第 37～53 页。

③ 张以宁将沿途所作诗编为《南归纪行》，后佚。游友基认为后人整理的《翠屏集》中，有 77 首诗为《南归纪行》诗集现存者。《夜泊独流》显然也是此次南归所作，但并未被游友基归入 77 首中。

④ 沿途张以宁与王子懋、赵德明的旅程，可参见《用烜韵呈王赵二明府》《同王赵二明府岸行里河滨》等诗。《舟中顺风纵笔呈王子懋县尹赵德明知事》中有“行舟难逢万里风，同舟难逢两诗翁”，《别王子懋赵德明》中有“御河船上月，相送到扬州”等句，表明王、赵二人沿途一直到扬州才与张以宁父子告别。

⑤ 参见游友基：《张以宁论》，海峡书局 2017 年版，第 154～157 页。

⑥ 依次载卷一，第 28 页；卷二，第 7 页；卷四，第 13 页；卷四，第 20 页。

以张以宁、倪敬为代表的诗作，几乎都呈现出共同的特点：题目或正文中虽然会提到独流，但其只是为作者长途旅行中的情感抒发提供了一个空间载体。在这些诗文中，我们读到的是或意气风发、或失落惆怅的独流过客。

徽州休宁人张旭是成化十年(1474)应天府乡试的易经魁，弘治六年(1493)任孝丰知县。弘治初年，他与汪循(字进之，休宁人)、方谦(字纯吉，祁门人)一起赴京参加会试，在返回途中相互唱和。[①] 其诗文集《梅岩小稿》中，收录了两篇题为《过独流》的诗。其一为和汪进之韵的七言绝句：

独流河上花冥冥，独流河中水清清。
水流送却落花去，牵动行人无限情。[②]

另一为和方纯吉韵的五言律诗：

游火从此转，渭水向东流。
芳草凄凄恨，飞花片片愁。
岸高巢乳燕，沙暖醉群鸥。
谩揭孤蓬看，风光总入眸。[③]

三人此后的境遇各不相同，汪循、方谦分别在弘治九年(1496)与弘治十二年(1499)进士及第，张旭则"屡不捷于礼部，垂老而得一邑"[④]。但在这次运河之行中，三人更多地还是沿着大运河饱览风光，凭吊古迹。

在明代文学复古运动"后七子"之一吴国伦(1524～1593)的《泊独流河》一诗中，我们则能感受到作者字里行间的失落与愤懑之情：

万里南浮客，愁心与逝波。
地将燕赵尽，天入鼓鼙多。
急榜惊鸥鹭，深村掩薜萝。
片帆何处落，风雨独流河。[⑤]

此诗写于嘉靖三十五年(丙辰，1556)。这一年，原本任兵科给事中的湖广兴国州人吴国伦，"以哭杨忠愍继盛而经纪其丧，为分宜父子所衔"，"丙辰，谪豫章从事"。[⑥] 离京之

---

① 《梅岩小稿》中有《出潞河》《过直沽》《青县夜泊同汪进之、方纯吉联句》《德州怀古》等诗，可证其自京城沿大运河返乡之路线。汪循、方谦均为弘治二年(1489)举人，故三人同行当在弘治三年(1490)至六年(1493)之间。张、汪、方的科举等情况，参见弘治《徽州府志》卷六，第31、34～36页。

② (明)张旭：《梅岩小稿》卷六《过独流》，《四库全书存目丛书·集部》第41册，齐鲁书社1997年版，第144页。

③ (明)张旭：《梅岩小稿》卷七《过独流》，《四库全书存目丛书·集部》第41册，齐鲁书社1997年版，第152页。

④ (明)汪循：《跋梅岩小稿后》，《四库全书存目丛书·集部》第41册，第281页。

⑤ (明)吴国伦：《甔甀洞稿》卷一《泊独流河》，《四库全书存目丛书·集部》第122册，第622页。

⑥ (明)吴国伦：《甔甀洞稿》卷三六《明吴仲子牧良墓志铭》，《四库全书存目丛书·集部》第123册，第145页。

后，“潞河发棹七日始抵直沽，行路之难，兹其概矣”[①]。

崇祯十六年(1643)，曾经巡视长芦盐政的浙江海宁人葛征奇，因请求立国储于留都南京而遭到贬斥，由太仆寺少卿调光禄寺卿，后奉命调至南都。此次行程，葛征奇偕明末名妓才女李因，以及同乡吴本泰同行，沿途诗词唱和。[②] 李因作有《舟次独流苦雨仍前韵》诗：

白云起山半，欲雨苦灾蒸。
百里无烟爨，孤舟何处灯。
蛙鸣深夜黑，鱼浴晚波澄。
野岸乡音少，偏令归思增。

树暗野烟碧，苍茫岚气蒸。
农归乞邻火，僧定挂禅灯。
风急行人乱，溪流新水澄。
孤蓬一夜雨，滴滴客愁增。[③]

吴本泰则应和《又次韵独流遇雨作》：

雷殷川云合，鼍鸣海气蒸。
跳珠船入雨，泼墨树沉灯。
潦水一篙涨，星河半夜澄。
只愁渔户税，明日又新增。

萧索行厨供，畦蔬带黍蒸。
无亭记喜雨，有烬落传灯。
阅世风雷幻，观心秋月澄。
僮奴不解事，热恼又繁增。[④]

此行正值时局多艰之际，途经宿州时，“遘哗卒之难”，李因“被贼椎击，众矢创胸，且贯其掌”。[⑤] 故而苦雨停泊于独流之时，葛、李、吴等人生发出的是乱世之中的家国忧愁。

山东历城(今济南)人叶承宗(1602～1648)，在明天启七年(1627)即举乡试，此后“七上

① (明)吴国伦：《甔甀洞稿》卷四九《与宗子相书》，《四库全书存目丛书·集部》第123册，第281页。

② 何永智：《恨无图史记贤臣：葛征奇考》，《嘉兴学院学报》2016年第4期。

③ (清)李因撰，周书田校点：《竹笑轩吟草》，辽宁教育出版社2003年版，第27页。

④ (明)吴本泰：《吴吏部集》上《又次韵独流遇雨作》，《四库禁毁书丛刊·集部》第84册，北京出版社2000年版，第386～387页。

⑤ (明)吴本泰：《竹笑轩吟草》叙，明崇祯十六年(1643年)刻本，第3页。

春官不第",清顺治三年(1646)进士及第,授临川县知县。[①] 其诗文集《泺函》中的两首独流诗,充溢着轻松惬意与意气风发,当是及第后返乡赴任途中所作。[②] 其一为《晚泊独流》:

暮泊独流渡,轻舠舣岸横。
澄潭溶素月,邻舫闪青灯。
烹酪酹宵话,苴蒲佐晚羹。
推窗还远眺,籁寂迴无声。

另一为《独流早发》:

扁舟随意泊,梦觉晚风侵。
解缆惊邻犬,张帆动宿禽。
疏星平墅曙,薄雾大河阴。
舟子乘朝气,频宣款乃音。

浙江海宁人查慎行(1650～1727),原名嗣琏,"喜作诗,游览所至,辄有吟咏"。其仕途历尽波折,康熙二十八年(1689)受洪昇《长生殿》一案的牵连,更名慎行。康熙三十二年(1693)始举顺天乡试,但会试屡屡受挫。[③] 其诗集中的《晚泊独流》,就是在康熙三十三年(1694)下第出都时所作:

关城春向尽,小艇下津门。
风止桥形直,潮来水气浑。
蒲鱼喧晚市,樱笋忆乡园。
归路三千外,从人屈指论。[④]

对于落第的士子而言,思乡之情也是寻求慰藉的一种表现。

乾隆年间金玉冈所作《过独流》诗,是少有的由天津本地文人所写的独流诗文。其诗曰:

偃卧蓬窗下,轻帆一叶飞。
波随沙曲曲,风送柳依依。
倚槛经鱼市,沿村认酒旗。
他时蓑笠便,来此坐鱼矶。[⑤]

---

① 乾隆《历城县志》卷四一,清乾隆三十八年(1773年)刻本,第14页。

② (明)叶承宗:《泺函》卷一《晚泊独流》《独流早发》,《四库未收书辑刊》第7辑第21册,北京出版社2000年版,第651页。

③ 查慎行的生平,参见《清史稿》卷四八四、《清史列传》卷七一。

④ (清)查慎行:《敬业堂诗集》卷一八《晚泊独流》,文渊阁《四库全书》第1326册,第232页。

⑤ (清)金玉冈:《黄竹山房诗抄》卷四《过独流》,《清代诗文集汇编》第317册,上海古籍出版社2010年版,第619页。

作者金玉冈(1711～1773),字西昆,号芥舟,晚号黄竹老人。其祖金平由浙江会稽迁居天津,业盐起家,轻财好客,有诗名。金玉冈"少席丰富",继承家学,"性恬澹喜游,梯山航海,遍历山川,精绘事,善书,工诗"。[①] 此诗所描绘的浪漫田园景象,正是诗人恬澹本性的体现。

浙江钱塘人吴锡麒(1746～1818),乾隆四十年(1775)进士及第,他也将自己在这一时期的诗作整理成卷,命名《解褐集》。其中有一首《独流口》:

秋色和帆叶,随风下独流。
河声淇水合,柳色夕阳留。
万户炊烟动,千年兵气休。
三关西去路,无复入边愁。[②]

从诗集中的前后篇目可知,此诗为作者及第后回乡,假满归京途中所作。生逢盛世,个人前途又朝气蓬发,作者的意气风发之情亦可从诗作中略窥一二。

浙江永康人胡丹凤(1823～1890)的《退补斋诗文存二编》中有一首《独流顺风》:

曙色平分到独流,泥痕爪印许重留。
长途怕见多情柳,两度曾经不系舟。
北向云山如有约,南来鸿雁竟忘秋。
此行只觉无聊甚,趁此帆风慰客愁。[③]

据其目录,此诗写作于同治十二年(癸酉,1873)的进京途中。此时的作者,因为自同治五年(1866)开始在鄂省主持厘局,政绩斐然,"督抚交章荐于朝"。此番进京后的光绪元年(1875),胡丹凤晋从一品封职,加五级,改任鄂省粮储道。光绪三年(1877),胡丹凤毅然解组返乡。[④] 在这首《独流顺风》诗作中,作者已经隐隐表达出历经沧桑后的归田之志。

相较于诗作,一些行程记录虽然只是一笔带过,但却留下了他们途经时独流的历史剪影。明初"三杨"之一的江西泰和人杨士奇,于明正统四年(1439)的二月至五月间回籍省墓。南下时,于三月二十三日早从直沽出发,过杨青驿,在独流时"一驿舟列仗甚严"[⑤]。北上返京时,杨士奇一行于五月初六日"未至静海五里雨骤作",此前在济宁所易之舟虽然轻,却不能挡雨,所以"问县及驿索芦席"。因此之故,当中午经过独流时,杨士奇特别在

---

① 金玉冈生平见《长芦盐法志》《天津县新志》等志书,亦可见《黄竹山房诗抄》卷首的《志传汇辑》。

② (清)吴锡麒:《有正味斋诗集》卷四《独流口》,《续修四库全书》第1468册,上海古籍出版社2002年版,第417页。

③ (清)胡丹凤:《退补斋诗文存二编》卷五《独流顺风》,《续修四库全书》第1552册,第467页。

④ 参见张涌泉:《出版家胡丹凤传略》,《浙江学刊》1988年第1期。

⑤ (明)杨士奇:《东里续集》卷四九《南归纪行录上》,文渊阁《四库全书》第1239册,第324页。

《南归纪行录》中加一注语"此处出芦席"[①]。清顺治十年(1653),浙江海宁人谈迁(1594～1657)应同乡朱之锡之聘随同北上,立冬前夕经过独流镇时,注意到"其人稠",而杨柳青镇"市倍于独流"[②]。光绪十七年(1891),浙江秀水(今嘉兴市)人陶保廉(1862～1938)随父陶模由西安进京述职,七月二十一日途经独流镇,记载该地"产醋著名,与镇江埒"[③]。从明初的蒲苇之利,到明清之际的人口密集,再到清末制醋业等消费经济的繁盛,不同时期的行程记录已经表明,尽管独流所承担的运河驿路政府职能一直都没改变,但地方社会的经济职能变得越来越重要。宣统二年(1910)静海县设商会于独流镇,正是这一发展趋势的结果。

二

随着近代中国新闻事业的发展,大量报刊在通商口岸城市创办。其中,1872年创刊于上海的《申报》,1902年、1915年先后创刊于天津的《大公报》《益世报》等,逐渐发展为具有全国性影响的大报。频密的出版周期,丰富的报纸版面,使得原本只是被方志、行旅诗文等文献零星记载的地方社会,有了更为便捷与多样的记录方式与渠道。津浦铁路开通后,独流镇继续延续着华北地区交通枢纽集镇的重要职能,与其相关的政治、军事、经济、教育、社会等内容,也频频见载于报端。诸如1936年发生的演剧失火这样的重大社会事件,也吸引了各大报纸的持续关注。

晚清民国报刊中的独流新闻报道,既有报社记者的采访,也有本地绅商的主动投书,还有一些实地考察记录。但正如元明清时期的行旅诗文,其意义需要结合作者纵贯南北的行程进行整体理解一样,近代报刊中的大部分独流考察记录,仍旧是作为更大地理空间中的一个节点而有所涉及,对地方社会本身着墨依然不多。以1917年的水灾考察为例。是年9月下旬,天津水灾导致津浦铁路北段中断。10月8日、24日,《申报》先后登载了过往旅客的水灾视察记录。家住天津白河北岸的吴天概,沿津浦铁路坐快车自南北上,到沧州后换乘慢车,"将至独流已见大水弥漫,四望无一陆地,田园庐舍悉沉没于洪涛巨浪之中,惨不忍睹",从独流到良王庄"车复开行,甚缓,因水已平没车路,如行海中,仅有铁轨未入水耳",抵达良王庄后只能雇船返回天津。[④] 另一位旅客从天津前往上海,也须先行自天津西站乘小轮,在独流镇登陆后再改乘火车,"天津与独流镇之间铁路之堤,曾凿开数段,有宽至半英里者","所过之区都成泽国"。[⑤]

---

① (明)杨士奇:《东里续集》卷五〇《南归纪行录下》,第21页,文渊阁《四库全书》第1239册,第343页。
② (清)谈迁:《北游录》,中华书局1960年版,第41页。
③ (清)陶保廉:《辛卯侍行记》,甘肃人民出版社2000年版,第65页。
④ 《天津水灾情形之别报》,《申报》1917年10月8日,第6版。
⑤ 《北方归客之水灾谈》,《申报》1917年10月24日,第3版,转载自23日《字林报》之《北方归客谈》。

20世纪30年代中期的《益世报》,刊登了两篇以独流为考察对象的详细报道。一篇是1934年7月19日刊出的徒步旅行通讯,题为《没落了的独流镇,酒坛醋坛仍满街,田地都被杨柳青的人买去》。[①] 记者一行7月8日顺着运河堤徒步抵达独流,天气闷热,在独流街上找了一家饭馆吃饭,服务与饭菜都不可口,进而感慨起独流的没落景象:

独流当年繁华富庶不亚于杨柳青、胜芳,醋酒出产量可观,到如今还是睁开眼来酒坛子醋罐子摆满了街。镇上共有人家三万户,据说十九是制造酸辣水的。山西人不少,都是来放印子钱的。如今这伙山西也拔腿跑了,可见独流确是已经没落了。其穷酸气的养成,当非喝醋之故也。

独流醋远近闻名,独流酒也够味,不过最近几年天津酒业不振,不许各埠酒输入,独流酒运津便成了私酒了。更因为烟酒牌照税征收影响,酒的销售很大,乡下小馆子那里出得起一月三四元的税呢。

独流镇跨运河上,河东西的土质好坏不同,河西地价比河东地价贵一倍,而近几年来都一样地落价一半了。原因是出手的多,收买的少,一般半大地主多因为税重的原因,把田地贱价出售,然后带着现洋钱去天津居住,如今三顷之家已然不多见。幸杨柳青富户多,种一千顷地的大财主并不罕见,故此,独流的田地十九都被杨柳青财主买去。

另一篇是1936年4月14日刊登的一位汇文中学学生安正元的农村调查,题为《独流一日记》。[②] 安正元在独流的调查主要有三部分内容:考察了学校等机构,凭吊了当年2月16日发生火灾的戏园,参观了制醋酱的山立醋厂。独流的街市以及学校都给调查者留下了较好的印象:

独流镇虽然是个镇,按面积说,却比静海县大。除了文化程度外,其他如商业的情形,街道上行人的拥挤,比诸静海县,也并差不了许多。到了独流,第一件事便是找学校,不久便找到了。这个学校是县立高级小学,建筑不错,有十好几间房子。校长是上了年纪的老先生,年纪约六七十岁,头发上已经斑白,戴着一顶缎帽,胸际弯曲着,身子十分地削瘦,然而,却很精明强干,见了我们,说:"哦,诸位来到这里休息一会儿,鄙人十分地欢迎啊!"

进到一间教员休息室,样式很像天津富家的客厅,墙上挂着一个民国十四五年的本校的统计,左边放置着一张木床,前面摆着许多的万年青,当中放着一条长桌。

很不凑巧,不久就振铃上班了。同时也觉得没有什么可谈的,所以,就只有参观。从客厅向左边走,经过一个小门,来到了一个空院,四周都是教室。学生见了我

① 《益世报》1934年7月19日,第3版。

② 《益世报》1936年4月14日,第11版。

们，头都骚动起来。最可笑的有一个教室，听见我们脚步的声音，便一齐地把三四个窗户的挡板关上。

走进一间教室，记得是高小一年级，约有三十多个小学生，年纪差不多都在十四五岁上下，正在上英文。先生见我们走进来，立刻命前面几个很聪明的同学，按个地念起来，发音还相当的准确。

对于山立醋厂的参观调查，则纪录了详尽的生产工艺：

"关于制醋的原料，先生可以告诉我们吗？"

"原料是很简单的。共有六种：1.黄米——使用它，是让醋的香味增加。本地出产。2.红高粱——使用它，是让醋味酸。本地出产。3.糠——性凉，使醋凉得快。4.麸子——性暖，可以保持醋之温度。5.高粱杆——就是高粱的皮，用处，是让水利于流动。6.曲子——用处在使米发酵，出卖处多在文安县，约四五钱一块。"

"关于制醋的方法，可以知道吗？"

他笑着，句子说得很慢，像经过了一阵思索而发出来的。"关于制醋的方法，我们是公开的。现在为了便利你记，我们把它分成步骤来说：(一)把黄米煮了或蒸了，分成块。把曲子放进去，为的是使之发酵。(二)把红高粱米熬成饭，用水泡后，放在黄米内。(三)把酵子，黄米，红米放在一处至六七天。(四)加干材料——高粱杆，麸子，糖。(五)把这一缸东西以棍搅动，使之稍混，再放于大缸内，安置在一个较暖的地方。天天搅动，渐渐就发热了，不久就发生出了醋的气味。过了七日，把它倒过来，又过六七天，才能出屋，晒好了，再滤，便成了醋。"

这两篇实地考察报道，都注意到当时独流镇在经济、社会等方面遇到的问题，但态度却有着极大的分别。徒步旅行通讯作者，对独流市面的凋敝感到极度失落，具有强烈的批判性与悲观性。农村调查者虽然也遇到过寻访公安局、商会，却无人办公，凭吊火灾现场颇感凄惨与愤懑，访谈醋厂时对技术更新滞后、恶性竞争导致的销量下降等行业困境感到无奈，但整体上还是予以肯定与充满希望的。导致这种分别的，是两篇报道作者的身份与语境之不同。

徒步旅行团一行三人，是由北平中国新闻社记者虞复光发起，杨思忠、周犇二人加入而组成。他们的目的，"纯为视察各地农村社会情形"。1934 年 6 月 21 日离开北平时，三人"各着童子军式衣裤，背负简单之行装，并各持木棍一根"[①]。6 月 22 日从通县出发，24

① 《徒步旅行团出发》，《益世报》1934 年 6 月 22 日，第 8 版。

日抵达天津，在天津停留了一周，7 月 7 日继续启程去往良王庄，7 月 8 日到独流。[①] 从其装束，以及在天津时杨、周家人的劝阻来看，徒步旅行团诸成员应当是在校或甫入社会的青年大学生，经费并不充裕，“由一般亲友之赞助鼓励，捐助少数款项”[②]。三人徒步经验并不丰富，未能提前预备干粮，沿途也有投宿学校被拒等遭遇，饱经困苦。徒步旅行团的主要关注点，是想了解农村及底层社会的困苦，所以沿途经过一些生活较为无忧的村庄时，认为这不能代表一般的农村。抵达天津后，他们认为城区的市政和居民生活习惯已经无需调查，只想细观津郊农民和工厂工人。在良王庄，旅行团认为部分商家狡猾凶恶，民风刁险欺诈，改良之策，一靠新兴铁路工人去影响，再就是使大部分人归田务农。正是这种对于商业、政府的批判性预设，使得他们在闷热天气抵达独流后，倍感失望。对民间疾苦的关注，也是在 30 年代兴起的乡村社会调查中，记者们通常所持之态度。《大公报》于 1930 年 10 月派遣记者于豫东战地旅行结束后，随即进行调查河北各县民生疾苦之旅行通讯，记者也本着“俾当局作为改善农村社会之考证”[③]的主旨，设身处地进行悉心采访。记者的报道，对沿途地方政府之行政多有批评，导致地方政府多次要求报社更正。报社为此专门发表短评：

> 本来旅行通信很不易做，走马看花似的行踪，而要涉及各种问题，材料多半得自民间的口碑，民生疾苦是最大事实，那是不会错的；至于枝枝节节的问题，自便不免有所出入。……所以我们对于类此的新闻除了努力求其正确外，特别希望负责机关，随时公布消息，免得以讹传讹。[④]
>
> 徒步旅行团三人离开独流后，继续调查了运河沿线的静海县城、唐官屯，以及沧县、东光等地。他们最初计划的行程，是要由北平一直走到广东。但在抵达山东平原县时，旅行团无故被县长曹梦九痛殴，杨、周二人均受重伤，赶到济南时，更被层层包围，不得声诉冤苦，不得不中止行程，返回北平。[⑤]

《独流一日记》的调查者安正元，生在河北，祖与父全是商人，自小念“老书”，直到 15 岁才有上中学的决心，16 岁暑假致力英语、算术，考上了高一，后来又投考汇文中学，写作此篇通讯时，已经是高三的毕业生。因为目标是投考燕京大学或中央大学的新闻系，安正元在 1935 年冬天给《益世报》的主编写了一封信，表达了不想虚度寒假的光阴，而是

① 《带眼镜的人买不着吃的，一瓶十滴水成了乡村的宝贝（徒步旅行之一）》《卜内门肥田粉难深入农村，杨村析上龙头龙尾的来历，受都市诱惑的鄙笑乡下人（徒步旅行之二）》《天津的一星期，码头工人的生活是介在人与畜类之间的（徒步旅行第三次通讯）》《宁过九龙江，不到良王庄，店家跋扈遗风犹存，蒲包是这里的特产（徒步旅行第四次通讯）》，分别载《益世报》1934 年 7 月 12 日、13 日、16 日、17 日的第 3 版。

② 《平市三记者组徒步旅行团，定今晨由平来津》，《大公报》（天津版）1934 年 6 月 21 日，第 4 版。

③ 《河北旅行第一信，由静海到石庄》，《大公报》（天津版）1930 年 10 月 25 日，第 4 版。

④ 《关于河北旅行通讯》，《大公报》（天津版）1930 年 12 月 14 日，第 4 版。

⑤ 《平原县长辱侮记者案，中国社电请鲁韩惩办》，《大公报》（天津版）1934 年 8 月 8 日，第 4 版。

"看看社会"与"发现社会上各样人物的不同的生活、经验与见解"，做一个"新闻记者的实习"的想法。在《益世报》主编的指导与提携之下，安正元进行了多次采访，其稿件也陆续在1936年1、2月的《益世报》上刊出。[①] 4月的七天春假，安正元又在几位同学的陪同与帮助下，"踏进了中国农村的门槛，看个究竟"。他们沿途考察了梢直口、疙瘩村、炒米店、董家庄、小甸林、良王庄、静海县城，独流镇的醋和独流火场调查是他们最后一天的考察计划。通过此次农村调查，安正元加强了身体的健康，增进了课本以外的无上珍品——真正的社会经验。[②] 安正元对独流醋厂的调查，延续了他对实业家的采访风格，也成为关于独流醋的原料与制作方法较早的全面记录。[③] 安正元后来更名安岗，在抗日战争以及解放战争时期参与了《胜利报》《新华日报》《人民日报》等中国共产党机关报的创刊与编撰工作，之后还在中国人民大学创办了新闻系，同时也继续坚持深入基层进行新闻采访。正是从早年在《益世报》上刊登的采访通讯，使安岗喜爱上了新闻工作，并且决心以此为毕生的事业。[④]

两篇关于独流的调查报道，尽管存在着立场预设与态度评价的差异，但无疑都体现了当时日益被接受的"走向民间"、开展乡村社会调查之思潮的影响。综合散见于报章的其他独流相关新闻，我们还是能从整体上梳理出晚清民国时期地方社会发展的大致脉络，进而引发我们从运河沿岸这一华北集镇的个案中，自下而上地去反思和探索近代中国历史变迁。

三

近年来，因为在天津师范大学历史文化学院开设了"历史人类学研究"相关课程，我们从小南河村的霍元甲故居起步，陆续对西青区的杨柳青镇、峰山药王庙，老城厢的天后宫、吕祖堂，武清区的河西务镇，宁河区的西塘坨村以及津南区的葛沽镇、小站镇等进行了田野考察与实践教学。在此过程中，我们也愈发强烈地意识到，区域社会的发展，与包括运河在内的海河流域以及渤海湾西岸的滨海社会等历史地理特点有着密切关联。要全面理解所谓"九河下梢"的天津历史，开展海河、运河等水域沿岸聚落个案的系列研究，是一项迫切而必要的工作。

现代学术对独流镇的研究，在某种程度上，是对宋元以来的行旅传统以及近代的乡村

---

① 《我想做一名新闻记者》《造纸学家——杨十三先生访问记》《东亚毛呢纺织公司创办者——宋棐卿先生访问记》《〈雷雨〉的作者，年轻的戏剧家——万家宝先生访问记》《塘沽工人教育的主持人——胡道远先生访问记》《乡村民众教育专家——胡勤业先生访问记》，载安岗：《安岗新闻通讯集》，广西人民出版社1986年版，第3～48页。

② 独流考察单独成篇，其余考察题为《汇文学生安正元君，利用春假访问农村，增进许多经验，加强身体健康，过了几天有意义的乡村生活》，分别载《益世报》1936年4月7、9、10日的第11版。

③ 陈恩铭的《独流醋的制法》一文，就是袭自安正元的报道，载《农村副业》第1卷第3号，1936年，第20页。

④ 参见安岗：《五十年一瞥——一个新闻老兵的话》，《安岗新闻通讯集》，广西人民出版社1986年版，第547～553页。

社会调查传统的继承与超越。1958年至1960年,南开大学历史系与天津博物馆合作,组织1956级学生对天津地区的义和团运动进行了全面的调查访问。作为张德成创设的"天下第一团(坛)"所在地,独流镇曾任坛口旗手的李振德(1878年生)及非团民的李廷槐(1881年生)、张友良(1879年生,光绪年间秀才)接受了"天津义和团调查队"的访谈,他们的录音与采访笔记得到整理并出版,成为宝贵的中国近代史口述史料。① 随着《天津商会档案汇编》自1989年以后的陆续整理出版,其中所披露的独流镇商会档案,成为研究近代商会史学者讨论绅商阶层、商会网络等议题的重要参考。② 1988年及1990年,由中日学者联合组成的"近代华北农村调查团"先后两次在独流镇进行了实地调查访谈。1988年9月3日至7日进行的第一次调查,仍然延续了对义和团运动的调查重点。1990年1月3日至11日的第二次调查,则将口述访谈的内容扩展至独流镇的商业与商号、商会等地方组织、水会、理门、农业经济等诸多方面。③ 调查团中方学者程歗利用调查纪录所作的研究表明,随着史学范式的更新,从近代华北集镇的整体史视野深入挖掘独流镇的历史内涵,能赋予如义和团运动等经典命题以新的讨论空间,揭示出进一步研究的可能路径。④

2017年5月26日,在区宣传部的协助下,我们与《每日新报》、天津市社会科学院历史研究所的同仁一起,对静海区进行了民间历史文献的田野考察。行程中,在独流镇所考察的木桥、水会、民居、街巷等历史文化遗存,令我们印象深刻。⑤ 此后,经由天津师范大学驻静海区帮扶工作组以及历史文化学院党委的介绍与联络,我们自2017年12月起先后多次前往独流,并于2018年5月与镇政府签订合作协议,帮助地方政府搜集、整理晚清民国报刊中的独流资料。在整理过程中,天津师范大学历史地理专业的毛曦教授与笔者组织了专题读书会,指导硕士研究生从水利、交通、商业、教育、社会救济等不同专题角度,对独流历史进行了初步的讨论。最近一次对独流郑氏家族的考察经历与收获⑥,让我们再次确信,进一步的研究,需要我们重返史料记载的历史现场,继续行脚独流。

(罗艳春,天津师范大学历史文化学院副教授)

---

① 南开大学历史系编:《天津义和团调查》,天津古籍出版社1990年版。李振德、李廷槐、张友良的访谈整理资料,分别见第131～137、161～165、167～168页。亦可参见独流镇地方志编修委员会编著:《独流镇志》,吉林人民出版社2009年版,第384～390页。二者之记录略有差异。

② 如马敏:《官商之间:社会剧变中的近代绅商》,天津人民出版社1995年版;宋美云:《近代天津商会》,天津社会科学院出版社2002年版。

③ [日]佐佐木卫编:《近代中国社会与民众文化》,(东京)东方书店1992年版。两次独流镇的调查纪录,分别载第292～299、304～371页。

④ 参见程歗:《理门与近代华北集镇社会——天津独流镇理门调查分析》,《清史研究》1997年第2期。

⑤ 参与此次考察者,有《每日新报》的喻满意,天津市社会科学院历史研究所的许哲娜、熊亚平。田野考察报告,参见《每日新报》2017年6月27日第5、6版。其中《独流、唐官屯:两座桥见证两个镇的繁荣》一文由熊亚平撰写。

⑥ 2018年11月18日的考察,由独流镇中学刘洪庆老师协助联络,得到独流镇郑金彪先生及郑氏族人的大力支持,谨致谢忱!

田野调查方法与蒙旗社会研究

——以归化城土默特为例

田　宓

现代学术意义上的田野调查，是社会学和人类学最重要的研究方法。19世纪末以来，随着"新史学"的建立，民众历史日益受到重视。为了挖掘民众的声音，历史学家也开始利用田野调查方法研究中国历史。顾颉刚、梁方仲、傅衣凌等学者都在不同领域展开田野调查实践，为后世研究者铺垫了学术门径。近年来，历史人类学在海内外引起回响。其倡导立足区域，利用田野调查和民间文献研究中国社会，这一学术理念使田野调查方法在历史学领域得到更为广泛的运用。

"旗"是清代以来内蒙古地区最重要的行政单元。清廷在今内蒙古呼和浩特、包头一带设立左右两翼内属旗，其后为管理内地移民又设立道厅。笔者近十年来在内蒙古归化城土默特地区(今呼和浩特、包头地区)展开了多次田野调查，收集了一批民间资料，并以这些资料为基础，撰写了多篇学术论文。本文以内蒙古归化城土默特地区为例，尝试从蒙旗社会的田野调查传统、蒙旗社会的田野调查步骤、问题意识与论文撰写、案例操作等方面探讨如何利用田野调查方法进行蒙旗社会研究。

一、蒙旗社会的田野调查传统

19世纪中叶以来，各界人士在蒙古地区展开越来越多的田野调查活动，其中有不少西方传教士和旅行者游历蒙古地区，并有相关著作留存。例如，古伯察(Régis-Evariste Huc)、诺克斯(Thomas Wallace Knox)、柔克义(William Woodville Rochill)、阿·马·波兹德涅耶夫(A. M. Posdnejew)等人都曾在蒙古地区旅行,并将所见所闻编录成书。[①] 这些记载对于我们了解当时的蒙古社会具有重要的史料价值。古伯察在《鞑靼西藏旅行记》中就描绘了他在归化城土默特看到的景象:“当我们穿越这一地区时,庄稼已收获完毕。但当到处尚可看到田间遍布大堆的庄稼捆子时,大家便会很容易地看得出这里获得了大丰收。此外,土默特旗到处都有一种极其富裕的外观,沿途任何地方都不会像在中原那样,到处都是破烂不堪和如同遗址一般的住宅。……他们的安居乐业特别表现在环抱村庄和大路两旁的整齐树木方面。”[②]上述内容让我们得以观察19世纪中叶归化城土默特的乡村景观。

日本人出于侵略占领和殖民统治的意图,从19世纪末就开始设立东亚考古学调查班、东亚同文会、南满洲铁道株式会社等组织在满蒙地区开展各种调查活动。其中影响最大的是南满洲铁道株式会社进行的社会调查。这些调查涉及蒙古地区的市镇、水利、土地等多方面内容。日本人在调查过程中注意收集契约、碑刻、口碑等资料,侧重研究中国社会的各种“惯习”。日本人的调查活动主要是为其政治图谋服务,但也在客观上保存了一些当时的乡土文献,为今天的研究提供了资料。文宝所著《内蒙古图书馆馆藏日文旧籍目录》就介绍了内蒙古图书馆馆藏日文调查资料的内容。周太平等学者近年来整理出版的《内蒙古外文历史文献丛书》也包含了部分满铁调查资料。[③]

进入民国以后,中央和地方政府的不同部门在各地组织了各种形式的调查。以绥远省为例,绥远省政府秘书处、绥远省民众教育馆、蒙藏委员会驻归绥调查组都在绥远地区进行调查。这些调查既有《绥远概况》《绥远省分县调查概要》《绥远省各县乡村调查纪实》等综合性报告,也有《调查归绥垦务报告》《调查河套报告书》《包宁线包临段经济调查报告书》等专题性报告。调查内容涉及了绥远地区方方面面的社会情况,但报告质量良莠不齐,不少是应时之作,成书仓促,内容简略。[④] 研究者利用时,需要加以甄别。

---

① [法]古伯察:《鞑靼西藏旅行记》,耿昇译,中国藏学出版社2012年版;Thomas Wallace Knox, *Overland Through Asia: Pictures of Siberian, Chinese, and Tatar Life*, 1870; William Woodville Rochill, *Diary of a Journey Through Mongolia and Tibet in* 1891 *and* 1892, 1894;[俄]阿·马·波兹德涅耶夫:《蒙古及蒙古人》(第1、2卷),刘汉明等译,内蒙古人民出版社1983、1989年版。以上内容参见李晓标:《晚清西方人眼中的蒙古——以西文地图与游记为中心》,内蒙古大学蒙古学学院2014年博士学位论文。

② [法]古伯察:《鞑靼西藏旅行记》,耿昇译,中国藏学出版社2012年版,第102页。

③ 周太平等主编:《内蒙古外文历史文献丛书》,内蒙古大学出版社2012年版;文宝:《内蒙古图书馆馆藏日文旧籍目录》,内蒙古大学出版社2015年版。

④ 绥远省政府秘书处:《绥远概况》,1933年铅印本;绥远省民众教育馆:《绥远省分县调查概要》,1934年铅印本;绥远省民众教育馆:《绥远省河套调查记》,1934年铅印本;绥远省教育会组织编写:《绥远省各乡村调查纪实》,1935年;蒙藏委员会驻归绥调查组:《伊盟左翼三旗调查报告书》,1941年铅印本;蒙藏委员会驻归绥调查组:《伊盟右翼四旗调查报告书》,1939年铅印本;甘鹏云:《调查归绥垦务报告》,1916年晋北镇守使石印本;督办运河工程局编:《调查河套报告书》,京华印书局1922年版;铁道部财务司调查科编:《包宁线包临段经济调查报告书》,1932年。以上信息参见刘芳:《民国时期绥远地区“调查报告”评述》,内蒙古大学人文学院2005年硕士学位论文。

民国时期社会各界人士也在蒙旗社会游历与考察。其中以1934年的“平绥沿线旅行团”最为知名。1934年，平绥铁路局局长沈昌邀请顾颉刚、冰心、吴文藻、雷洁琼、郑振铎等人组成“平绥沿线旅行团”，介绍当地的古迹、物产、宗教、经济与风俗等情况。考察团于7月7日从北京出发，18日至平地泉，因故折回。8月8日再次出发，一路到达绥远，25日结束考察。这次考察之后，几位学者纷纷留下著作：吴文藻介绍了达茂旗的蒙古包，顾颉刚描写了王同春开发河套的情况，雷洁琼记录了平绥沿线天主教会的状况，冰心和郑振铎也留下了旅行记录。[①] 这些著述不只记叙路途中见闻，还包含了著者唤起人们通过实地考察观察蒙古社会的愿望。吴文藻在《蒙古包》一文中说：“关心到蒙古人民的实在生活状况的，却占极少数。原因是内地旅行蒙古的人，向来很少，没有身历其境，自然很难描写他们的日常生活。……如果我们把握住着蒙古问题的核心，则我们今后注意的方向，不能不稍稍转移到了解蒙古人民的现实生活上去。”[②]可见，身临其境地描写蒙古人的日常生活，正是考察团成员的目的所在。

1949年之后，民族学、历史学、社会学、人类学继续进行蒙旗社会调查。20世纪50年代国家组织民族社会历史调查和民族识别工作，所收集的资料列为《中国少数民族社会历史调查资料丛刊》，并陆续出版。《蒙古族社会历史调查》就是丛书中的一种。该书主要调查的地点是阿拉善旗。在调查过程中，收集了1949年之前阿拉善札萨克、部分官员、基层官吏，寺庙的喇嘛、执事人员和汉族农民、蒙古族牧民的口述资料；寺庙、商号的档案和账簿等资料，并以这些资料为基础，全面介绍了阿拉善的旗制、经济、政治、宗教、习俗等情况。[③] 布仁赛音基于20世纪前半期“满铁”（南满洲铁道株式会社）以及“满洲国兴安局”等机构在内蒙古东部地区所做的一系列社会调查资料，结合地方史料和田野调查，分析了近一个世纪以来这一地区多民族杂居农耕村落的形成和发展历程。[④]

尽管19世纪中叶以来，各界人士在蒙旗社会进行了多次田野考察，但在历史学领域，关于清代以来蒙旗社会的历史研究，长期主要依赖《清实录》《蒙古律例》《理藩院则例》等传世典籍。2000年以后，蒙旗档案逐渐受到学界关注，准噶尔旗档案、喀喇沁旗档案、土默特旗档案等纷纷得到挖掘和利用。但契约、碑刻、“容”[⑤]口碑、景观等田野资料仍

---

① 吴文藻：《蒙古包》，《社会研究》1935年第74期；顾颉刚：《王同春开发河套记》，《禹贡》1935年第12期；冰心：《冰心游记》，北新书局1935年版；雷洁琼：《平绥沿线天主教会概况》，《社会研究》1935年第75期；郑振铎：《西行书简》，商务印书馆1937年版。

② 吴文藻：《蒙古包》，《社会研究》1935年第74期。

③ 参见内蒙古自治区编辑组、《中国少数民族社会历史调查资料丛刊》修订编辑委员会：《蒙古族社会历史调查》，民族出版社2009年版。

④ 参见孛儿只斤·布仁赛音：《近现代蒙古人农耕村落社会的形成》，娜仁格日勒译，内蒙古大学出版社2007年版；孛儿只斤·布仁赛音：《研究内蒙古东部地区多民族杂居村落社会的史料基础》，《内蒙古民族大学学报》（社会科学版）2016年第6期。

⑤ “容”，音“云”，归化城土默特地区方言，其功能类似于家谱。

然较少为学界关注。在田野中收集各类文字和非文字资料,不但极大地扩充了史料范围,还引发了许多新的学术问题,为蒙旗社会研究打开了新局面。

二、田野调查方法与蒙旗社会研究

确定研究区域之后,在进行实地考察之前,还需要广泛阅读著述和史料。著述主要包括研究者关于研究地域的通史类、专题类等各类著述。史料主要涵括地方志、游记、地名志、文史资料、村史、地图以及已经整理出版的档案、碑刻、契约辑录等。通过对以上文献的阅读,大体了解田野调查地区的自然环境、行政区划、制度架构、历史脉络等问题。以土默特为例,在前期的文献准备中,可知悉归化城土默特干旱半干旱的气候条件,大青山、大黑河和黄河等山川河流分布,土默特平原、清水河和林格尔山地等地形地貌,旗厅设置与运作,重要历史事件和社会制度,等等。对这些内容的了解和掌握,可以使研究者在接下来的田野考察中更快地进入地方社会的历史情境之中,也能够更迅速地在田野资料和历史文献之间建立联系。

田野考察时,可以循着文献提供的线索考察。在土默特档案中有一些关于万家沟沟水灌溉村落争水的记载。循着档案中的"村名"信息按图索骥,在相关村落中展开田野调研,可以快速地将档案中看到的人物和事件落实到具体地点。同时,也可以按照行政区域、地理区域和交通路线考察。笔者近十年来按照上述三种方式考察土默特地区。一是按照行政区划分别考察武川县、土默特左旗、土默特右旗、托克托县、和林各县、清水河县等。二是按照地理区域,考察大青山山地、大青山山后、大青山沿线沟水小流域、黄河沿线、大黑河流域、和林格尔与清水河山地、长城沿线。三是依照交通线路考察归化城土默特地区的台站路、旅蒙商商道等。上述分区域考察,可以使研究者建立起对研究区域的整体认识,在调查过程中也会发现一些资料丰富的田野点。

在选择田野考察地点之后,下一步是进入田野。一般可以通过官方渠道、亲朋好友和直接进村三种方式进入田野。通过官方渠道一般是持介绍信和有效证件,到当地县/旗、镇/乡/苏木、村/嘎查的政府部门,取得政府部门的信任,由工作人员协助进行调研工作。经由亲朋好友引介进入田野也是常见的方式。熟人的引荐可以一定程度消除村民的戒备心理,有利于调研工作的顺利开展。随着走访村落的不断增多,直接进村也成为研究者经常采用的进入田野方式。在土默特地区的乡村社会,无论春夏秋冬,老人家每天都在村里的小广场或者小卖店附近聊天(当地话叫"打塌嘴""瞎圪塌",见图 2-1)、打牌、下棋,一般这样的地点都会摆放着一些旧沙发和旧椅子。这些人群聚集的地点,是研究者入村寻找受访对象的重要场所。为了打消村民的疑虑,研究者应持介绍信和有效证件向村民自我介绍并说明来意。

图 2-1　村民"瞎圪塌"(聊天)

在考察调查点地景的过程中,要注意观察各种自然景观和人文景观。自然景观主要包括地形地貌、河流湖沼等。人文景观主要包括水渠农田、住宅道路、寺庙祠堂、戏台照壁、聚落围堡以及"敖包"等其他具有地域色彩的地景。在观察这些景观的同时,须注意当地人对这些景观的理解和诠释,因为这往往蕴含着地方历史脉动的符码。包头市沙尔沁村以北大青山上的一座山峰,被当地人称为沙尔沁山。沙尔沁山上曾有一座六郎庙(见图 2-2),庙宇东侧的石壁上曾插着一支箭。六郎庙几经损毁,现在已是一片废墟。这座庙与当地流传的一个传说故事关系密切。传说故事是讲杨六郎与蒙古人在雁门关作战,蒙古人战败。杨六郎向蒙古人要求赔偿。他问蒙古人,是给一箭地,还是一马地。蒙古人心想,马跑得远,箭射得近,于是回答给一箭地。谁知杨六郎这一箭从雁门关射到了大青山。自此以后,汉人就可以在雁门关至大青山一带居住。不难发现六郎庙以及杨六郎射箭的故事,正是汉人争取在口外入住定居权的文化表达。

图 2-2　六郎庙旧址

在调查点收集文献时，应注意收集契约、家谱、礼账、账簿、碑刻等各类资料。由于风俗方言不同，各个地区对这些文献的称呼存在差异。在归化城土默特地区，人们一般将契约称为“押”或“地押”。家谱流传较少，但几乎每一个家族都有“容”(音“云”)。在田野考察过程中，使用这些当地人的习惯用语，更容易查访文献。访得资料之后，可以通过拍照或扫描的方式收集。在进行整理时，注意不要扰乱文献原有的系统，比如在老乡家中保留的契约，有时几份契约会单独打成小包。这些契约之间往往存在某种内在联系，不应轻易打散破坏。

在访谈村民的过程中，可以围绕某一专题展开，如土地、水利、景观、市场、仪式等。也可以围绕村落历史、家族历史和个人生命史进行。访谈过程中需要注意倾听不同的声音。在万家沟沟水灌溉的把什板申村与云社堡村，关于两村的用水权就流传着这样两个传说。把什板申村村民在谈到云社堡村的用水权时，强调两村都是因婚配得水。把什板申村配了本村的姑娘给云社堡村，因此给了后者洗衣裳水。把什板申村位于万家沟沟口，具有优先用水权。村民讲述的这个故事，显然带有突出把什板申村优先用水权的意味。在云社堡村则流传兄弟龙王的故事。从万家沟里，顺着沟水漂下一块木头，人们用这块木头雕刻了两个龙王神像，一个留在把什板申村，一个留在云社堡村，这两个龙王是兄弟(见图 2-3)。云社堡村位于把什板申村的西南方向，距万家沟沟口更远。不难发现，云社堡村这则龙王兄弟的故事，隐含着其主张与把什板申村具有同等用水权的诉求。这些传说故事，反映了人们不同的权力诉求和利益导向。如果只听取一个村落的故事，显然不能完整地观察小流域内部的社会关系。

图 2-3　云社堡村龙王庙中的龙王神像

在田野调查过程中获取的照片、音频、视频等资料，需要及时整理，通常家谱、契约按照时间—地点—家户的方式整理，碑刻按照时间—地点的次序整理，音频和视频也依照时间—地点—人物或时间—地点的形式整理。与此同时，一定要及时整理田野笔记，尽快记录下田野调查过程中遇到的人、事和心中的感触，以便今后研究工作的开展。此外，还需要做好资料的保存备份工作。

田野调查工作结束后，就进入论文撰写阶段。此时最为重要的是找到有意义的学术问题。从学科的主要问题出发，是其中最主要的途径之一。每一学科都有自己的基本问题。以明清社会经济史来说，赋役制度就是一个重要议题。研究者阅读这一领域最重要的著作，把握前人研究的基本理路和叙述框架，从中体会不同世代学者们研究的问题与困境，进而沿着前辈学者开辟的学术道路，探寻可能的研究路径。从史料的记载内容出发，是发现学术问题的另一个重要方式。仔细阅读收集到的民间资料，根据资料内容，选择研究题目。在确定研究主题之后，不能囿于一隅，应打破学科和地域的界限，看到不同学科对这一主题的讨论。以内蒙古的土地契约问题为例，历史学、法学、经济学都从不同的维度讨论中国的契约问题，充分了解前人的学术成果，有助于明晰自己的研究方向。

三、板申气和万家沟两个案例

板申气村和万家沟小流域位于大青山山前地带。以下通过这两个案例，具体说明如何利用田野调查方法进行蒙旗社会研究。板申气村北邻大青山。笔者于 2014 年至 2020 年间，多次赴板申气村田野调查。在田野调查中，收集到了契约、家谱、“容”等文字资料。参观了三官庙旧址、大庙旧址、大戏台、小戏台、大神树、西照壁、前街、后街和村外的脑包庙、“十二寡妇”（脑包）（见图 2-4）等村落景观，还对村中的蒙古人、汉人展开了口述访谈，并参与观察了村中的阴历五月十三日的唱戏领牲仪式。在调查过程中，村落的各种景观和村民对这些景观的描述，给人留下了深刻的印象。

图 2-4 “十二寡妇”（脑包）

在对学术史的梳理过程中，笔者发现“空间”问题是历史学、地理学、人类学、社会学等学科共同关注的一个重要议题。因此，笔者决定结合田野考察获得的各种资料，围绕“空间构建与社会转型”这一主题进行研究，希望在蒙古人与汉人的互动关系中，探讨村落的空间构建过程，进而揭示明清以来土默特地区由牧转农的历史进程。游牧时代，生活在板申气一带的蒙古人按照自己的方式组织空间，营盘、脑包与神山是其生活空间的重要因素。明中叶以后，随着山西移民的不断进入，土默特平原出现了由牧转农的趋势，当地的空间配置和人们的空间观念也出现了新的发展动向。在板申气，渐次出现了房屋、街道、庙宇、商号，最终形成了“人字头上三官压”的空间格局。汉人还从自身文化传统出发，赋予蒙古人的“脑包”新的意义，将其称为“十二寡妇”（源自杨家将“十二寡妇”征西的故事）。而蒙古人则依然保留着对脑包的历史记忆。日占时期的修堡并村政策，使后湾和脑包上两个小村并入板申气。对于这次重大变故，搬入板申气的后湾村蒙古人，用汉人的风水话语——“搬进天坑”进行空间表达，这反映了蒙汉文化长期交互影响的历史实况。正是在两种文化的互动中，板申气的物质空间和观念空间不断呈现出新的发展面貌。在板申气空间构建的过程中，可以发现蒙古人和汉人的日常交往，使双方在文化习俗、生活方式上互相影响、彼此渗透，这体现在村落格局上，就是各种新旧空间要素的不断叠累。与此同时，空间这一范畴，不仅包括人们基于各自的文化传统所构建的物质空间，还包括人们头脑中对山川河流和人文景观所想象的观念空间。"杨六郎战蒙古""人字头上三官压""十二寡妇""搬进天坑"这些说法，都不仅仅是物质空间的营建，还包含了人们对空间的理解和阐释。因此，在对空间进行研究时，不但要关照人们构建的有形的实体空间，还要描绘人们想象的无形的心理空间。

万家沟是大青山山前小流域，依据沟水水性，可以分为清水和混水。在 2014 年 7 月至 2019 年 7 月的前五次考察中，笔者重点关注了使用清水的察素齐、把什板申、古城、云社堡、玻璃圪沁、锁号六个村落。在 2019 年 10 月的考察之中，进一步关注了使用混水的西柜(小二柜)、小三柜、红房子(老大柜)、南柜、缸房等村落。在田野调查过程中，收集到碑刻、家谱、契约、传说等文字资料，考察了万家沟水神庙、把什村龙王庙、云社堡村龙王庙、南柜村淤地庙、万家沟水库大坝、渠道等地，还多次拜访万家沟水委会工作人员、村中耆老，向他们了解万家沟沟水的用水情况。

通过回溯水利社会史的研究情况，笔者决定通过考察清代以降黄河河套地区万家沟小流域的水利发展史探讨水利秩序构建与蒙旗社会演变之间的关系。清政府为维护其统治秩序，区别蒙民两种不同社会身份，并在蒙旗和道厅两套行政系统下分别管理蒙汉民众。而移居口外的山西人中的相当一部分通过租佃蒙古人的户口地、水谋生。他们或依蒙古人而居，形成蒙汉杂居村落，或另外择地居住，形成村落。在共同的地域空间中，围绕着大青山沟水清水、混水的开发和利用，蒙民之间的交往愈加频繁，关系不断紧密。起初，把什板申(附古城)、察素齐、云社堡有蒙古人户口地、水的四个村落组成水利联盟，其后，玻璃圪沁、锁号两个有蒙古人居住的村子也加入这一水利联盟。而没有"水份子"的以贾姓为主的老大柜、小二柜、小三柜、西柜、南柜、缸房等则通过不断争水，渐渐也可以使用万家沟混水淤地。也就是说，依身份不同各自治理的方式，与蒙民杂居的实际情形愈益抵牾。"村落"以及以"村落"为基本单元形成的水利联盟，作为一种非正式制度，逐渐得到官府的承认。国家对蒙旗的管理方式出现了从"身份"到"村落"转变的动向。中华人民共和国成立以后，土地重新分配、水权收归公有、旗县合二为一。在万家沟小流域，本着"承认历史，照顾现实"的原则，传统时期有用水权的村落依然优先用水，但越来越多以村落为内核形成的社队组织(行政村、自然村)加入到这一用水系统中来。总之，从万家沟小流域的水利秩序的演变，可以看到从清代、民国至中华人民共和国的社会转型中，国家对蒙古社会水利事务管理，逐渐从以"身份"为中心转为以"村落"为中心。

两个案例的开展过程，也使我们更加深入地思考如下问题：第一，不同时期人群、村落和小流域需要在整体的视野下加以考察;第二,环境、制度、技术与人群变动不居的互动关系,使得村落、小流域始终处于动态的演变过程之中;第三,小村庄、小山沟的个案研究要关照重要历史问题。对板申气和万家沟两个案例的考察,希望解答的就是清代以来内蒙古地区从牧到农的社会转型以及国家治理方式的变化。

四、余论

作为一种方法的田野调查已经越来越多地应用于史学研究。但田野调查不仅是一套实操方法,同时也是一种思维方式。在其实践过程中,不断地更新着历史认识和历史观念,持续地推动着史学的因革变化。

(1)建立多元的资料体系。由于撰写者的背景、立场和目的各不相同,任何史料都带有偏向性。因此,在研究某一具体问题时,如果只依赖一种类型的史料,则对这一问题的认识,难免受到史料偏向性的影响。因此,广泛搜集各种官方的与非官方的、文字与非文字的资料,有助于我们更具整体感地认识研究对象。以往的史学研究大多依赖官方和文字性的资料,田野调查则可以突破官方和文字的双重限制,使我们可以倾听不同的声音,挖掘被遮蔽的历史。

(2)搭建古今对话的桥梁。由于历史学的学科特点,我们通常是先在书斋中从历史文献开始一项研究,这些历史文献呈现的是一个已经逝去的世界。但历史学研究并非只是关心消逝的世界,其意义更在于解释当下的社会。通过田野调查,我们在故纸堆上看到的人、事和制度,可以与当下的生活对接。那些抽象的人名,往往是现实生活中某一群人的祖先。曾经发生的事件,每每至今还为人们所传颂。过往实施的制度也常常以某种隐蔽方式保留余绪。历史文献与现实生活的往复来回,是一个古今不断对话的过程,而田野调查为这一对话搭建起桥梁。

(3)回到史料生成的语境。田野调查使我们可以回到史料生成的具体情境中去,从而理解历史如何被记忆与遗忘。康熙三十四年(1695 年),清廷在归化城土默特黑河、浑津等处设立十三处皇庄,当地称“十三圈”。这些奉命迁来归化城土默特的庄头和壮丁,隶属内务府管辖,在 20 世纪 50 年代的民族识别中被认定为蒙古族,自言“圈地蒙古人”。近年来,圈地蒙古人以一部编写于 20 世纪五六十年代的家谱为蓝本修撰族源史。为撰写族源史,编写组号召圈地十三圈庄头、二十四户壮丁通过各种渠道广泛收集档案、碑刻、家谱、传说等历史资料。但为配合族源史“回应社会”的主要宗旨,这些历史资料哪些纳入、哪些舍去、哪些增加、哪些删减,则是经过编写组反复磋商,至今仍未定稿。在田野调查中,亲身观察这些原材料到半成品再到成品的创作过程,使我们可以深切地理解史料生成的现实语境。

(4)揭示潜隐的历史细节。田野调查收集的各种资料包罗万象、巨细靡遗，呈现了诸多以往不为人知的历史细节，这些历史细节极大地丰富了历史的内容。佐领和领催等蒙旗基层官吏在正史政书等资料中往往只记录设官若干，其具体活动踪迹难觅。但在民间历史文献中，则可以看到他们的实际行动。板申气村脑包庙《板申齐新修庙宇碑记》就有保什号(即领催)老赞、老赞打什、必力兔和甲头毛寇、恼儿冒、部木架、艮扣施舍修庙地基的记载，从这些记载中可以看到保什号如何在乡村社会发挥作用。

(田宓，云南大学历史与档案学院副教授)

课程思政与立德树人

由爱乡而爱国

——"新文科"理念下高校地方史教学教育功能的思考实践

乔新华

地方史作为关于某一地域的历史沿革、历史发展、历史人物的记叙,具有跨学科与其他学科相互交融、打造成通识教学基础课的可能。尤其在当下"新文科"蓬勃发展的学术背景下,地方史课程对推动"新文科"实现"新"发展的目标起着至关重要的作用。新文科的一个显著特征是"融合"。美国学者于 2017 年最早提出的"新",就是指对传统文科进行重组和文理交叉,倡导综合性的跨学科学习,而历史尤其是地方史,其涉及范围大、覆盖领域广的优势,有助于实现跨学科学习的联系和衔接。

"历史研究是一切社会科学的基础,承担着'究天人之际,通古今之变'的使命。"[①]我们进行社会科学研究,是为了揭示人类社会及其各个领域如经济、政治、法律、宗教等的内部联系即规律性,以便以此作为向导,去指导人们的实践。而这就有赖于进行历史研究。因为规律自身不能说明自身。规律存在于历史发展的过程中,应当从历史发展过程的分析中发现和证明规律。不从历史发展过程的分析下手,规律是说不清楚的。新时代背景下,"新文科"建设提出新要求,即将史实与规律相结合,推动叙述史实向揭示规律的转变。因此,在"新文科"建设中,要把立德树人放在突出位置。从这个目标看,地方史课程有可能作为文理工医农所有学科跨学科通识教育的基础课程,从时间(历史)维度上让学生了解自我、认识自我;从历史学学科核心素养的培育看,社会史视野下的地方史课程融合了史学新方法,有助于提升学生从地方着眼理解国家的学科能力;从正确历史观和价值观的培养上看,地方史承载着"课程思政"功能,能激发学生的爱乡之情和爱国之心。

---

① 《习近平致第二十二届国际历史科学大会的贺信》,《人民日报》2015 年 8 月 24 日。

一、认识自我:地方史课程作为跨学科通识教学基础课的可能

目前从地方区域性高校的课程设置来看,地方史课程一般为历史系专业选修课,或非历史专业公共选修课。以山西大学为例,"山西地方史"一直就是历史学专业的重要课程,围绕地方史教学乃至科研取得了许多成绩[①],使地方史发挥了广泛和深远的社会功能。因此文化内涵丰富、地域特色鲜明的地方史,着实应该扩大到非历史专业作为公共选修课,成为爱国主义及文化素质教育的特色内容。

在充分借鉴以往地方史教学经验的基础上,特别针对公共选修课课时少和学生历史理论相对欠缺的问题,我在"山西历史文化专题"课程中尝试进行"三结合"教学体系的构建,在教学内容和思路中,在引入作为方法论的区域社会史研究性理念的基础上,把中国通史的普遍性与山西地方历史的独特性相结合;在教学方法上,我尝试把现代教学手段运用在传统的课堂讲授中,并极力提倡历史遗迹考察和现场教学方法;在学科功能上,力图把地方史教学和大学生文化素质教育以及为地方经济服务紧密结合起来;教学内容上,努力把中国通史的普遍性与山西地方历史的独特性有机结合起来。在此基础上,突出山西历史发展中的若干重要阶段和重要因素,力求准确真实地勾勒山西自身的历史发展脉络。

关于地方史教学,以往普遍的做法是把它作为中国通史的补充,因此在教材的编排上,基本是按照中国通史的模式,从原始社会一直编写到近现代,章节的安排大体也以王朝更替为纲。在教学实践中,教师也基本按照教材编排及通史课程的讲法。但是中国幅员辽阔,不同区域的历史都有其自身独特的历史发展特点,如果把区域(地方)史当作国家史的注脚,则很难真正去认识不同区域的历史发展脉络,也难以真正理解不同区域历史文化的独特性。

因此,大约从20世纪80年代开始,就有学者开始思考地方史教材的编写和地方史研究的取向问题,同时也在质疑地方史套用通史模式的合理性问题。在教材编写方面,有学者尖锐地指出大部分地方通史的编写几乎成为既定的国家史甚至世界史等等宏大叙事的地方版。丹麦学者李来福对新编《山东通史》提出批评,他指出:"省通史成书之时

---

① 已故山西大学历史系主任阎宗临对地方史教育认识深刻,他曾说:"爱国先从爱自己的家乡做起,爱家乡先从了解家乡做起。"诸多前辈和学者多年来在地方史教学和研究方面取得了丰硕成果:在教学上,李书吉教授长期坚持为本科生开设"山西地方史"课程。在研究方面,有崔凡芝主编:《颂晋文选》,山西古籍出版社2002年版;杨国勇主编:《华夏文明研究——山西上古史新探》,中国社会科学出版社2002年版;行龙:《近代山西社会研究——走向田野与社会》,中国社会科学出版社2002年版;还有历史文化学院诸多先生的集体之作《山西历代纪事本末》(商务印书馆1999年版)和《山西通史》(中华书局1997年版)等。此处列举不免挂一漏万。

便有着成为地方特色的国家史副本之势，而不是该省的历史。"①在对地方史内容的取舍上，程美宝则用另外的一番话表达了同样的深意，她指出："中国地方史的叙述，长期被置于一个以抽象的中国为中心的框架内，也是导致许多具有本土性的知识点点滴滴地流失，或至少被忽略或曲解的原因。"②既然我们的地方史教材存在这样的弊端，我们在地方史教学实践中就应该扬长避短，另辟蹊径。

怎样才能更好地在中国通史的叙述框架下准确地把握山西地方的历史发展脉络和文化特色呢？我尝试首先从课程构架的设计上做变动，即以专题设计代替以往的以王朝更替为纲的章节安排，这样可能有利于学生更加准确地把握地方历史自身的历史发展脉络以及它在中国历史中的地位。

我认为，以往以王朝更替为纲的章节安排，一方面在某种程度上掩盖了地方自身的历史发展脉络，另一方面也不容易凸显地方历史发展中若干重要阶段或重要的历史文化现象。因为某一次的改朝换代，对于国家上层来说自然是非常重大的事件，但具体到某一个地方也许并没有触及到社会深层的东西。因为社会深层的东西经常不会因为改朝换代而发生根本的变化，它有个延续性，一些深层的东西在某个地方社会中可能一直持续地发挥着作用。传统历史中的王朝更替，让我们看到更多的"断裂"，而在地方社会则更多地体现为"连续"。因此，我舍弃传统的以王朝更替为纲的章节安排，通过细致考察地方历史发展中的若干重要因素，采用专题形式，或以事件、或以人物、或以文化现象为切入点，进行专题讲解，深入分析，细致讲授，试图从地方历史来反观传统的通史。以下是我在该课程中讲授的专题：

第一讲　文明摇篮——远古传说时代至夏商时期的山西古史

第二讲　晋国霸业——西周与东周时期山西历史中的辉煌片段

第三讲　民族熔炉——魏晋南北朝时期的山西面貌

第四讲　龙兴之地——隋唐及五代时期山西呈现的盛唐气象

第五讲　武而少文——杨家将故事与北宋山西地域角色

第六讲　从武入文——戏曲、平水刻书、河汾诸老与金元时期山西地域文化

第七讲　雄藩巨镇——明清山西商人的辉煌与"锦绣太原城"

第八讲　革命根据地——在"中国道路"探寻与发展中山西的贡献

从以上所列内容来看，首先我尽量选取能够反映山西历史文化独特性以及在地方历史发展中有重要意义的事件、人物或现象为主题，并通过深入分析力图准确把握每个主

---

① [丹麦]李来福：《从1994年版〈山东通史·明清卷〉反思地方史编纂》，张国刚主编：《中国社会历史评论》第2卷，天津古籍出版社2000年版，第493～499页。

② 程美宝：《地方史、地方性、地方性知识——走出梁启超的新史学片想》，杨念群等主编：《新史学：多学科对话的图景》，中国人民大学出版社2003年版，第678页。

题背后的深层内涵，以此来揭示它对地方历史发展的影响和作用。因为所授内容与学生学习、生活的大环境密切相联，大多数学生对当地的历史遗存都有所耳闻，甚至目睹过，但对它从始至终的了解和深层次的理解却未必为学生所掌握。采用专题形式，可以向学生全面纵深向地介绍有关历史古迹、历史事件、重要文化现象的来龙去脉及在当地、全省乃至全国的地位和影响。这些主题，比如广泛流传在山西南部的关于华夏文明起源的传说、山西地域文化等，不仅是山西地方史上而且是整个中国历史上的重要文化现象。在第一讲中，我以历史文献为中心，结合对大量有关山西上古时期神话传说故事的解读和20世纪以来的考古发现资料来讲授山西远古时期的历史，使学生从中感受到山西厚重的文化底蕴。

其次，在教学中，围绕每一个不同类型的专题，我尽可能从个案分析上升到对理论的探讨。比如，在讲到流传很广的史前华夏文明传说、杨家将传说与洪洞大槐树移民传说问题时，在介绍这些传说的基础上，尽量教给学生如何解读传说以及传说与史实的关系等理论问题。再比如，通过对人物的讲解，来讨论对历史人物的评价问题。此外，还尽量引导学生把握时代的脉搏，培养学生历史的时代感和责任感。比如，我在教学中引导学生如何看待洪洞大槐树移民文化的现代意义，从而激发学生的爱乡之情和爱国之心。因为大槐树移民文化在晚清民国民族存亡的历史关头，曾担当了不可估量的合群卫国的历史重任。那么，在新时期民族崛起和繁荣的时代，大槐树移民文化可以担当起联络民族亲情和增强民族凝聚力的文化象征。

总之，我试图通过专题形式历时性地讲述山西历史上的重要事件、人物和突出的文化现象，进而想给学生清晰地勾勒出山西地域历史发展的内在脉络，并在此基础上深入分析其在中国历史上的地位和影响。

二、从地方理解国家：社会史方法下地方史教学的学科意义

同大部分历史课一样，以往地方史课基本也是采取课堂讲授的方法。但针对公共选修课课时少和学生多的问题，如何能合理有效地安排有限的时间在某种程度上影响着整个课程的教学效果。鉴于此，我积极利用现代教学手段，为每个专题制作多媒体文件。其中既包含传统黑板板书的内容，也把相关主题的史料和各种形式的图片资料合理组合进去。这不仅节省了教师写板书的时间，而且一些辅助的教学资料尤其是本地留存的历史遗迹图片，将有助于提高学生的学习兴趣。这些教学辅助资料主要包括三大类，第一类主要是围绕每个主题留存下来的历史遗迹，比如现存的高平炎帝陵、雁门关关城、夏县司马温公祠、代县杨忠武祠、晋南戏台、芮城永乐宫、五台山、洪洞大槐树遗址、解州关帝庙、皇城相府、晋祠、晋中大院等，这些资料主要是作者多年来在山西各地实地走访调查

而亲自拍摄的。第二类是山西各市、县政府围绕“文化强省”而制作的弘扬本地历史文化的纪录片等，比如晋城市政府制作的《山水知音，人文晋城》就是一个内容翔实且制作精美历史片。第三类是不同学科及不同领域对山西历史文化的多样性解读，比如围绕近年来围绕晋商而制作的很多话剧舞剧等，以上都是本课可利用的教学辅助材料。在讲授晋商文化这一讲时，我带领学生一起赏析《立秋》与《一把酸枣》等剧目，激起了学生对晋商文化浓烈的兴趣，有效地提升了教学效果。

在教学实践中，我感到讲授法固然是一种重要的教学方法，但却具有难以避免的两个弊端。其一是形成的单一性带来的学生学习的被动性与消极性，其二是缺乏直观性，教学内容不能给学生以深刻的印象。黄国信在总结中山大学近年来实践教学时指出：“历史学是一门基础学科，没有多少直接的、立竿见影的‘应用’价值。这对教与学都形成了一种挑战，许多学生可能会因专业知识与实际生活表面上的相距甚远而意兴阑珊。”[①] 那么具体在山西地方史教学中，我感到突破单一的讲授法，带领学生亲临山西地区的历史遗迹、文物场馆，把课堂讲授与实地考察、现场教学结合起来，会有助于提升教学效果。近年来，历史学专业探索走向田野的教学实践和科学研究已有许多成果。[②] 人们常言：“地下文物看陕西，地上文物则看山西。”在众多的艺术门类中，山西古建筑以及依托古建筑而留存的壁画、雕塑和石窟艺术，古城和民居建筑艺术，成就突出，特色鲜明。山西被称为是古代东方艺术的“博物馆”。这些内容丰富的历史文化遗存，以及各级各类的博物馆，为我们走出课堂进行实地考察和现场教学提供了充足的条件。远的不说，单是太原的晋祠和山西省博物馆就可以开辟为两个非常有意义的历史文化教学课堂。我们带领学生亲临晋祠，通过细致地解读留存在那里的碑刻，观察和品味依然耸立的古建筑及其壁画艺术，远远比我们在课堂上的单一讲授要丰富得多。历史既是在时间内也是在一定空间内发生的，学生在特定的空间中重温历史，使一些课本上的内容更为直观、形象和鲜活，使凝固的历史再现鲜活魅力。此外，学生通过在特定的空间中细致反复地捉摸与体验，能在某种程度上获得对历史的感悟，而这种敏锐的感觉是在课堂和图书馆中无法体验的。因此，我认为实地考察和现场教学应该成为地方史课程一个生动有趣的教学方法。

---

① 温春来、黄国信主编：《历史学田野实践教学的理论、方法与案例》，广西师范大学出版社 2017 年版，第 78 页。

② 关于田野方法在历史研究中的运用与实践的重要论述，可参见陈春声：《走向历史现场》，《历史・田野丛书》总序，赵世瑜：《小历史与大历史：区域社会史的理念、方法与实践》，生活・读书・新知三联书店 2006 年版，第Ⅰ～Ⅶ页；温春来、黄国信主编：《历史学田野实践教学的理论、方法与案例》，广西师范大学出版社 2017 年版；赵世瑜：《在空间中理解时间：从区域社会史到历史人类学》，北京大学出版社 2017 年版，第 531～568 页。

三、由爱乡而爱国:地方史的"课程思政"功能

在大学里,"两课"(马克思主义理论课和思想品德课)教师承担着大学生思想政治教育的重任,也有副书记和辅导员专门来做学生的思想建设工作。那作为专业课教师是否还需要在学生的思想建设方面做一点工作?从哪个角度、怎么来做这个工作?

地方史教育从其诞生之始,就承载着爱国主义教育的社会功能。自晚清民国颁布的壬寅学制把乡土教育正式纳入国家学制以后[①],尽管时事变迁,乡土教育一直作为爱国主义教育的基本内容而延续下来。对于爱乡与爱国二者之间的关系,苏联教育家加里宁说:关于爱国主义的教育,是从深入认识自己的家乡开始的。爱国必须先爱自己的家乡,爱家乡先从了解家乡做起。此话可谓一语道破天机。因为乡土教育之所以能够激发学生的爱国主义,其妙处在于让学生通过自己的家乡这个窗口来了解自己的祖国、热爱自己的祖国,富有真实感、亲切感、依恋感,而且感染力又强。正是基于这样的认识,我在教学实践中,把培养学生的爱乡与爱国之情作为一条主线始终贯穿其中,并收到了很好的效果。[②]

一般而言,传统的中国通史基本还是帝王将相史,学生在通史课上能够了解到国家史中的"秦皇汉武""唐宗宋祖",但是很难了解自己的祖先的经历,了解自己出生的村落、社区的历史变迁。最终在事实上学生只是掌握了一些"历史符号",而没有真正触摸到历史的脉搏,没有汲取到真正的历史营养。随着历史认识的深化,这种只重视帝王将相的"自上而下"的历史研究正在被一股"自下而上"的新史学所取代,那么在历史教学中,我们同样也应该尽可能地将本学科最新的研究方法和思路带入课堂。[③] 这将有利于帮助学生树立正确的历史观和人生观,对提高大学生文化素质教育又有着独特的作用。换言之,在历史教学中,如何能把地方史教育贯穿在教学实践中,进而在方法论上培养学生独立思考历史问题的能力和树立正确的历史观,不仅是我们每个史学工作者的职责,更是一种至高无上的追求。

一个民族、一个国家的核心价值观必须同这个民族、这个国家的历史文化相契合。

---

① 参见郭双林:《西潮激荡下的晚清地理学》,北京大学出版社2000年版,第181～194页。

② 一位学生在学期论文中写道:"通过学习这门课,我真的受益匪浅。作为一个山西人,我更感到自己肩负责任的重大。我一定努力为自己的家乡多作贡献,让我可爱的家乡走出中国,走向世界!"另一位学生说:"从老师讲的'夏商周断代工程'到太原的历史,不止一次地在我心里荡起层层涟漪,很多很多时候它带给我的是一种希望,一种振奋,叫我觉得原来我们的历史如此丰富。"

③ 研究性理念融入本科教学的启发来自赵世瑜、葛兆光、陈春声、任世江等学者对目前本科历史学教材乃至教学的反思,他们均有自己独到的见解。参见赵世瑜、杜正贞:《追求不断创新之路——赵世瑜教授访谈录》,《历史教学》2005年第1期;陈春声、谢湜:《以史学为业,求内在超越——访陈春声教授》,《历史教学问题》2015年第1期;葛兆光:《新思想史研究、历史教科书编纂及其他——葛兆光教授访谈录》,《历史教学》2005年第2期。

一个民族、一个国家,必须知道自己是谁,是从哪里来的,要到哪里去,想明白了、想对了,就要坚定不移朝着目标前进。正确的历史观,是学生树立正确人生观、价值观和世界观的基础。历史是一个民族安身立命的基础,任何一个民族和国家都有自己割不断的历史,都有自己千百年来所形成的共同记忆。"人事有代谢,往来成古今",鉴古方能知今,继往方能开来。习近平总书记说:"一个民族、一个国家,必须知道自己是谁,是从哪里来的,要到哪里去。了解今天的中国,要从了解她的昨天开始。只有通过学习历史,把古与今贯通起来,才能真正弄清中华民族从哪里来,将往哪里去,增强民族自信和文化自信,满怀信心地去把握今天,开创明天。"①

我们要充分发挥历史学专业教学在课程思政中的作用,深挖历史课程中思政育人的内涵和元素。历史知识的传授中,天然地蕴含着价值观的引导。"对历史文化特别是先人传承下来的价值理念和道德规范,要坚持古为今用、推陈出新,有鉴别地加以对待,有扬弃地予以继承,努力用中华民族创造的一切精神财富来以文化人、以文育人。"②"新文科"的建设,对具体历史知识的传授没有降低标准,而是在此基础上,进一步注重挖掘具体历史知识背后的价值观的引领作用。这是历史教学在育人中的战略性任务。

培养什么样的人?为谁培养人?这是教育和人才培养中首先要解决的根本性问题。在价值观教育与知识教育的关系中,专业知识传授是价值观教育的载体,价值观引领着具体的知识传授。在实际教学中, 方面,单靠思政课教学无法实现价值引导的全部目标,没有专业知识支撑的价值观教育,将成为无本之木和无源之水。另一方面,知识传授不能局限于具体学科"器"的范围之内,应该追求"道"的层面上价值观养成的重要意义。③"龚自珍言曰:"出乎史,入乎道。欲知大道,必先为史。"意思是说,要掌握"大道",必须先研究蕴含着"大道"的历史。"新文科"背景下的历史学学科建设和教学,必须充分认识到历史学在育人中的重要作用,必须处理好历史学知识传授与价值观引领的关系。历史知识是人的整体知识结构中的重要组成部分。历史教育承担着传授历史知识的重要任务,另一方面,历史教育不能停留在具体历史知识的传授上,而是要聚焦于学生正确历史观和价值观的培养上。④

要之,新文科背景下的史学工作者,要有"立时代之潮头,通古今之变化,发思想之先声"⑤的追求。我们不是史料的"搬用工"和史实的"复述者",而应担负起阐释历史发展规

① 习近平:《在北京大学师生座谈会上的讲话》,《人民日报》2018 年 5 月 3 日。

② 《把培育和弘扬社会主义核心价值观作为凝魂聚气强基固本的基础工程》,《人民日报》2014 年 2 月 26 日。

③ 参见何玉红:《新文科背景下如何讲好中国"历史故事"》,《西北师大学报》2019 年第 5 期。

④ 参见何玉红:《新文科背景下如何讲好中国"历史故事"》,《西北师大学报》2019 年第 5 期。

⑤ 《总结历史经验揭示历史规律把握历史趋势,加快构建中国特色历史学学科体系话语体系》,《人民日报》2019 年 1 月 4 日。

律的重任，成为史学话语体系的"构建者"，以此实现新时代历史学的创新。

"新文科"建设是建设高等教育强国创造性探索的重要内容之一，面对"新文科"的要求和挑战，历史学要积极应对，走出一条守正创新之路，就要在坚守传统治史"家法"的基础上，发挥好历史知识传授中价值引领的重要作用，注重在关注现实和回答时代问题中研究过去，努力追求讲清历史规律与中国特色历史学话语体系的构建，并且保持开放的态度，积极与其他学科相互融合，利用好现代信息技术手段。

（乔新华，山西大学历史文化学院教授）

“课程思政”视域下“民俗学”教学模式与评估机制研究*

任雅萱

为进一步深化本科教育教学改革，完善本科人才培养体系和提高人才培养质量，2016年山东大学出台了《本科人才培养专项改革方案》，进一步明确了本科人才培养定位和目标，提出了转变人才培养理念、创新人才培养模式、完善教学管理体系、健全教育质量评价等主要任务和目标，致力于培养中国最优秀的本科生。在党的十九大提出“建设教育强国是中华民族伟大复兴的基础工程”之后，山东大学又出台《关于提升人才培养能力 办好一流本科教育的意见》，提出面对新时代、新形势、新要求，以立德树人为根本任务，切实转变思想观念，夯实学校人才培养中心地位和本科教育基础地位，持续推动教育教学重点领域、关键环节改革，办好一流本科教育。在这份意见中，山东大学着重提出加强学生德育教育、思政教育建设、文化育人特色等举措，并且结合课堂教学水平、教学改革等，实现一流本科专业的建设。

与此同时，为深入贯彻落实习近平总书记在学校思想政治理论课教师座谈会上的重要讲话精神，2019年8月，中共中央办公厅、国务院办公厅印发了《关于深化新时代学校思想政治理论课改革创新的若干意见》。在该意见中，进一步提出了思政课是落实立德树人根本任务的关键课程，这无疑再次强调了思想政治教育工作对于学生成长发展的重要性。“民俗学”现作为一门面向历史文化学院文化产业管理专业大三本科生的专业选修课程，因其学科特点、文化特点等优势，有利于运用将学科知识与中国传统文化相结合的方式开展课堂改革，并且探索“民俗＋思政”的创新教学模式，以此达到落实上述“方案”和“意见”的目的，从而实现思政育人与文化育人并举。

---

* 本文系山东大学2020年校级教育教学改革研究一般项目“吾爱吾乡：‘民俗学’翻转课堂教学模式探索研究”(2020Y135)阶段性成果之一。

一、“民俗学”创新教学模式研究与探索

信息技术的不断发展，推进了教学形式、技术的创新，使之可以更好地实现教与学的互动，进而推动了教育改革的进程。2011年，萨尔曼·可汗(Salman Khan)将一种全新的教学模式“翻转课堂”(the Flipped Classroom)介绍给世界广大的教育工作者。目前，已经有越来越多的学校将翻转课堂引入教学实践，并由此探索从“教师为中心”到“学生为中心”的新的教学模式。翻转课堂通常是指在学习过程中将知识传授和知识内化两个阶段进行颠倒，课前学生通过观看教学视频完成知识的传授，课堂上学生通过各种教学形式，例如小组讨论、作业、教师单独辅导等，完成知识内化的教学模式。① 在翻转式教学中，教师从知识的传授者转变为学习的指导者和促进者；教学视频承担起知识传授的责任，因此其质量对知识传授的效果有着重要影响。尤其在当下新冠疫情爆发以来，新媒体更是普遍被运用到教学活动中，这更加促使我们重新思考如何开展“翻转课堂”以达到更好的教学效果。

目前，中国高校正在积极推进教学改革，其中很大一部分就是从课程资源、课堂教学水平等方面进行探索。“翻转课堂”作为一种新的教学模式，正在被高校引入课堂改革中，并且从中进一步探讨如何实现学生的自主、参与式学习。搜索中国知网后，以“翻转课堂”为主题的文章有27630篇，以“翻转课堂教学模式”为主题的文章有7536篇。文章数量增长在2012年至2014年呈现平缓趋势之后(500篇)，在2014年后逐年大幅增加。国内关于“翻转课堂”教学模式的研究，存在从宏观探索其教学模式、教学设计、关键因素等方面，向近年来关注“互联网＋”“课程思政”以及具体课程实践等研究的发展趋势，更加注重科技、思政与实践相结合。② 与我国相比，国外对翻转课堂的研究则具有重视实证、研究主题具体、聚焦教学实效以及重点在大学教育等特点，并且形成了慕课(MOOCS)、小规模在线课程(SPOC)、高等教育的翻转课程理论和教学方法创新等研究群体。③

---

① 参见张金磊等:《翻转课堂教学模式研究》,《远程教育杂志》2012年第4期。Fulton, Kathleen, "Upside Down and Inside Out: Flip Your Class-room to Improve Student Learning," *Learning & Leading with Technology*, 2012(6): pp.12-17. Aaron Sams. & Jonathan Bergmann, "Flip Your Students' Learning," *Educational Leadership*, 2013(3): pp.16-20.

② 参见张金磊:《“翻转课堂”教学模式的关键因素探析》,《中国远程教育》2013年第10期；赵兴龙:《翻转课堂中知识内化过程及教学模式设计》,《现代远程教育研究》2014年第2期；王春丽:《“互联网＋”背景下翻转课堂教学模式探讨》,《中外企业家》2019年第34期；崔啸华:《翻转课堂视角下高校思政课教学改革途径探索》,《智库时代》2019年第49期。

③ 参见袁子涵、李玉斌:《国外翻转课堂研究的热点、主题和发展趋势——基于Web of Science文献计量分析》,《软件》2019年第8期。

虽然国内外已有诸多关于"翻转课堂"的研究成果,但仍存在分散、不够系统研究等问题。要使翻转课堂这种新型教学模式更好地运用到实践中,还需要从事一线教学的教师不断探索与总结,在持续的教学实践中完善翻转课堂教学的各个环节,并能为更多教学者提供指导,进而实现促进以学习者为中心的学习。除此之外,笔者认为应该有更多的课程参与到"翻转课堂"的教学实践与研究中来。虽然自2012年之后关于翻转课堂的研究有逐年递增的趋势,但主要的教学实践领域或专业大多集中在教育理论与教育管理、计算机软件及计算机应用、外国语言文学及高等教育等学科,而类似历史学、哲学、法学学科则较少涉及这种新的教学模式的尝试。这就为其他学科的实践提供了广阔的发展空间。

本文所论述的"民俗学"课程即在此背景下展开,尝试探索以"民俗学"为平台进行翻转课堂教学模式研究。纵观民俗学学科的发展和建设,其教学活动是与其学科的发展历程紧密相连。民俗学学科建设的典范是美国,美国民俗学者有很强的学科建设意识,并且逐渐将民俗学制度化,形成了学会和大学两大主要形式。美国民俗学会于1888年成立;1949年,印第安纳大学开始授予民俗学学位。在此期间,仍有一些大学在不同程度地进行民俗学的教学活动,比如很多反映巴塞特和芝加哥民俗学会所倡导的文学方向,以歌谣研究为主,这些课程大多设置在文学学科之下。[①] 而另一个主要的研究和教学方向与人类学有关,被设置在人类学学科之下。直至今日,西方的民俗学学科教学仍以文学和人类学两个方向为主。

与美国相比,日本民俗学教学则更注重"乡土性"。日本民俗学研究重视理论研究与实际调查相结合,民俗学资料与文献资料并重,并且擅长与邻近学科协作,尤其在现代化、城市化发展的今天,从都市民俗学、现代民俗学等方向去反思民俗学以及对乡土传统的研究路径。在此基础上,日本民俗学教学也呈现个人风格突出、关注前沿问题、跨学科方法的特点。1933年,日本民俗学的关键人物柳田国男先生在自家召集门下底子举办"民间传承论"的讲座,而随后的民俗学教育基本都是在柳田先生家中进行。1958年,民俗学的专业教育开始进入大学,学院派民俗学成立。[②] 此时在两所大学中开设了民俗学专业,其一是国立的东京教育大学,另一所是私立成城大学。进入20世纪之后,民俗学教学范围有所扩大,出现了在野的民俗学和学院派民俗学两个阶段。2019年4月,世界民俗学研究中心在日本关西学院大学成立,其宗旨是在全球化背景下以跨学科等方式拓展民俗学研究的新领域。

在中国,虽然从学科角度来说,民俗学自1918年北京大学《歌谣》周刊就已开始,但

① 参见 Dan Ben-Amos, "History of Folklore Studies-Why do We Need It?" *Journal of the Folklore Institute*, 1973(10): pp.113-124.

② 参见[日]福田亚细男、彭伟文:《日本民俗学的至今为止和从今以后》,《民俗研究》2015年第3期。

作为一门学科进入大学教育，则是从1979年开始的。在此之前，钟敬文先生在辅仁大学、北京师范大学、北京大学开设民间文学的课程，但还设有民俗学这门学科。1979年，顾颉刚、白寿彝、容肇祖、杨坤、杨成志、罗致平和钟敬文联合发起《建立民俗学及有关研究机构的倡议书》，至此民俗学进入了大学教育。钟先生又于1998年在中国民俗学会第四次全国代表大会上发表了题为《建立中国民俗学派》的报告，提出建立民俗学的结构体系。他在"今后亟待进行的几项工作"中，着重强调要大力推进各种层次的民俗学教学活动。他认为，民俗学不仅是一个科学的对象，也是一种教育的事业，不仅要在大学里设置民俗学相关课程，而且应该在更大范围内，扩展到一般的社会成员甚至中小学生中去，因为通过对民俗学的学习，可以对学生进行民族民俗文化教育，增强爱国情感。可见，此时钟敬文先生已经意识到民俗学学科对于大中小学教育的重要性，不仅在于学科，更在于"立德树人"。同年，钟敬文编撰了《民俗学概论》《民间文学概论》等著作，这些著作成为了民俗学教学中的经典教材。

进入20世纪之后，中国的一些高校开设了民俗学专业的硕士点、博士点，但遗憾的是，目前并没有民俗学本科学位点，而硕士、博士学位点一般也设立在文学、社会学、人类学、民族学等学科之下。在民俗学教学研究方面，自2012年出现明显上升之后，从2014年至今则较为平稳。研究方向也出现了从讨论民俗学学科的设置到如今拓展民俗学教学的田野范式、教学方法等的转变。[①] 由于民俗学学科的特点，不少大学中均设置了田野教学的环节，增加民俗学的实践性，这是值得肯定的。但是，随着科技的发展，许多民俗事象本身正在发生变化，比如近年来兴起的微信、微博、短视频等，例如神话、传说、故事、人生仪礼、岁时节日等民俗事象开始依托这样的新媒介进行传播。在此背景下，若高校中的民俗学教学模式还是墨守成规，则很难跟上民俗变迁的步伐，也不易于同学们接受。因此，鉴于民俗学学科的自身特点，其非常有利于开展新型教学模式的尝试。

针对以往在民俗学教学活动中存在的学生课堂讨论不充分的问题，本课程在教学模式上吸收"翻转课堂"教学模式的优势，尝试采用线上课程与线下课程相结合的方式，将课堂时间还给同学，以此实现有效、充分的课堂讨论和展示。

二、融入"课程思政"的教学案例与实践方案

在国家大力推行课程思政建设的今天，笔者认为应在努力发掘思政元素的基础上进一步实现以学科教学带动"立德树人"的目标，这是创新教学模式的核心和重点。钟敬文早在《建立中国民俗学派》中就已经强调了思政与民俗学学科结合的重要，他认为创造新

① 参见万建中：《创立和实践民俗学教学的田野范式——以赣南师范大学民俗学学科点为例》，《赣南师范大学学报》2017年第4期。

文化是不能离开本民族的民俗文化传统的，而且我们作为文明大国的后代，有义务、有责任去了解、传承和弘扬先民的优秀文化创造，让它起到塑造国民健康心灵的作用，并且为建设社会主义的精神文明服务。[①] 因此，在现有的民俗学教学中，应该适当加入并且总结课程思政的元素、教学方法等，做到“立德树人”的根本目标。

民俗是指一个国家或民族中广大民众所创造、享用和传承的生活文化，其中包括了大量的中华民族优秀传统文化。而民俗学，正是研究民间风俗习惯的一门学科。本课程利用民俗文化的乡土性、日常性、传承性等特点，将日常生活中的民俗现象、乡土情感与中华民族优秀传统文化相结合，充分挖掘其中的课程思政元素，在向学生讲授民俗学基本概念和知识的同时，使学生通过参与、实践和自我主动的思考，力图让学生在潜移默化和感同身受中了解民俗文化，反思如何将文化产业管理专业与中国传统文化相结合，坚定文化自信，通过文化产业推动中国优秀传统文化的传播、保护、传承和发展，从而使学生具备家国情怀以及正确的文化观念等人文素养。本课程拟通过五大专题，以 17 个问题为主导的形式展开。五大专题分别为：民俗学的理论与方法、口头传统、文献传统与民俗观念、全球化背景下的物质生活民俗以及社会组织民俗与乡土传统。以此解决的问题包括“什么是民俗学”“我们应该如何看待‘传统’”“如何进行田野作业”“故事有类型吗”“乡村为何需要文字”等等。

笔者通过对课程思政教学案例和实践方案的探讨，现已对 17 周课程内容进行课程思政元素挖掘，并制定了“民俗学”课程思政教学实施方案。其中，尽量选择既能结合学生的日常生活和乡土情感，又可以反映深层爱国情怀思考的教学案例。整个教学案例实施步骤分为六部分依次展开：导言、学习目标、前测、参与式学习、后测和总结。其中导言部分主要通过热点问题、身边事例、文化故事等，引出本节课所讲内容，目的在于让学生在事例中思考其背后的民俗文化逻辑。比如，在课程第六讲“神话、传说与民间故事”中，本节课作为“民间口头传承”的第一讲，首先通过文化热点事件 2019 年《哪吒之魔童降世》入选奥斯卡最佳动画片初选引出本节课的问题：“你是如何理解神话传说被改编成动画片现象的?”

第二部分“学习目标”则是在课堂伊始向学生解释为何要进行本节课的学习，以及对学生提出本课的学习目标。第三部分前测，是了解学生在学习本节课前已经掌握了哪些相关知识。在前测学习中，力求从学生身边事例引出，并通过课堂分享、作答等方式进行。

第四部分为参与式学习，该部分是将课程思政融入专业知识的关键环节，以学生主动参与学习为主，教师讲授为辅，主要以学生阅读文本、观看影片等方式，通过教师设计的问题引导其主动思考。此处教师所选择的案例，不仅要符合专业知识，而且反映课程

① 参见钟敬文：《建立中国民俗学派》，黑龙江教育出版社 1999 年版，第 66～67 页。

思政元素。比如，在本课程第十五节"岁时节日与当代遗产保护"中，通过播放 8 分钟央视春节系列公益短片《回家》，引发学生课堂讨论"如何理解传统节日与中国人的时间观念"等问题。第五部分与第六部分为后测与总结，此时课程进入尾声。在此阶段，教师对之前学习内容进行总结，并提出课下思考问题和课后练习。前测和后测阶级所使用的"课堂练习纸"见图 2-1。

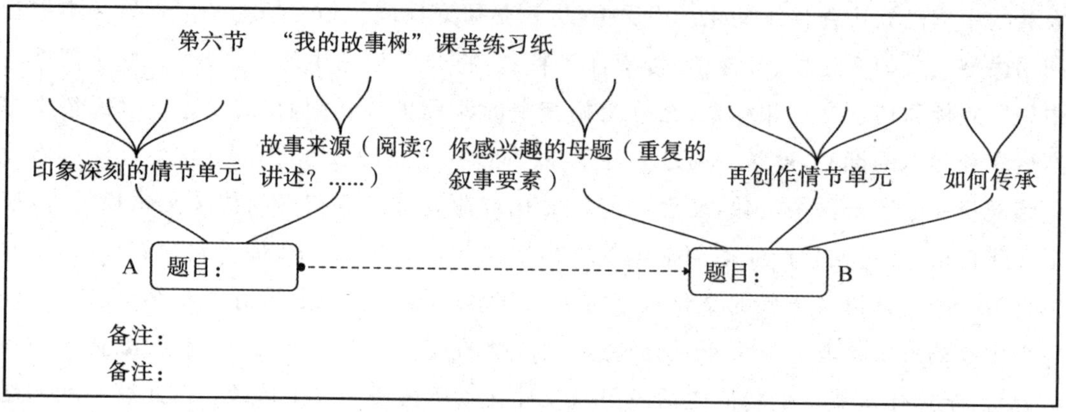

图 2-1 教学设计之前测和后测使用的课堂练习纸

笔者在将课程思政元素融入"民俗学"教学实践过程中，逐渐制定了一套有效的"民俗+思政"的授课模式，并力图在每一课中有所体现。这一模式通过明确教学目标、设计课程思政案例、灵活授课方式以及完善教学反馈和评估等方面具体进行。第一，明确本课程的教学目标为知识、能力和素养。学生可以在学习专业知识的基础上，潜移默化地吸收课程思政要素。第二，完善"民俗学"课程思政教学活动，即设计生动的课程思政案例以及提供灵活授课、以学生为主的课堂教学模式。第三，完善教学反馈和评估机制。对学生发展的评价往往和对课程思政本身的评价一致，评价首先要注重定性评价而不是定量评价，此处可以运用反馈问题的方式让学生表达对课程思政要素的理解。具体可见图 2-2。

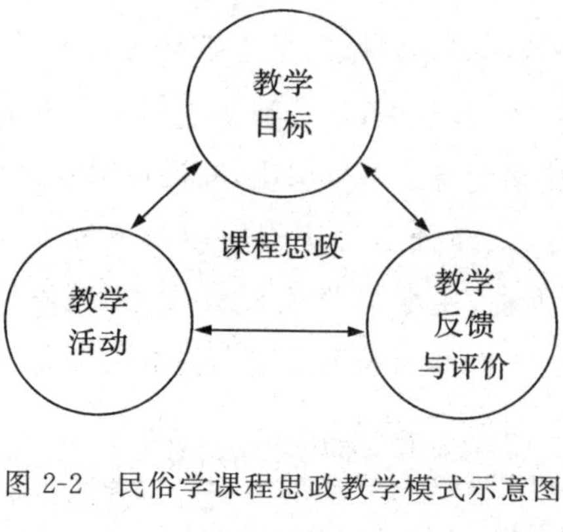

图 2-2 民俗学课程思政教学模式示意图

三、"民俗+思政"教学评估机制探索与反思

本着"以学生为中心"的目的，建立学生对课程思政教学模式的反馈和评价机制。制定课程反馈信息表，以及通过设计课堂问题或课程论文检验学生对课程思政要素的理解，增加学生的主体参与，在具体的实践和思考中，感受课程思政内容。

"民俗学"课程通过课堂讨论、分组报告、问题汇总课下交流、学生对教师的课堂评价等形式，实现对教学效果的评估、评价。首先，课堂讨论要及时了解学生的关注点和知识结构，在此基础上对他们的兴趣点或者存在的知识理解偏差进行准确把握，在接下来的讲解中有的放矢，适时地引导学生形成对专业知识和思政教学的理解。其次，分组讨论与小组报告时，学生会较系统地整理并表达出自己的观点，在学生回答问题后，教师要及时作出点评和引导。再次，有效利用课下时间，进行问题汇总课下交流。从本人的授课经验来看，学生在认真阅读课后参考书目及思考课后问题后，会产生对此问题以及其他相关问题的理解，但也会随之产生诸多疑问，此时课下交流解答就显得非常重要。由班长负责在课后收集学生的问题，任课教师利用课余时间或课间解答分别解答。这也是将课程思政元素持续不断注入学生学习过程的关键。最后，学生对教师的课堂评价可以为教师的授课内容、形式等提供重要启发和反馈，也是进一步改善课程内容的重要途径。在此基础上，教师对学生的反馈进行反思，并提出课程改进计划。

笔者在教学过程中，注重搜集学生对课程专业知识和课程思政元素的评估与反馈。现主要以课程第六讲"神话、传说与民间故事"的课堂练习"我的故事树"文本为例进行分析。笔者在第六讲设置了课堂思考问题："在你从小到大的生活经历中，令你印象最深的一个'故事'是什么？"学生在课堂分享、讨论之后，课上填写"我的故事树"A 部分内容（见表 3-1），课下结合自身经验完成"我的故事树"B 部分，并由教师将练习纸放入整门课程的学习档案袋中。使学生将自己印象最深的故事改编成可以在今天传播的内容，并思考如何运用新媒体进行传承和保护。在 2019 年的授课中，共有 19 名学生参与课程，其中收回"我的故事树"课堂练习纸 18 份。在 18 份课堂练习纸中，同学们撰写了印象深刻的故事、故事来源等，并且在此基础上进行了当代故事改编、再创作和传承途径的思考，下表为学生课堂练习纸内容汇总：

表 3-1 "我的故事树"课堂练习文本反馈一览表

故事名称	故事来源	改编的故事名称	传承途径
高阳公主与辩机的"自由"爱情	民间传说、《资治通鉴》、《新唐书》	高阳公主是否被史书"冤枉"了	太宗爱女的形象、树立向往自由的形象

续表

故事名称	故事来源	改编的故事名称	传承途径
巾帼战袍	百度、《新唐书》	红装梦战场	文化旅游融合、中国的公主传说、新时代突出女权意识
虎姑婆的故事	讲述、歌谣	虎姑婆的睡前故事	改编制作动画电影等文化产品,引起具有共同记忆的消费者的共鸣
仙女与国王(藏族)	阅读	仙女	拍成沉浸式话剧,做成旅游项目,宣传民族团结、亲情和爱情
蛇的报复	老人讲述	又捕蛇者说	制作绘本、拍摄成动画片
庄稼汉巧作教书匠戏弄地主	爷爷讲述	胜恶	影视化、产业化
路过(藏族)	奶奶讲述	重逢	传给下一代人听,写下来做一个故事集
狼母亲	祖母讲述	母子智除恶狼	口述、收录入故事集
葫芦娃	动画片、故事书	葫芦起源	动画、漫画
僧人和突然出现的女人	听人讲述、《聊斋志异》中读到	鬼差的故事	拍成网剧及网络大电影; 撰写小说,一定要在文艺作品的创作中融入相关民间传说和民间习俗
夸父追日	《哪吒传奇》动画	夸父追日	在现代语境下影视开发,保持原有核心精神
兴夫和孬夫(韩国)	读书	鹿的恩德	书和故事
肿瘤老人与鬼怪(韩国)	阅读	奖金	讲述
魔笛	无	魔笛	改编成微电影
嫦娥奔月	童话书、课本、妈妈讲述	嫦娥奔月	动画影视、小说绘本
扰卜达布(藏族)	口头讲述	王子重生记	收入西藏民间故事书中,保护讲述人,记录文字形式,改编成动画片

从上表汇总信息可知,学生们印象深刻的故事大多来自长辈讲述、阅读,内容包括神话、传说和民间故事,除中国汉族之外,还有来自中国藏族以及韩国的故事内容。而在对故事进行改编的思考中,绝大多数学生将原有故事名称进行了重新创作,比如"巾帼战

袍”改为“红装梦战场”，“狼母亲”改为“母子智除恶狼”，“抗卜达布”改为“王子重生记”，等等。改后的名称显然更符合现代社会的理解和传播。除此之外，在传播途径中，大部分同学提到将神话、传说和民间故事改编成动漫、小说、绘本等方式，这体现了他们对传统民间文学文本再传播的思考。在上述课堂练习中，笔者通过让同学们撰写和改编故事的方式，加深他们对民间文学及其精神内涵的理解，并且结合同学们文化产业管理专业背景，进一步反思如何对中华传统优秀文化进行当代传承的问题。

综上，“民俗学”课程主要围绕课程思政进行教学案例与实践方案的制定，在吸收“翻转课堂”方法的基础上，探索“民俗＋思政”的创新教学模式以及建立学生对课程思政教学模式的反馈机制。在“民俗学”课程中融入适当的课程思政元素，并通过元素的使用与创新，把课堂还给学生，使学生在自主讨论、阅读和学习的过程中，真正将日常生活中对家庭、乡土的情怀，转化为对国家和民族优秀传统文化的热爱之情，在此基础上保护、传承和创新中国的优秀传统文化。

文化建设是中国特色社会主义建设中的重要组成部分，文化发展战略也是我国现代化发展战略中不可或缺的内容。文化建设和文化发展离不开符合中国特色社会主义建设的文化人才。在党和国家多次明确提出“提高国家文化软实力”“扎实推进社会主义文化强国建设”等政策方针的同时，如何将高校立德树人与树立文化自信、建设文化强国等相结合，并在实际的课堂教学以及学生今后的自我职业发展中得以体现，是作为人文社会科学类专业选修课需要思考和重视的问题。民俗文化是国家和民族文化不可或缺的一部分，它凝聚着我国不同民族、不同地域民众的传统知识与智慧。因此，“民俗学”课程思政的核心，在于激励学生以主人翁身份共同书写中国文化故事，这不仅有利于我们重新认识民俗文化的价值，在国家文化战略与国际话语中掌握主动权，更有助于借传统文化根基实现国家认同与民族认同。

（任雅萱，山东大学儒学高等研究院教授）

新妇女史/性别史背景下“中国妇女史专题”的课程设计*

曲宁宁

在传统的历史书写中，妇女作为名副其实的“沉默群体”，一直处于失语和缺席的状态。通过男权中心的研究视角，在政治、经济、文化、科学、艺术乃至战争等人类活动的重要领域中都难以瞥见女性身影。即便史书中出现了零星的女性形象，也大多是出于和男性活动相关联的补白内容或彼时之政治需要，女性角色和地位遭到了严重的压抑、忽略和贬损。

20 世纪初始，随着“新史学”的勃兴，西方史学界逐渐开始了“自下而上”的史观革新，试图改变传统研究只重男性和精英的理念。这期间，女性主义者结合西方女权运动的最新思潮，倡导重构“她”史，以求改变历史撰写中的单性格局。

妇女史研究的繁盛带动了女性学作为一个学科的出现和蓬勃发展，而高等院校的学者则成为推动女性学在本土发展的主体。自 20 世纪 70 年代开始，由美国大学率先拟定了最早女性学教学大纲，并相继建立了研究所，开设了相关的学术讲座，而包括学士、硕士和博士学位的女性学课程体系亦臻于完备，涉及专业从最初的历史学、文学扩展到了人类学、社会学、心理学、法学和政治学等诸多学科。在亚洲，韩国和日本也较早开设了女性学课程，著名的梨花女子大学和奈良女子大学培养了大批女性学专家。

女性学课程直到 20 世纪 80 年代中后期才跨入中国高等院校课堂。北京大学于 1990 年成立了“中外妇女研究中心”，1998 年设立了女性学硕士点；天津师范大学妇女研究中心（现更名为性别与社会发展研究中心）是国内首家跨学科规模建制的专业化妇女、性别研究和教育机构，开设了“社会性别与妇女发展”“妇女与社会性别研究”等课程。迄

* 本文系山东大学 2019 年校级教育教学改革研究一般项目“无声之声：性别视域下的中国妇女史（2019Y040）”阶段性成果之一。

今为止，中国大陆已有100多所高等院校成立了妇女研究中心或开设了女性学课程，还有一些学校招收了女性学跨学科硕士、博士研究生。2006年，教育部把女性学正式列入本科专业，并于当年开始在中华女子学院女性学系招收我国首届本科生。

作为中国“双一流”建设的重点大学，山东大学迄今没有设立相关的女性学专业，甚至没有相对完善的女性学课程。笔者自2015年开始在全校范围内开设了“性别与身体：近代中国妇女史专题”通识选修课，对从性别视角讲授近代妇女史进行了初步尝试。2019年，笔者获中山东大学教育教学综合改革研究项目“无声之声：性别视域下的中国妇女史”，拟综合国内外妇女史研究的最新成果和慕课、翻转课堂等新型授课模式，在新妇女史/性别史的研究背景下，从哲学、历史学、社会学、文学、宗教学等多角度探讨中国妇女史的各个侧面，本文即是对这一教学项目的课程设定进行的架构分析与反思总结。

一、从“列女传”到新妇女史/性别史：中国妇女史研究历程概述

有关中国妇女史的发展历程以及阶段变化的特征，不少学者皆有过系统的梳理和论述。[①] 从某种意义而言，妇女史的缘起在于对女性群体的关注（亦或管理?），以“列女传”为主要形式，旨在通过对分类女性的推介达到为社会树立女德模范之目的，从而辑成了最早的女史题材。[②] 高世瑜老师将成书于民国初年由徐天啸所著的《神州女子新史》[③]作为以新思想书写的“中国第一部妇女史”，其著者深感史书中女性阙如，加之清末女子问题已在国族危机之下为士大夫所关注，故而希望通过发掘史料、著书女史以提振女界、发扬女权，使其成为一种新型的性别观念。[④]

社会变革及妇女运动的发展带动了女史的勃兴。随着国人对西潮接纳维新，解放成为反封建的重要议题之一。从20世纪二三十年代开始，妇女史的关注重点在于通过对历史中女性苦难的梳理，将中国妇女刻画为深受男权压迫的苦难群体，并以此号召在反封建的前提下打破父权、夫权的统摄，赋女界以新的道德，号召女子激流勇进、不做他人

---

① 有关著述如杜芳琴：《中国妇女史：从研究走向学科化百年回顾与评述》，《山西师大学报》（社会科学版）2002年第3期；杜芳琴：《三十年回眸：妇女/性别史研究和学科建设在中国大陆的发展》，《山西师大学报》（社会科学版）2008年第6期；杜芳琴：《中国妇女/性别史研究六十年述评：理论与方法》，《中华女子学院学报》2009年第5期；高世瑜：《从妇女史到妇女/性别史——新世纪妇女史学科的新发展》，《妇女研究论丛》2015年第3期；高世瑜：《中国妇女史研究百年回眸》，《山西师大学报》（社会科学版）2020年第4期。

② 如1909年问世的《中国女史》就是一部“列女传”性质的人物传记辑录，全书分21卷，以皇后、僭后、妃嫔、公主、命妇、女宗、女将、贤母、贤妻、孝女、贞女、义女、文女、艺女、侠女、妓女、匪女、悟女为主要类别，全书正史、稗史皆收，所收女子传记多达一千五百余人，虽摆脱不了封建伦理的圈囿，却也是首次专为女子作史，意义深远。参见（清）金炳麟、王以铨：《中国女史》，杭州中合公司1909年铅印本。

③ 徐天啸著，鲍家麟编：《神州女子新史》，（台北）稻香出版社1993年版。

④ 参见高世瑜：《中国妇女史研究百年回眸》，《山西师大学报》（社会科学版）2020年第4期。

玩物，成为合格的女子国民。极具代表性的著作便是陈东原先生1937年出版的《中国妇女生活史》，该书被誉为真正意义上的妇女史开山之作。其书史料丰富、主题多元，在近代的解放史观下以一种"五四"式的批判视角论述了从中国上古到民国时期的女性生活，揭示了中国在文化、制度、习俗等多方面对于女性的压制和不公，希望以此"指出来男尊女卑的观念是怎样的施演，女性之摧残是怎样的增甚，还压在现在女性之脊背上的是怎样的历史遇蜕"①。

新中国成立后至20世纪80年代，妇女史的著述更多用于政治领域，以为教育妇女提高觉悟之用，在学术领域几无进展。毛泽东的秘书田家英以其丰富的古史知识为基础，将连续发表在《新中国妇女》上的文章编写成《中国妇女生活史话》出版，以深入浅出的语言介绍了我国古代的妇女地位和生活状况，以供知识水平普遍不高的女性群体阅读。②

20世纪80年代，中国社会进入快速的大变革时期，许多纷繁复杂的妇女问题伴随改革开放和经济发展不断涌现。在这样的契机下，对妇女进行历史的研究和考察成为一种必然，妇女史迎来了真正学术意义上的发端和发展，而关于自彼时至今的研究分期以及特点和走向，学界有过不少争论，大概的分期有三段。③

(1)20世纪80年代中后期再度振兴的妇女研究借鉴了社会史的方法，对下层妇女的教育、婚姻、家庭、人口流动等进行考察研究，甚至一度特别关注所谓"妇女的领域"④。值得注意的是，这一阶段与学术研究同时兴起的还有妇女组织的相继成立以及80年代中后期各种有关妇女问题的学会、研究会的发起，学术界和社会组织呈现出通力合作、齐头并进的局势。此外，由于迫切地感到理论知识匮乏，西方各种流派的女性主义思想都被不断译介而来，其他女性学著作的翻译数量和妇女研究丛书也在不断增多。

(2)进入20世纪90年代，随着"社会性别"这一重要概念的引入，妇女史研究开始转换为女性立场。这十年间国内外的交流亦日益频繁，出版的论著和举办的学术会议、研讨班、读书会不胜枚举。尤其是1995年第四次世界妇女大会在北京召开，刺激了国内学者与外国学界的争鸣和交锋，将妇女史逐渐推向社会性别史。虽然革命史观主导下的研究成果仍有一席之地，一些研究的水平也良莠不齐，研究者亦以女性为主，但总体而言，妇女史逐渐由边缘进入主流，受到学界的普遍认可与重视，甚至有学者认为性别视域下的妇女史研究已经有了相对独立的理论架构和话语体系，正在慢慢发展成为一个学科。

---

① 陈东原：《中国妇女生活史》，商务印书馆2015年版，第17页。

② 参见田家英：《中国妇女生活史话》，中国妇女出版社1982年版。

③ 参见高小贤：《社会性别进中国——历史进路与理论反思》，《中共历史与理论研究》2020年第1期；高世瑜：《中国妇女史研究百年回眸》，《山西师大学报》(社会科学版)2020年第4期。

④ 林小芳：《妇女史对传统史学的启示》，《广西教育学院学报》2006年第2期。

(3)经过21世纪以来近二十年的发展,学界有关妇女史的专著、论文集、文章视角新颖、选题多样,可谓无所不包。不同朝代、地域、阶级、阶层的女性个体和群体都受到了学界的关注,且即便作为"添加史"和"补白史"的个案研究都有了严格意义的性别视角。随着更多尘封的史料被发掘,以及各个学科的交叉合作,许多以往从未涉足的领域都取得了可喜的进展。这一阶段的研究虽然脱胎于传统的实证研究,但非常注重跨学科、跨领域的实践,同时借鉴汲取人类学、民俗学、社会学、心理学等理论方法,妇女史可谓真正走向了"性别史"。此时的妇女史被称之为新妇女史/性别史,并作为一门新兴的学科得到了学界的普遍认可。在此格局下,不仅妇女史改变了研究对象为妇女的单性格局,亦有越来越多的男性研究者加入到研究队伍中。[①]

二、沟通历史与现实:新妇女史/性别史背景下"中国妇女史专题"的课程设计

新妇女史/性别史究竟是属于传统史学的添加领域或分支,还是已经发展为一种相对独立的,拥有全新方法、范畴或视角,可以重构历史的女性主义史学呢?对此问题,学界虽有争议,但在实际研究中却并未截然分立。新妇女史/性别史一方面逐渐摆脱了附属于精英历史的尴尬地位,在研究中立足于颠覆传统的困囿,打破了史学男权话语和实证主义之统摄。与此同时,有鉴于西方史学理论对中国研究的影响,很多研究者都强调本土研究应立足中国语境,认清中国性别结构与文化的各种面向,总结中国女性独特的性别经验。在引进西方视角的同时亦对西方理论保持清醒的距离和审慎的思考,避免绝对的"拿来主义",更要避免用现代价值判断裁剪妇女史。

基于以上梳理,本项目的研究和开展试图整合近年来新妇女史/性别史研究的前沿成果,希望不仅能够汲取西方女性主义思潮和妇女史学的理论精华,同时注重对中国传统史学的承继,立足丰富的传统文献与近年来涌现的非文字史料,着力探讨中国妇女不同时期、不同阶层的生活面貌,以新颖的视角去重新展现和阐释鲜活的中国妇女形象,重估中国女性群体的历史定位。

此外,作为教改项目,本课题在设计架构时充分考虑到日后教学实习的需要。着力于科研的同时亦注意解决学生日常有关性别问题的思维困惑,注重以史为鉴,关照当代日常生活中的性别话题,结合社会热点,引导学生分析中国社会的性别结构,思索两性不公现象的解决途径,推动校园良性、公平的性别观念的普及,避免舆情事件的发生。

① 参见王子今:《古史性别研究丛稿》,社会科学文献出版社2004年版。该书被认为是新时期第一部由男性史家撰述,以"性别"为题的古代史论著。

1.课程开设的目的和意义

正如焦杰老师所言："对女人乃至性和性别领域的漠视，不仅导致了史籍对女性历史贡献的缺载，也导致了女性的失语，更重要的是导致了人类文化对女性价值的轻视，导致了男性的集体无意识。妇女史的工作，就是要将被父权制文化所遮蔽的女人、性及性别的领域挖掘出来，为妇女正名。"①历史学科的意义，常常被描述为"以史为鉴"，故而"中国妇女史专题"课程的建设目标，不仅在于重构女性群体在历史长河中的主体地位，向学生呈现鲜为人知的女性生活轨迹以及建构对历史中两性地位的公正客观的评价模式，更在于对当今社会出现的妇女/性别问题有所借鉴，帮助学生树立两性平权观念，能够正确思索和解决发生在身边的性别问题。

从某种意义上说，这种对传统知识体系与评价模式的重构，目的在于推动改变社会大众的思考与行为准则，甚至可能影响国家、社会乃至国际事务的议题，故而类似课程的开设在当今社会兼具着学术性和政治性双重使命。

2.课程内容与教案的设计

"中国妇女史专题"是面向全校本科生所开设的通识选修课，课程不仅要在内容上开拓创新，更要解决理论方法、研究范畴和现实关注等问题。在进行教案设计时，以下问题可谓至关重要：

(1)如何引导学生厘清传统妇女史研究与新兴妇女/性别史研究之间的差异与继承？

(2)如何处理通史背景与专题的关联与解析？

(3)如何处理多重史料之间的区别与融合？

(4)如何将西方女性主义思想合理引入中国妇女史研究？

(5)如何在西方理论与本土处境之间的圆融？

(6)如何以史为鉴，关照现实性别问题的解决？

(7)如何促使学生建构正确的性别观念，合理解释与思索身边的性别议题和两性不公的现象，帮助学生树立平等科学的两性观？

鉴于以上目标和定位，在教案设计时，笔者没有直接进入历史专题的讲述，而是首先进行课程导论。导语从身边司空见惯的生活案例入手，引导学生理解周遭随处可见的性别不公，思索何为性别的刻板印象，并以此引出新妇女史研究中最重要的视角——社会性别(Gender)。在解析此概念的过程中，结合历史研究与当下的社会热点，探究中国社会的性别关系、性别结构以及女性的生存状态，对比不同地域、不同时代中的"性别文化"，继而引出妇女史研究的发展历程，揭示从性别视角解读历史、重构"Her Story"的重

① 焦杰：《发现与感知：和妇女史研究一起成长》，《中国妇女报》2016年11月15日。

要意义。

“中国妇女史专题”安排16次课、32课时。考虑到资料开掘的不易和研究主题的不均衡,故而这种长时段的“通史”课程,确定以专题形式呈现,在时段上兼顾古代、近代、现当代,内容涉及妇女与政治、经济、文化、教育、外交、宗教、艺术、战争等多面向,在架构上结合了历史学、哲学、文学、社会学、人类学、民俗学、心理学等多学科的研究成果,将其整合统摄,帮助学生多角度、多侧面了解相关主题。

教材方面,目前关于妇女史的通史课程还没有适用的、非常详尽完备的教材出现。相对比较整全的是杭州出版社2011年发行的多卷本《中国妇女通史》,这套500多万字的丛书将先秦、秦汉、魏晋南北朝、隋唐、宋、辽金西夏、元、明、清等朝代独立成书,资料详实、图例丰富,对从一个贯通的视野了解中国妇女的历史有着重要的补白意义。其他类似简明妇女史或断代妇女史的著作,如陈东原的《中国妇女生活史》、刘士圣的《中国古代妇女史》、马庚存的《中国近代妇女史》、邵雍的《中国近代妇女史》,亦可作为参考书目推介给学生。此外,一批在新世纪后出版的学术论著,如由杜芳琴等主持、诸断代史学者合作撰写的《中国历史中的妇女与性别》,邓小南、王政、游鉴明主编的《中国妇女史读本》,李志生编撰的《中国古代妇女史研究入门》,高彦颐、伊沛霞、曼素恩、贺萧等海外名家的妇女史代表著作以及反映西方学者研究成果的《当代西方汉学研究集萃·妇女史卷》等都可作为重要的课程辅助材料。

具体到历史专题的设计,首先要让学生了解妇女史研究的缘起、所经不同时段的发展及其特点,并推介各个时期重要的研究成果,使学生动态地感受到妇女史从“列女传”到今日性别史的转变历程,重点强调西方概念和研究视角的引入对于勾连中国本土历史、文化、性别结构的适切性,而在地化的中国研究又对世界妇女史的发展提供了丰富的个案补白。

古代妇女史的专题涉及传统儒家社会对女性的教化(儒家学说中有关阴阳、内外等概念的论断,公与私的分野),探讨儒家女性观与当代女性主义思想的融合与冲突以及儒家女性主义有无可能;传统社会女性身份与地位的变化(如法律和经济地位的转变、社会性成人身份的形成);在政治领域女主与权力的博弈,后妃与前朝之关联,以杨贵妃与慈禧的个案解析传统男性视角下女主还是女祸的评价模式;古代的女性身体亦是一个非常有趣的主题,课程会涉及传统的医疗与性以及妇科的发展、女子情欲的表达与民族屈辱之间的关联等等,甚至利用出土文献和图像资料介绍女子的服饰及其象征意义。

近代史的专题重点在于让学生厘清革命史观与民族主义等概念对妇女角色、妇女运动和妇女组织发展的圈囿,改变评价模式上的男性霸权。主题涉及女子教育的勃兴和发展、参政运动的背景与论争、关于近代“美”的意涵变迁、近代知识分子的情爱与婚姻观念的转变、政体与身体解放、男权视角下对理想女性角色的倡导和塑造、女性杂志的创办与发展、女性群体与市民文化、女性与战争等多面向的内容。

当代史的专题更贴合当下生活，对学生关心的女性主义运动、性与身体解放、性观念的变迁、性侵与性骚扰现象、性少数群体、现代女性角色与地位的自我设定和重估、职场中的两性不公、城市与农村的底层女性、媒介报道中的性别不公、污女厌女文化、女性的家庭地位与家务劳动等等热点问题都有所涉猎，且在这一部分还专门设计了跨学科的讲座，以及组织学生以论辩的形式进行探讨和争鸣。

有关课程内容的设计，绝不是传统的停留在书本上的知识点的传授，而是帮助学生更深入地了解中国文化的性别结构，也在某些论题的中西对比中启发学生如何书写和解读中国本土的女性发展史，又如何推动未来两性平权社会的建设，尽量引导学生意识到打破传统性别结构的统治，逐步改善主流社会对性别问题的偏见和刻板印象，对男女两性而言皆有解放意义。

总之，对本项目的课程设计必须要求以科研带动和促进教学，需要任课老师将自己所属领域的科研成果与教学有机地结合起来，甚至在课程的建设过程中注重围绕教学开展科研；对学科的前沿动态有及时的了解和深入的把握，及时更新讲义，将最新的科研成果用于教学，不断增强教学深度、拓展教学广度，使教学内容跟得上新妇女史学科和研究的快速发展步伐，做到与时俱进，以此达到有效提高教学质量的目标。此外，在教学过程中需要教师在传授知识点之外启发学生如何思索，特别是如何发现问题、提出问题、分析问题、解决问题和评价问题，培养学生在性别问题上的学习能力和思维能力，将性别问题从历史解析转移到现实关照中。

三、立足教学本身：方法的多样性

除了教学内容本身的设计，教学方法的多样化也是本课程的创新之一。之前的妇女史讲授主要以师生面对面口头传授为主。教师按照文字化的教学大纲授课，学生就感兴趣或质疑之处对老师进行提问及讨论，以及教师指定参考书目、文章等供学生研习，并针对某些重点难点组织课堂讨论。

但教学本应是师生双向交流的过程，故而本课程在设计时，首先突出了交流本身。在课堂上，笔者在保证教学进度的前提下，允许学生可以随时发问或对教学内容提出质疑，并鼓励学生就问题争鸣，绝不强加个人观点给学生。另外，牵扯到社会热点时，会通过授课平台布置预习任务，让学生课前了解热点事件的始末，做出 PPT 梳理，在课堂上辩论交流，刺激学生对性别问题有正确客观的评价，而不是人云亦云，或困囿于传统刻板的性别印象。

其次,新妇女史/性别史的研究成果繁多,史料来源亦趋多样化。作为授课资料,本课程亦不想仅仅传输给学生呆板的文字本身。比如,讲到中西女子参政运动的对比时,笔者会给学生播放美国电影《女权天使》(*Iron Jawed Angels*)片段,该影片生动描绘了美国女性参政运动的发展历程,而演员的精彩表演亦加深了学生对美国妇女参政团体及领袖人物的理解,在教授中国近代女子参政运动的历史时,学生们对中美的性别文化、社会发展背景及有关参政运动的社会讨论都有了更直观的印象和更深刻的思索。除了电影片段,纪录片、电视剧、视频讲座、图片、图表等生动的音像或网络、媒体资源都被纳入到教学资源中,以加深学生的记忆和理解。比如,在讲授近代女子服饰的演变时,笔者搜集了100多幅当时报纸登载的女子照片、服饰广告以及媒体评论等;为了表现民国旗袍的复兴,笔者还截取了数部电影、电视剧中有关旗袍的片段。在讨论缠足的专题时,很多国内外学者研究中有关不同年龄、阶层小脚女性和小脚鞋履的图片及视频都被拿来与学生分享。

此外,近年来不断涌现的新的教学方式、教学手段也是本次课程设计的关注重点之一。比如,慕课资源的极大丰富使笔者进行某些知识点的讲述时可以不必重复做功,直接引入成熟的慕课小节,让学生听到除"我"之外的教师理念。翻转课堂也是近年备受推崇的教学手法,通过教师的前期安排引导,让学生在课下先行准备本节的教学内容,在正式课堂上把教学主动权交给学生,最后由教师点评陈述,此举不仅活跃了课堂气氛,还极大调动了学生的主观能动性,让他们对自己负责的内容"终身难忘"。走出课堂也是可被"移植"的手段之一,讲授当代女性生活史时,可以借鉴人类学、社会学、民俗学、心理学等学科的研究手法,带领学生到田野中进行调研、口述采访等,再结合书本上的理论知识,可以获得对女性生活更直观、更深刻、更形象的理解。

对于课程的考核,笔者决定不再拘泥于传统的笔试答题或者单纯规定小论文的方式。而是将出勤率、课堂表现(包括分组讨论、PPT 陈述、口述调研等)以及期末的报告(可以是口述采访报告,亦可以是问卷分析)、论文(学生可根据课程内容自拟题目)都纳入到分数评价体系中,比率分别为5%、35%、60%。

综上所述,在新妇女史/性别史背景下设计的"中国妇女史专题"课程,要凸显妇女史研究的最新理论成果和实证研究内容。在课程教授过程中要引导学生重新建构和了解"她"史,着力于把妇女从被传统史学摒除的叙述中拯救出来,达到"将妇女还原到历史中,为妇女重建我们的历史"[①]之目的,帮助学生学会用社会性别视角重新审视历史,将性别作为历史观察、分析的重要维度,提示他们性别问题的复杂性、变动性以及性别关系与其他社会关系的繁复关联。

---

① [美]琼·凯利-加多:《性别的社会关系——妇女史在方法论上的含义》,闵冬潮译,王政、杜芳琴主编:《社会性别研究选译》,生活·读书·新知三联书店1998年版,第82页。

总而言之，本课程将运用丰富多样的史料和教学资源，并结合课堂讲授与课下的专题讲座、座谈、沙龙、会议、工作坊等其他教学模式，营造浓厚的学术氛围。希望通过课程的开设，向学生传播独立自主的女性精神，增强学生们关于性别议题的思辨能力，在实践上形成正确的性别观念，对校园乃至社会上的性别歧视、厌女污女现象不再冷漠无视或随波逐流，对自身遭遇的性别不公敢于发声，对促进校园两性平等，建构真正的两性平权社会有所助益。

（曲宁宁，山东大学历史文化学院副教授）

关于“中国民族史概要”课程的几点思考

丁慧倩

“中国民族史概要”课程设置于1956年，是中央民族大学历史学本科专业的专业基础课程。迄今为止，已经为70余个本科历史教学班开设。

在历史学本科专业中开设“中国民族史概要”，把中国民族史的教学作为大学历史专业的基础课程是中央民族大学的首创，也是本校历史学专业的办学特色。傅乐焕、王锺翰、贾敬颜、苏晋仁、陈连开、李松茂等民族史专家均参与了“中国民族史概要”课程建设。

20世纪80～90年代，《中国少数民族简史丛书》《中国民族关系史纲要》以及《大百科全书·民族卷》等一批学术成果陆续问世，中国民族史研究取得了丰硕的成果。但是作为全面、系统、深入研究中国民族史的专著还不多见，王锺翰主编的《中国民族史》博采众家之长，反映了当时学术研究的新水平。1999年，陈连开主编《中国民族史纲要》出版，“简明扼要地叙述、论证各民族的历史发展和各民族的历史如何构成中国历史不可分割的一部分以及各民族对中国历史所作的贡献”①。2004年王锺翰主编的普通高等教育国家级重点教材《中国民族史概要》教材出版发行，成为国内比较权威的教科书，被各高校广泛选用。至2008年，“中国民族史概要”成为北京高等学校市级精品课程。

“中国民族史概要”课程经过60余年的持续建设，已形成一套完整的课程体系，拥有鲜明的课程特色，使中央民族大学历史学专业的学生受到了民族历史的启蒙教育，一大批学生因此选择了从事民族历史研究的事业。

---

① 司马义·艾买提：《序言》，陈连开主编：《中国民族史纲要》，中国财政经济出版社1999年版，第2～3页。

一、区域空间里的民族

"民族"一词在历史学的学术语境中是个比较宽泛的概念，可以从空间和时间两个维度上理解。

从空间角度讲，从20世纪50年代开始，白寿彝、何兹全、翦伯赞、范文澜、吕振羽等一大批学者改变过去以王朝确定疆域的局限，从统一多民族国家的角度出发讨论中国历史上的疆域，主张"用中华人民共和国的国土范围来处理历史上的国土问题是正确的办法"[①]。80年代的研究继续沿着50年代以来的学术成果前行。《中国历史地图集》从50年代开始着手绘制，到1973年基本完成。1980年起，中国社会科学院主持修订。在这套地图的编绘过程中，如何认识中国历代疆域的范围，是必须解决的问题。1981年谭其骧在"中国民族关系史学术座谈会"的学术报告中指出，《中国历史地图集》以18世纪50年代到19世纪40年代鸦片战争以前的中国版图作为历史时期中国的范围。"我们认为十八世纪中叶以后，1840年以前的中国范围是我们几千年来历史发展所自然形成的中国，这就是我们历史上的中国。至于现在的中国疆域，已经不是历史上自然形成的那个范围了，而是这一百多年来资本主义列强、帝国主义侵略宰割了我们的部分领土的结果，所以不能代表我们历史上的中国的疆域了。"[②]基于这样的考虑，在这个范围之内活动的民族都认为是中国历史上的政权，其中包括虽然部分辖境在此范围之外，但其政治中心在此范围内的政权。[③] 此后，学术界大多采用此说处理历史上的政权和民族的归属。

在时间的序列上，从王桐龄的《中国民族史》开始，对民族的叙述就从传说时代开始。在与中国史同样漫长的中国民族发展史中，无论是汉族还是各少数民族都经历了复杂的变化过程，不同社会组织结构和社会发展水平的人群均以"民族"概括，因此学术研究中的"民族"在时间的序列上也是十分宽泛的。

1994年，由王锺翰主编的《中国民族史》出版，全书长达157万字，反映了当时民族史研究的学术水平。但由于篇幅过长，不适用于教师教学使用和一般读者阅读。因此，重新编纂了一部60万字的《中国民族史概要》，作为本科"中国民族史概要"课程的教材。

《中国民族史概要》反映了"中国民族史概要"课程不断探索课程体系的努力，并对其

---

① 白寿彝：《论历史上祖国国土问题的处理》，《光明日报》1951年5月5日。后收入国家民族事务委员会政策研究室编：《中国民族关系史论文集》上集，民族出版社1982年版。

② 谭其骧：《历史上的中国和中国历史疆域》，《长水粹编》，河北教育出版社2000年版，第6～7页。

③ 回顾这段学术史，孙进己指出："当时的历史背景是，从20世纪60年代起，对沙俄侵华史的研究提出了新问题，用今天疆域确定历史上疆域，就必须承认被沙俄侵占去的土地在历史上就不是中国的。这就暴露了原来理论的弱点，杨建新、谭其骧、孙进己等人的观点，正是为弥补这一弱点而提出的。"参见孙进己：《我国历史上的疆域形成、变迁的理论研究》，《中南民族大学学报》(人文社会科学版)2003年第2期。

进行了总结。课程设置的指导思想如下：

> 中国的历史与文化，既具有众多民族各自创造本民族历史与文化的独特性，又具有众多民族的统一国家共同创造中国历史与文化的相同点。差异性具有多元和异彩纷呈的特点，共同性具有兼容并包和中华民族相同的特点。在通过叙述各民族历史与文化发展轨迹的基础上，希望能揭示出各民族如何共同创造中国历史与文化的内在联系以及中华民族多元与一体辩证发展的规律。①

中国历史上不仅民族众多，分布广泛，而且发展变化十分复杂。如果一个一个民族去讲解，千头万绪，学生不易掌握，更重要的是不利于揭示统一多民族格局下各民族形成和发展的规律性问题。有鉴于此，在课程内容设计上采取分区域讲解的方法。

民族差异源自生存环境的差异，这是采取分区域讲解的理论依据。区域差异是民族及民族文化差异的基础，将民族历史放在特定区域中讲解，既便于学生对不同区域民族发展脉络的把握，也利于引导学生对民族问题的深层思考。

《中国民族史概要》教材也为配合教学需要的方便，不再按《中国民族史》体例，而是划分为东北、北方、西北、西藏、西南、中东南六个部分。由此，中国历史上的各民族被放置在区域空间里，在区域发展的整体脉络中呈现民族发展的轨迹。

以东北民族史的教学内容为例。东北民族史的讲授内容从东北历史地理开始。

东北地域辽阔，地形复杂，繁衍出众多民族。东北地区民族的形成和发展与东北的地理环境有直接的关系。东北是中国纬度最高、气候最为寒冷的地区，地理单元较为完整。东北地区的主要地貌特征是广大的平原，三面环山，形似马蹄。东边由北向南环绕有伊勒呼里山、小兴安岭、张广才岭和长白山山脉；大兴安岭山脉纵贯在西北边，山脉西麓缘坡而下，与一望无际的蒙古高原毗连；发源于东、西两边山脉的河流向内汇聚，形成河流和湖泊，冲积出广阔平坦的嫩江、松花江和辽河平原，形成东北大平原。东北既有苍茫的林海，又有肥沃的草场和平原，地理环境有利于发展渔猎、畜牧和农耕，适合众多民族繁衍生息，逐渐形成渔猎、畜牧、农耕三种经济文化类型和与之相适应的三种经济文化类型民族并存互动的格局。②

具体来说，白山黑水之间由黑龙江、松花江和乌苏里江为主脉联络起来的高山密林中的河谷地带，以渔猎经济为主。生活于此地的人群在漫长的发展过程中，受到内部发展不平衡和外来因素等问题的影响，不断分化、组合成许多民族。西北部大兴安岭两侧的森林草原地区，是游牧民族活动的场所。中部平原区适宜农业生活，农业是这里主要的经济部门。平原的北部，早期活动的民族在东北民族发展史上占据重要地位。平原的

---

① 王锺翰主编：《中国民族史概要》，山西教育出版社2004年版，第2页。

② 王锺翰主编：《中国民族史概要》，山西教育出版社2004年版，第17页。

南部即辽河中下游平原及以西地区，开发较早，自汉代以来，由中原王朝设置地方军政机构，遣官派军实现有效统治。

总体而言，东北地区三种经济文化类型的民族，在地理分布上存在一定界限，文化特征具有一定的独立性。当然，民族的发展在空间和经济形态上都不是一成不变的，但地理环境构造的区域空间框架有助于学生宏观把握民族起源与发展的整体面貌。

二、以民族发展为主线

自20世纪初开始，梁启超首倡"新史学"，提出传统史学是帝王将相的家传，"新史学"以传统旧史学的反叛形象出现，它提倡打破政治史一统天下的局面，研究全体民众的历史，提出"民族为历史之主脑"。从梁启超开始，"民族"作为一个整体的观念和学术研究话语被人们所熟知。"梁启超关于民族史研究的方向和民族史撰述的内涵和架构的论述，为后人作了重要的示范和引导。"①20世纪20～30年代，王桐龄、吕思勉、林惠祥等人相继出版的同名或类似的《中国民族史》著作，基本上是按照梁启超的进化论史观编写的。

对中国民族的分类，梁启超首先将"现在中国境内及边徼之人民"分为中华族、蒙古族、突厥族、东胡族、氐羌族、蛮越族等六族，进而以春秋中叶为基点将中国古代民族分为诸夏组、荆吴组、东夷组、苗蛮组、百越组、氐羌组、群氐组、群貊组等八组，之后又将现代六个民族和古代八组进行对照，梳理二者之间的演变关系。② 梁启超的研究对后来的民族史研究产生了深刻的影响。林惠祥在《中国民族史》一书中列举了缪凤林、那珂通世、梁启超等十三位学者的分类方式后，进而指出学者的分类方式之所以差异较大，是因为"民族之分类有过去及现在两种观点：着眼于过去，则其对象实为历史上之民族；着眼于现在，则其对象即为现代之民族。民族非固定而一成不变者，其变迁秩序时时在进行中，不但名称常有更改，即其成份因与其他民族接触混合亦必有变化。学者之分类若一则着眼历史上的民族，一则注意于现代的民族，结果自然大有差异"。因此，林惠祥将"现代之民族谓之族，历史上者谓之系"，基于此绘制了"中国民族系统表"（见图2-1），此表"将古民族与今民族之关系一一标明之，其蜕嬗之迹显著关系极为密切者用实线，其关系较疏然亦似有影响者用虚线表之"③。

---

① 安静波：《论梁启超的民族史观》，《近代史研究》1999年第3期。

② 参见梁启超：《中国历史上民族之研究》，吴松等点校：《饮冰室文集点校》第5集，云南教育出版社2001年版，第3211～3232页。

③ 林惠祥：《中国民族史》，上海书店出版社2012年版，第6～7页。

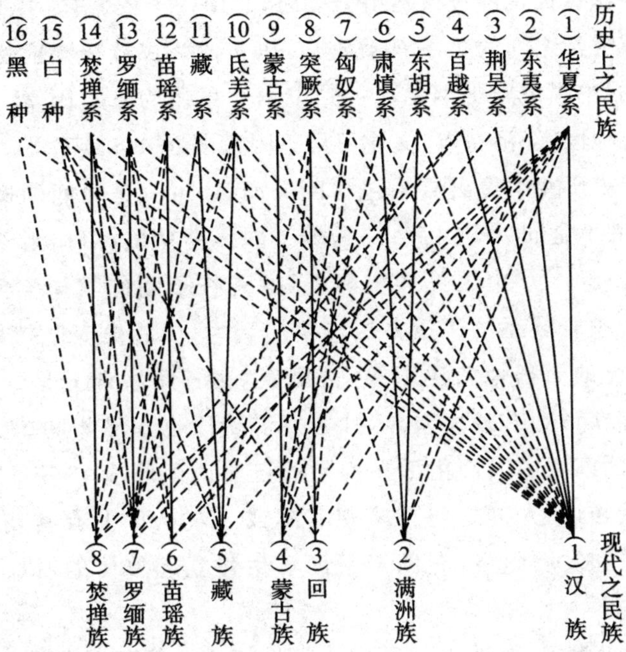

图 2-1　中国民族系统

图片来源：林惠祥：《中国民族史》，上海书店出版社 2012 年版，第 8 页。

这种古今民族对照的研究方法，体现了民族形成的多元性和历史演进的复杂性，而民族分类立足于区域与民族之间以及区域内先后出现的不同民族之间的关系，具有一定的合理性。

中国古代民族的分类问题还受到语言学研究的影响。19 世纪以来，历史比较语言学产生并不断发展，语言之间存在亲属关系的观念得到普遍的认可，德国学者奥古斯特·施莱歇尔（August Schleicher）提出了“语言谱系树”理论，由此产生了对语言的谱系分类。

语言的谱系分类是以语言的共同祖先为基础的，所以又叫发生学分类。那些由同一语言分化而成的不同语言被称为“亲属语言”，它们之间的关系是一种亲属关系。亲属关系越近，其间的共同点就越多，这类似于人的基因遗传。这种分类把具有共同来源的亲属语言归为同一语系，并根据亲疏的程度进而分为语族、语支。这样，语系是分出来的最大的类，同一语系之下可以分成若干语支，有时甚至在语支之下再分出若干语群。[①]

① 参见卢英顺：《语言学讲义》，复旦大学出版社 2015 年版，第 197 页。

梁启超在对中国古代民族进行八组分类时，其中一个依据是"各组各有其语言"。语言系属与古代民族分类之间的关系日益密切，语言成为民族分类时必然要考虑的因素。我院陈连开教授的《中国民族史纲要》一书"以语言系属为基本因素，参照古今各民族起源、名称演变、分布地区、经济特点、文化习俗等因素来划分各族系"①。

有学者在民族史研究中提出族系包含两方面意义：一是时间的概念，即先后顺序和渊源关系，但他们并不是同一个民族；二是属于同一个系统，即相当于同一个语系、语族或语支，尤其是后二者。② "中国民族史概要"课程在不断的教学实践中逐渐形成在区域中通过地域文化整合族系的讲授方法。我们认为，民族史应坚持以人及人群体为核心，以民族发展变化的历程为叙述主线。"民族"在时间序列上是一个宽泛的概念，中国古代各群体的存在形态有较大差异，社会发展阶段也不尽相同。课程通过族系条理民族，注意在一定的区域内人们生活在相同的自然地理环境中、有共同的语言体系、早期经济形态相同或相近、人群之间在客观实际或主观认识上有密切的联系，以此梳理古今民族渊源关系和发展脉络，有助于帮助学生建立起整体的、以人为中心的民族史框架。

仍以东北民族史为例。③ 东北地区有三种经济文化类型的四大族系。肃慎系活动在白山黑水之间高山密林中的河谷地带，早期以渔猎经济为主，在语言上有相似之处，即多属阿尔泰语系满—通古斯语族。肃慎系有肃慎、挹娄、勿吉、靺鞨、女真、满洲、鄂温克、鄂伦春、赫哲等古今民族，其中部分南移者如靺鞨、女真、满洲等，分别建立了渤海、大金、大清等政权或王朝。东胡系主要分布在东北地区的西北森林草原地区，其西迁或南下后，形成乌桓、鲜卑、契丹、蒙古等游牧民族，并建立了北魏、大辽、大蒙古国、大元等政权。

中部平原是夫余系和汉族(主要是指古代中原王朝统治下的人群)的分布地，农业是其主要的经济部门。夫余系大致活动在平原的北部，其早期的活动在东北历史上占据重要地位，夫余是东北民族中最早建立政权的民族，夫余系包括秽貊、夫余、高句骊等。平原的南部很早被中原王朝纳入统治区域。④

"中国民族史概要"课程将横向的区域空间与纵向的族系相结合，在区域中理解民族发展、变化的历史过程，为本科生构建起中国民族历史的整体框架。

① 陈连开:《中国民族史纲要》，中国财政经济出版社 1999 年版，第 6 页。

② 参见干志耿、孙秀仁:《黑龙江古代民族史纲》，黑龙江人民出版社 2015 年版，第 37 页。

③ 对东北民族史族系划分的学术史梳理，参见姜维公主编，杨军分卷主编:《中国东北民族史》(上)，吉林文史出版社 2014 年版，第 10～13 页。

④ 在明朝及清朝前期，有少量朝鲜人从邻国朝鲜迁入东北地区，晚清以来更大量迁入，最终形成中国的朝鲜族。

三、民族史与王朝史相结合

以民族发展历程为主线的民族史，与王朝史有不同的分期方式。

20世纪50年代，中国的民族研究，以对中国少数民族研究为主，同时也包括华夏汉民族的起源和形成以及汉民族与各少数民族关系的发展。在分期方面，打破过去封建王朝体系，而以中国各民族对统一多民族祖国的形成、发展所起的作用及民族的兴衰消长的总趋势作为分期标准，虽有与王朝兴替嬗代相偶合的一面，但分期的标准与脉络并不相同，所以对传统的分期亦有所突破。[①]

这里的"突破"是指不再因循王朝更迭的分期原则。《中国民族史概要》教材的分期观点延续王锺翰主编的《中国民族史》，按中国各民族的形成、发展、兴旺、衰弱乃至消失所构成的带规律性的因素而形成的阶段来划分[②]，分为七个阶段：传说时代（前221以前）；秦汉（前221～220）；魏晋南北朝时期（220～581）；隋唐（581～907）；五代十国、辽、宋、夏、金（907～1271）；元、明、清中期（1271～1840）；清朝后期、民国（1840～1949）。[③]

在教学实践中，区域民族史演进的具体分期会略有调整。如东北地区在汉代以前，各族系皆处于初步发展的阶段，内部区域性经济和文化特征初步形成，其中夫余系凭借优越的地理位置率先崛起。汉魏到南北朝时期，夫余系的高句骊和东胡系的鲜卑发展壮大；高句骊是夫余系发展的高峰，鲜卑人则超出东北，其在中国北方的活动，建立了诸多地方政权，肃慎系的勿吉也在南北朝时期加入到区域竞争之中；拓跋氏入主中原建立北魏王朝，由游牧为主的经济转向定居农业，开启了逐渐汉化的过程。隋唐时期，契丹、靺鞨、高句骊是东北亚地区三股重要的势力，高句骊的瓦解与渤海国的兴起改变了东北各族系发展的格局。从契丹人建立辽朝到女真人建立金朝，东北民族以各自的发祥地域为依托建立起强大的北方政权。元明清时期东北民族不断重新组合，清朝不仅是满族逐渐形成的时期，赫哲族、锡伯族、达斡尔族、鄂温克族、鄂伦春族、朝鲜族等现代东北民族均在这一时期相继定型。

中国民族史和中国古代史一样，都是力求"通"的历史写作，但又是不同的叙述体系。民族史是以民族为角度，研究的是民族发展的历史而不是王朝的更迭、演进。但是，民族史与王朝史不能割裂，"历代中原王朝均对每一民族的起源、发展、兴衰乃至消失，产生过直接或间接的影响，如秦、汉对华夏汉族的影响，汉对匈奴、百越的影响，元、清对汉族的影响等；另一方面，各族的活动又对历代王朝发挥着重要影响，如汉族之于

---

① 王锺翰主编：《中国民族史概要》，山西教育出版社2004年版，第2页。

② 参见王锺翰主编：《中国民族史·绪论》，中国社会科学出版社1994年版，第1～16页。

③ 参见王锺翰主编：《中国民族史概要》，山西教育出版社2004年版，第3～12页。

秦、汉，鲜卑之于北魏，蒙古族、满族之于元、清，皆是其例”[1]。民族通史的学习需要有中国古代史王朝断代作为时间坐标，在注重区域内纵向族系发展演变的同时，关照横向的多民族共生的社会环境，以及民族关系的变化。只有将民族史与王朝史相结合，才能在宏观上把握统一多民族国家发展的历史进程，解释中国古代表述为“大一统”的统一思想如何在漫长的时间流转中，经由各民族共同努力，成为中华民族发展的精神支柱和共同的价值观。

（丁慧倩，中央民族大学历史文化学院副教授）

① 王锺翰主编:《中国民族史概要》,山西教育出版社 2004 年版,第 2 页。

数字技术与媒体

数字与历史的结合:新文科视野下数字史学课程刍议*

邱伟云　严程

一、前言

在谈到未来学科发展的新方向时,教育部高等教育司司长吴岩指出,高等教育创新发展势在必行,要全面推进“新工科、新医科、新农科、新文科”等建设,推出“六卓越一拔尖”计划2.0版,形成覆盖全部学科门类的中国特色、世界水平的一流本科专业集群,为2035年建成高等教育强国、实现中国教育现代化提供有力支撑。[①] 其中,新文科作为未来人文学科建设的重要契机,主要包含三个方面的内容:一是新兴产业领域出现的新文科。在新一轮科技革命和产业变革大潮中出现的人工智能、区块链、基因工程、虚拟技术等大量新兴技术,使得人文社会科学与科技强国战略相匹配,与理学、工学新兴领域进行交叉融合,如与新技术配套的相关法律政策、社会伦理问题研究等。二是传统研究范式转变带来的新文科。随着大数据技术的推广,人文社会科学通过对全样本数据进行分析和处理,在解决经济社会发展和人们思想变革方面带来了新的便利,同时也产生了新的研究领域。基于编程、大数据采集和处理等技术的社会科学学科,运用机器学习或知识图谱等人工智能技术进行的社会问题研究,都将纳入新文科研究的版图。三是社会发展和人们需求变化带来的新文科。人类社会和精神世界给不同领域、不同行业发展带来新

* 本文系教育部人文社会科学研究规划基金项目“数字人文视野下中国近代‘道’的概念的转型与变迁研究”(项目编号:19YJA770012)研究成果。

① 参见《产学合作协同育人项目“量、质共变”加快促进新工科建设》,中国教育在线,https://www.eol.cn/news/t9/201805/t20180524_1602414.shtml。

诉求，基于人工智能的智能法学、智能政治学、智能教育学等智能社会科学，面向社会新需求的智慧型公共服务、精准智慧传播，以及这些领域新生的伦理问题等，也将是新文科的组成部分。① 可见，新文科精神正是倡导从文理分工迈向交叉融合、共同发展。那么，历史学科如何才能把握契机，利用文理交融的新机遇强化自身发展呢？

要回答上述问题，我们可以尝试在数字史学(Digital History)之中寻找答案。所谓数字史学，是指运用数字媒体和工具展开历史学实践、演示、分析和研究，以及运用视觉化生成进行展示的一种史学发展方向。数字史学的提法早年起源于欧美，1987年英国成立的"历史与计算机应用学会"，即是数字史学雏形；1991年，英国伦敦大学国王学院成立"人文学科的电脑应用中心"；1994年，美国史研究专家罗森茨威格(Roy Alan Rosenzweig，1950～2007)运用数字技术进行历史研究，在乔治梅森大学建立了历史与新媒体中心；1997年，弗吉尼亚大学设立"弗吉尼亚数字史学中心"，首提数字史学概念；2004年，在第118届美国历史学会年会上更是组织了"迈入在线历史的第二阶段"讨论单元，主张从数字理论与工具迈向专业的历史专题研究。近些年来，汉语世界的数字史学随着计算机技术的进步有了长足发展，相较过去利用计算机对史料进行整理、输出、展示外，更充分利用计算机技术去分析研究史料；非仅止于文献电子化、资料网络化、教学多样化，而是从以"数字化典藏展示"转向"数据化分析研究"的数字史学。②

从上述新文科与数字史学概念内涵说明中可见，汇聚人文与数字的数字史学，天然吻合新文科文理交融的核心精神，因此我们可以将数字史学作为新文科的一种实践方式，这也是本文连结新文科与数字史学两种概念的关怀所在。那么，数字史学的课程应当如何设计？如何能在历史学教学中纳入信息技术教育？数字史学就是单纯让历史学家去学习计算机编程吗？这些问题，我们可以尝试在全球各著名高校中已经开设的数字史学课纲中找到借鉴，并通过进一步融合中国语境，总结出适合中国的数字史学课程设计方案。

二、全球数字史学课程的发展概况

自20世纪80年代开始，数字史学发展至今已近五十年，作为新的学科分支形成时间不算长，但也已颇具规模。根据我们的调查，目前欧洲、美洲、亚洲多所著名高校都已设有数字史学课程，教学内容并不一致，课程设置上也依据不同的数字史学研究取向而

① 参见王铭玉、张涛：《高校"新文科"建设：概念与行动》，《中国社会科学报》2019年03月21日。

② 关于数字史学概念的缘起以及发展，详见周兵：《历史学与新媒体：数字史学刍议》，《甘肃社会科学》2013年第5期；王涛：《挑战与机遇："数字史学"与历史研究》，刘新成主编：《全球史评论》第8辑，中国社会科学出版社2015年版，第184～201页；王涛：《"数字史学"：现状、问题与展望》，《江海学刊》2017年第2期。余例不详举。

有所差异。以下即从欧洲、美洲、亚洲、澳洲四地区的数字人文与数字史学课程内容出发,概括出目前的全球数字史学教学版图。

	学校	课程内容概述
英国	伦敦大学学院数字人文中心	开课多元,兼具人文与计算机、统计课程,包含互联网技术、情感交互、人工智能与神经计算、文化遗产、全球化和发展、数字基础设施、信息与政治学、电子出版、GIS空间统计、图样处理、python编程。
	伦敦大学历史研究所	设有数字人文学硕士/博士学位课程。 课程包括:人文研究大数据、数字策展与保存、数字编辑、数字碑文、书画学和手稿、数字图书馆与图书馆学、数字神学、本体论和地理学、数字人文史学及其对研究的影响、元数据理论、开放获取政策和实践、搜索方法和信息寻求行为。
	坎特伯雷大学艺术学院	设有学士辅修课程。 课程内容:人工智能和信息社会、统计、音乐技术、计算机编程、网络空间、半机械人和生命的意义、地理信息系统简介、社交媒体与公共生活、大数据与社会:概念、方法和批判性观点的导航、文本分析、语言与空间、脉络中的游戏设计、数字阅读:文学文化中的电子文本。
	牛津大学	图书馆:联合 Gale 提供 Gale Scholar Asia Pacific, Digital Humanities Oxford Fellowship 资助访问学者利用图书馆特藏文献从事数字人文研究。 暑期学校:聚焦单一类型技术教学,如 python 编程教学,学员可创建分析 html 档的 python 脚本以及其局限性。
	伦敦国王学院数字人文系	课程内容:英国首创数字人文本科课程,依据不同学位设定相关课程。 在学士部分设有"数字文化学士",开设文化和媒体研究、社会学、计算机与信息科学、数字政治、大数据、社交媒体、人工智能与互联网等主题课程。 在硕士部分设有"文化与社会大数据硕士""数字资产与媒体管理硕士""数字文化与社会文学硕士""数字经济硕士"。 与新加坡国立大学设有数字人文研究专业博士学位。
	谢菲尔德大学数字人文学院	设有数字文化与传播硕士与文化数据与传播硕士学位。 课程内容:数字文化导论、文化数据导论、数字项目管理、数字文化和数据电子作品集、设计文化数据产品、语言分析、AI、文化组学等等。

续表

	学校	课程内容概述
荷兰	莱顿大学	2020～2021 学年提供"数字人文科学"辅修课程，让文学专业的学生熟悉分析和研究语言和文化的新方式。 课程内容：包括两门常规的文本和媒体分析与可视化课程，以及特殊主题课程，例如入侵人文学科：数字人文学科和文本挖掘简介，信息可视化与人文科学、数字媒体，文化与社会、探索数字时代中的过去，数字侦探：实践中的文本挖掘，数字人文学科专题。在这些课程中，学生将在工作人员的监督下自行开发项目。
德国	莱比锡大学数字人文系	围绕着古希腊和拉丁语依赖树库 2.0 计划与全球语言学项目计划。 开设课程：计算机科学趋势、数字语言学、数字人文概论、人文编码、人文科学中的公民科学：方法与趋势、数字经典课程等等。
瑞典	乌普萨拉大学考古与古代史系、艺术史系以及艺术学院	设有国际性的两年制数字人文硕士课程。 课程内容：数字人文概论、工具和方法、数字文化遗产、遗产中的数字实现、远距离阅读、数字人文理论与方法、数字时代的信息中介和用户观点、视觉分析等等。
意大利	博洛尼亚大学	设有两年制数字人文与数字知识(DHDK)的国际学位课程。 课程内容：数字遗产和多媒体、交互媒体设计、博物馆学和虚拟环境、数字文本：理论、方法和应用，信息建模与网络技术，知识管理、知识组织与文化遗产，知识表示和提取，编程和数据结构，计算思维与程序设计，数据建模和多媒体数据库，学术编辑和数字方法，文本检索、分析和挖掘，电子出版物和数字故事，网络科学、区域计算与人文科学，数据建模和多媒体数据库，印刷前的知识交换和存储，文字数据模型，自然语言处理，语义数字图书馆，可用性和用户体验，数字时代的艺术法，数字版权和相关权，开放获取与数字伦理，文化产业的商业策略与创新、创业精神。
	威尼斯大学人文系	设有两年期数字与公共人文科学硕士学位。 课程内容：公共和数字历史，古代、中世纪和现代文本的数字学术编辑，数字手稿和档案研究，数字和技术艺术史，公共艺术和数字化实践，遗产、伦理学和政治考古学，数据库技术，信息可视化，数据管理和法律问题，设计思维、网络和用户体验设计以及创新、创业精神。

	学校	课程内容概述
加拿大	多伦多大学伍德斯沃思学院	设有数字人文科学(DH)辅修课程。 课程内容涉及:文本探勘、数字档案、电子游戏、数字地图、数字故事、数字展览、文本数字化、数据收集、3D打印、数字项目管理。
	维多利亚大学夏季数字人文研究所	基于社区与夏令营形式,开设密集课程、研讨会与讲座。 课程内容:文本编码基础及其应用,DH Technology Sampler,文学研究计算导论,种族、社会正义和DH:应用理论和方法,女权主义跨部门数字人文学科:理论、社会和物质互动,文本映射建模,文本分析,声音与数字人文,人文中的批判教育学和数字实践,日本文化的数字人文:资源和方法,复古机器与媒体,数字人文地理信息系统,链接的开放数据和语义网,R(HDA)人文数据分析和可视化简介,参与娱乐活动:在大学人文课堂上通过创建游戏进行教学,数字化基础知识及其应用,音乐编码基础知识及其应用,人类编程/编码基础,Javascript和数据可视化简介,数字叙事,带R的笔法:文学文本的计算机辅助分析,处理人文多媒体,数字游戏作为学术研究、使用Python解析和编写XML,伦理数据可视化:驯服奸诈数据,辅助功能与数字环境,使用Python和Natural Language ToolKit进行自然语言处理,虚拟和增强现实的实用介绍,数字人文教育学:课程整合,数字小说、电子文学、文学游戏,后数字书:利用数字技术教授印刷文化,IIIF简介:共享、消费和注释世界图像,带词嵌入的有意义的文本分析,等等。
美国	德克萨斯大学奥斯汀分校文科学院	设有数字人文学程,对所有专业开放,于大二结束时申请入学,修满18学分。 课程内容包括:数字研究导论、音乐技术基础、数字成像和可视化的基础、2D动画简介、数字制作艺术、3D建模、跨媒体:数字时代艺术、文化遗产信息学、数字声音和音乐的基础、电脑音乐概论、数字修辞学高级研究、数字通讯、视觉媒体与互动、信息学导论、信息学的道德基础、文化遗产信息学导论、用户体验设计简介、社交媒体新闻学、信息时代的生活、电子媒体导论、科技文化、新通信技术等等。
	克莱姆森大学历史与地理系	2020年秋季在历史系专业开始设15学分的数字人文选修课程。 课程内容:开发和使用在线档案、分析大量数据(例如人口普查记录)、数据可视化网络研究、文字搜索和分析、历史图像处理、口述历史采访的数字化处理和存储、地理信息系统的历史数据与地图集成展示、数字历史导论、GIS等等。
	伊利诺伊理工大学	设有数字人文科学(BS)本科学程。 课程内容:包含历史、哲学、语言学、修辞学、文学和艺术史,学习视觉设计和Web开发环境中的交流,学习如何以新方式交流复杂的想法。

续表

	学校	课程内容概述
美国	佐治亚南方大学人文艺术学院	设有数字人文科学辅修课程。 课程内容:公共历史导论,2D艺术与设计基础,3D艺术与设计基础,数字艺术与设计基础,平面设计中的视觉思维,设计理论,摄影成像,印刷、纸张、书本艺术:简介,动画、新媒体设计,摄影成像II,视频和动态图形,媒体与社会,国际媒体系统,数字媒体创业,当代传播应用,多机位制作,媒体写作导论,音频制作和声音设计,工作室制作,数字媒体后期制作,新闻学概论,摄影新闻,多媒体新闻学基础,数字新闻学,STEM新闻学,音乐技术,录音室技巧,数字音频工作站,舞台工艺品,舞台设计概念,等等。
	阿肯色大学人文与传播学院历史系	设有数字人文科学本科学位。 必修课程包括:数字人文概论、数字历史研讨;选修课承包括:设计、视觉传达简介、编程概念、结构化编程、数字写作简介、数字出版简介、数字和游戏设计、多媒体制作、音频和视频制作、战略视觉传达。
	印第安纳大学人文学院、信息与计算学院和赫伦艺术与设计学院	设有数字人文学科的辅系课程。 必修课程包括:数字人文科学概论、数字艺术与设计、数字人文研讨、信息学概论;选修课中包含人文(美国网络身份、大众传媒与社会、媒体素养、网络写作、地图学和图形学、地理信息科学研讨)、信息学与信息科学(信息基础结构、数据科学导论、人机交互简介:原理与实践、数据挖掘的应用、族谱和本地历史资源、数字保存、知识和信息的组织和表示、人文信息、数字图书馆)、媒体艺术(多设备Web开发简介、数字叙事、数字视频简介、3D入门、3D建模)三大方向的课程。
	耶鲁大学	设有"公共人文"计划,学生可以访问耶鲁大学的大量技术和知识资源,进行需要技术或数据管理技能的基于网络的人文项目。 学生可以利用耶鲁图书馆,数字人文实验室,信息和技术服务,社会科学和社会科学信息中心,艺术数字媒体中心等数字资源来开发自己的数字项目。 耶鲁大学曾开设过的数字人文相关课程包括:公共人文概论、可视化知识:文本挖掘与映射,网络分析和大数据、想像古代世界、电影档案馆、档案中的事实与虚构、艺术与美国内战:暴力,种族与记忆等等。
	罗切斯特理工学院文学院、计算学院和信息科学以及艺术与设计学院	设有数字人文社会科学学士。 课程部分:来自于各系相关课程,包括传播学院(传播中的数字设计、数据新闻学、以技术为媒介的沟通、社交媒体批判性实践、传播,性别与媒体、多平台新闻)、英文系(文字和代码、数字文学、语言技术、媒体适应、游戏与文学、跨媒体讲故事、数码创意写作工作坊、自由和开源文化、基于游戏的小说工作室、自然语言处理入门、地图,空间和地点)、历史系(口述历史、数字历史、全球信息时代),博物馆系(博物馆与数字时代、文化信息学、参观者参与和博物馆技术、展览设计),哲学系(技术哲学、视觉与影像哲学),其他还有诸如创伤影像、想像罗切斯特、垂死的艺术、新媒体设计元素、新媒体设计图形用户界面、新媒体互动设计算法问题解答、2D动画和资产制作、游戏设计与开发、电子人理论:(重新)思考21世纪的人类经验等等课程。

续表

	学校	课程内容概述
美国	乔治梅森大学历史与艺术史系	设有数字人文学科辅修课程,共修八学分。 必须课程:数字人文项目;选修课程:媒体理论、纪录片简介、网站创作与设计、修辞与新媒体、数字期货、行为科学统计、大数据,技术与社会、数字创意写作、RS:文学研究主题、数字历史主题等等。
	芝加哥大学	设有本科辅修与一年期的语言,文化和历史的数字研究硕士学位,招收拥有人文,艺术或历史学士学位的全日制学生。 必修课程:计算机编程简介(密集的3周浸入式 Python 教学)、数字研究的基础数学和统计学、语言,文化和历史研究的数据管理(介绍与数字数据的表示和管理有关的概念和技术)、语言,文化和历史数字研究中的问题(介绍广泛定义的数字人文科学理论辩论,并关注基本的哲学问题,涉及社会和机构环境中数字计算的历史和理论,以及数字计算在文本,图像,声音,地理空间数据以及与文化和历史研究相关的其他信息中的应用历史)、语言,文化和历史研究的数据分析(介绍R语言和R包进行数据挖掘,数据可视化和用于分析大型数据集的高性能计算技术)、语言,文化和历史研究的数据发布(介绍用于构建在 Web 浏览器中运行的面向最终用户的应用程序的软件技术和工具)、自然语言处理(介绍 NLP 方法,词性标注,词形化,词法分割,句子拆分,命名实体识别,共指解析,情感分析和主题建模、神经网络和深度学习的机器翻译工作);选修部分包括:电脑编程、艺术中的数据和算法、替代现实游戏:理论与生产、数字媒体理论、空间数据科学导论、地理信息科学 I、审查,信息控制和从印刷机到互联网的信息技术革命、电子音乐 I、古代风景 I、文本转换为数据:数字语言学、电子游戏研究导论(介绍人文电子游戏的相关研究,包括视频游戏形式,如视觉风格,空间设计,声音和体裁;电子游戏作为叙事媒介;电子游戏中的体现和触觉;与性别,性,种族和族裔,能力和阶级有关的身份/认同,表现和获取问题;电子游戏的修辞,教育和政治用途):艺术,游戏与社会、数字历史导论 I(讨论理论和方法论,并考虑哪些数字方法可以为历史领域提供帮助,将研究和批评从事数字方法的历史学家的最新工作,学习数字地图,网络分析,文本挖掘和可视化的基础知识)、数字历史 II 简介(侧重于完成“数字历史入门 I”的学生的数字历史高级研究设计和方法,并让学生进行项目的公开展览)、计算语言学。

	学校	课程内容概述
中国	南京大学历史学院历史学系	设有选修课程:数字工具与世界史研究。 课程内容: 1.导论 2.数字化的史料与史料的数字化(对 TEI 进行重点介绍) 3.数据库协助历史研究(Gooseeker 下载数据库信息) 4.数字史料的加工与管理(Zotero 进行文献管理) 5.网络与公共史学 6.史学成果的网络发布:以 Omeka 为例 7.史学研究工具 I:社会网络分析(Gephi 的使用) 8.史学研究工具 II:自然语言处理(voyant 进行文本分析) 9.史学研究工具 III:GIS(QGIS 进行历史分析) 10.可视化的概念与实践(visual.ly 绘制信息图) 11.数字人文语境下的量化历史研究(Tableau 进行统计分析) 12.总结:历史研究的未来
韩国	翰林大学	设有数字艺术与人文融合课程。 课程内容:文化艺术设计、数字艺术与人文概论、人工智能与人类的未来、人文基础编码、数字媒体与艺术、视觉艺术史、数字视觉设计、影像和视频创作、交互设计、广播视频脚本编写、人文数据可视化、人文大数据、人文统计学和 R 基础的可视化、人文数据挖掘和 Python 基础、文字分析和可视化、人文网络的可视化、地理信息可视化、本地文化整合内容、讲故事和数字内容、当地社区和历史/文化、数字内容制作实践培训、视频内容编辑实践培训、地方文化艺术管理、数字叙事、人文科学 ASIC 编码、神话结构与叙事起源、流行叙事的形式、视频文学的理解与设计。
日本	东京大学	设有"数字人文科学"研究生课程,研究生修业取得规定学分可获得结业证书。 课程内容:分为核心科目(人文与信息科学导论、人文概论、人文和信息学、知识和信息处理、人文与计算机、大数据分析),基础科目(语言学、符号学、图像科学、语音学、文化研究、历史社会学、媒体理论、图书馆信息学、数字档案馆、数字博物馆、图书馆学情报学研究方法论、信息媒体结构理论、图书馆资料材料、数字存档原则、文化与人类信息学、日本文化研究、声学语音、文化继承信息论),相关科目(媒体素养、知识产权与版权、互联网技术)。

国别	学校	课程内容概述
澳大利亚	莫纳什大学	设有数字人文学本科生。 课程内容：数字人文学——概念、工具和辩论，交互式媒体的基础，电子游戏：产业与文化，文本探勘，数字媒体流，沉浸式环境课程（音频实验室、视频实验室、写作实验室、媒体分析实验室、媒体创业实验室、虚拟现实实验室），数字叙事，数字成像，创意计算。
	澳大利亚国立大学艺术和社会科学学院	设有文学学士(BARTS)或欧洲研究学士(BEURO)学位。 修课内容：人文学院（数字文化，数字人文学理论与项目，数字人文学方法与实践，古登堡到 Google：信息史）；计算机学院（计算艺术，计算技术，编程解决问题，结构化程序设计，网站开发与设计，新媒体中的艺术与互动，计算机组织和程序执行，关系数据库，网络信息系统，信息论，逻辑，演算法，计算理论）；设计学院（在线制作：脉络和状态，数字表格和制作，创意数据可视化：以可视和材料形式表示数据）；音乐学院（音乐技术概论，音乐和数字媒体）；英文系（数字时代的文学：理论、文本、方法，电视：调查叙事电视）；历史系（数字历史与遗产）；社会学院（互联网社会科学，想像未来：乌托邦的社会学）；艺术学院（动画和视频：数字工作区，数字时代的艺术，动画：创意可能性，视频：创意可能性）；等等。

三、中国语境下数字史学课程设计原则

从第二部分调研整理出的全球数字史学课程列表中，可以归纳出目前数字人文相关课程设计有三种类型：其一，短期课程，如维多利亚大学夏季数字人文研究所；其二，专业辅助课程，如南京大学历史文化学院历史学系王涛开设的“数字工具与世界史研究”课程；其三，系列学位课程，如伦敦国王学院数字人文系设计的学士学位与研究生学位课程。

上述三种课程类型各有优缺点：短期课程的优点是课程密集，缺点是难以吸收数字史学跨学科领域的知识内涵；专业辅助课程的优点是课程学习时长，学生能消化教学内容，辅助本领域的专业研究，缺点是缺乏项目实践以及在各种数字人文方法上学习深度略有不足的问题；系列学位课程的优点是知识学习与项目实践能密切结合，缺点是只有数字人文专业学生能参与此种课程，其他专业学生或专业人士无法参与。由上可见，三种数字史学课程型态各异。较好的数字史学课程建设，应当是根据使用者需求进行设计。那么，在目前尚未有大学设立数字人文专业，而又有众多师生对数字人文新方法感

兴趣的中国语境下，该设立哪种形态的数字史学课程为宜呢？对于上述问题，依据过去在数字史学相关考察的经验上，我们提出在课程设计中需要考虑的以下三个重点原则，为相关设计者提供参考。

综观全球数字史学课程内容设计，可以发现大都具有去畛域化的特性，亦即所开设的课程不具有强烈的学科特征，大多是跨学科的内容。在数字史学课程中，必须学习计算机编码、统计学原理，以及除了历史学外的传播媒介、地理信息、公共管理等知识，如此才能通盘掌握数字人文研究从资料收集开始到数据清理、计算、管理与展示的一套知识流程，完成一数字人文研究。这样的跨学科课程内容，最常遇到的就是人文领域学习者认为计算机与统计方法难度太高，因此若是采用短期课程形式，容易使学习者放弃而回到原来专业领域中；计算机领域/统计领域学习者则认为学习人文方面理论太难，且思考方式差别大、对解决技术问题帮助不大，因此也不愿意从计算统计领域跨界学习人文知识。上述这种"跨学科"中"难以逾越的鸿沟"很常见于跨领域研究中，这是因为目前学界对于学科分野概念太强，在成为某一专业的专家后，就不愿意跨到另一个专业成为初学者。在学科分野下，强烈的畛域化思维是需要被打破的。[①] 数字人文为多学科复杂领域，参与者身分多元，包含传统意义上的人文学者（英语、历史、文学、哲学、人类学、艺术史、媒体与电影）与非传统意义上的人文学者（图情专业人士、统计学者、计算机专业人士、程序员、网站开发人员、界面设计者、多媒体编辑），如果继续从隐含着"学科自我中心"与"学科疆界"的"跨学科"思维框架谈数字人文高等教育，就只会一代代复制这种"跨学科鸿沟"，使得学者始终抱着走回舒适圈的想法，显然无益于数字人文研究的良性发展。因此，数字人文专业化、体系化要成为可能，必须在跨学科思维下推动融合，学界必须开启去畛域化思维，打通学科分野的概念。只有这样，数字人文教育才能养成通才、培养出交叉学科的人才。实现学科去畛域化后，学习者将天然地具备跨学科的思维水平和学术能力准备，由此方能跨越自身专业研究视野、放下自身研究视野的范式，做到以研究问题和研究需求为导向的学习与合作。面对跨学科鸿沟的天然限制，我们必须有重建典范的魄力，为数字人文学量身打造融合教育新模式，进而培养出适应新型人文研究的人才。因此，数字人文高等教育中必须借助去畛域化后实现再畛域化，打破传统学科概念，重新捏合出以数字典藏、建库、数字运用为方向的人才，这样对数字人文学科的建置才有真正的帮助。

据全球数字史学课程来看，数字史学研究并非单纯只完成数字典藏或是数字检索平

① 参见陈静：《历史与争论——英美数字人文发展综述》，《文化研究》2014年第2期；史睿：《数字人文研究的发展趋势》，《文汇报》2017年8月25日。

台的建置与数据计算,而是应当以项目为依托,推动课程设计与学习。中国目前的数字史学相关课程多以技术为导向,在课程中教授学生各种技术的使用,但这样的教学使得学生只能学习到数字技术,却不知道这样的技术如何应用到人文研究;即使找了一个人文问题进行了数字方法的探讨,也不知道这样的成果有何应用或学术价值。数字史学是一门具有应用性的学问,例如,基于数据,我们可以使用史料与史学进行公众展示,进行大众历史教育,让更多人能够接触到历史。因此,数字史学课程不宜以多种技术教学为导向,而应当以项目为导向。

那么,什么是项目导向式的数字史学课程呢?

威尼斯大学人文系在与威尼斯地方数字文化组织合作下,与威尼斯数字和公众人文中心(VeDPH)和威尼斯科学馆共同设计了专门的数字人文课程计划,以探索数字和公众人文的各个方面。伦敦国王学院的数字文化文学士学位学生,则规定学术必须在项目中实习,通过将研究项目纳入课程表,帮助学生从在学习生涯阶段就为“研究思维”做好准备。例如,“数据新闻学导论”模块通过将科学技术研究、媒体研究、互联网研究与相关领域的最新研究与研讨会(包括与媒体组织,非政府组织和公共机构进行的短期合作研讨会)相结合,探索关键数据实践。谢菲尔德大学数字人文学院的学生则有机会接触到DHI的大量项目、数据、客户和行业伙伴,他们不仅同谢菲尔德大学人文艺术学院、语言分析研究所等校内单位合作,也同国际其他机构进行合作,致力于通过数字方法应用达成跨学院项目,这一机制使得学生在跨学科学习环境与项目参与中受益匪浅。

从全球数字史学课程调研中可以发现,项目导向式的数字史学课程,可以以开课机构的数字史学计划为课程主轴,带领学生一同经历研究议题的建立、资料收集、史料数字化、数据清理、数据运算,数据可视化,乃至最后数据成果的网络呈现与后续项目管理工作的全流程实践。在项目导向的数字史学课程中,学生能够一方面掌握数据基础建设的知识,同时可以深入学习一种或数种技术手段(可能是GIS、文本探勘、图像分析等),还可以参与到数据管理与应用中。在项目式课程之后,学生既能够成为一名独立的数字人文学者,也可以很快适应未来即将参与的各种跨学科合作研究项目,甚至在自己组织创建数字人文项目团队时有章可循。

20世纪至今,人文学科似乎难逃逐渐被边缘化的命运,然而数字方法的引入似乎在近来成为挽救人文学科的一道曙光。数字史学之所以被赋予高度期望,正在于数字人文与传统人文学科不同,是一个可以通过数据和技术将人文知识加以盘活与运用的新方向。这使得人文学术成为一种可展示、流通、贩卖的知识,消费者可通过数字媒体,对人文知识进行消费,人文学也因此开始具备了产值。可以说,数字人文成为人文学未来发展的一种“预流”。

根据前述全球数字史学课程的调查,各类数字史学课程皆非常重视与产业相结合,以及特别关注学生职业发展和流动去向等问题。许多数字史学课程都是根据未来学生可能从事的职业内容与属性出发进行设计,使学生学习到将知识运用于实际工作中的能力。例如印第安纳大学数字人文学科的辅系课程,为学生提供的职业规划建议包括:数据保护/管理、数字营销、数字项目经理、数字化图书馆/博物馆员、数字销售、展览设计、用户体验设计、Web 内容编写/编辑/管理等等。印第安那大学就是在上述职业基础上,设计直接与职业相关的数字人文课程供学生选择学习和实践,以此保证数字人文学生的就业前景和职业应用。

目前中国语境中与数字史学相关的职业类型正在不断产生,例如大众历史教育、城市文化规划、数字博物馆建设、数字典藏整理与管理、数字舆情分析等皆有相当的人才缺口。面向这些缺口,传统史学如能引入数据管理、视觉传达、虚拟成像、智慧教育、数字文献学等方向的产业化项目和相关培养机制,定能为社会输送急需的新式数字史学人才。

四、结语

基于上述去畛域化、项目式课程、产业化结合的课程设计原则,我们认为,数字史学必须通过回溯来思考有关数字史学建设中的课程设计问题。在全球数字人文/数字史学课程的调查中,我们可以看见数字时代下人才培育的形塑与挑战,最重要的关键即是要能"跨越范式"。研究者对于数字与人文相结合的新兴学科产生兴趣,是入门的关键;然而在研究过程中,却很可能因为遭遇前述提到的诸多挑战,进而退回舒适圈或停滞不前,甚或简单认为使用资料库检索就是数字人文研究,这些游离态度都有碍于人文学术新形态的发展。虽然数字人文研究受到学界关注已经有一段时间,大环境也逐渐从观望逐渐走向肯定,但很大部分人文与计算机学界的学人仍在等待适当的契机实际投入其中。这时,任何学术机构如能孵化出便于交叉研究与合作的机构,都将为其所覆盖的学术研究者和学习者提供更好的合作机会与更为精进的研究或应用产出平台。

数字人文作为新兴的探索性、合作性极强的研究领域,要求教学及研究者投注相当的时间与心力,并需抱持打破陈规的勇气与面向未来的责任。部分不解其道或意欲取巧的参与者,或许认为只需从数字人文研究中获得一两种新方法或新工具,即可产出看起来高深的研究,这一看法不但牺牲了数字人文的学术性,更可能对人文学科的未来发展产生不利的影响。因此,数字人文学科的建设和人才培养,不仅可以为相关研究者提供长期的教学研究实践,也可为这一人文研究的新方向输送源源不断的新生力量。如何为"数字人文学"的发展建立一个相对安稳、容许探索、容许试错的研究空间场域,亦当是数字人文研究者亟需共同思考的重要问题。

正由于数字人文学是新兴领域，或者有人称其为一门新兴学科，既然是新的，则除了研究的问题意识要新、研究取径要新、研究结果呈现形式要新之外，相关的人才培养方式也得要新，如此在全面的配合之下，才能让这一人文学术的新形态走得更长远，而不致浅尝辄止，进而后继无人。数字人文研究者若是不能沉浸于这门新兴领域的科研与教学中，则其发展必有很大限制；新型数字人文人才若是缺乏有效的培养机制，亦无法可持续地服务于研究与应用。综上所述，唯有通过人才培养规划设计好教育教学机制，建设一个相对稳定的研究温室来呵护养育这门新兴学科，才能真正让数字人文学术研究和人才教育可长可久，获得创新蜕进的广阔前景。

（邱伟云，南京大学历史学院暨学衡研究院副教授；严程，清华大学人文学院讲师）

计算机信息技术在考古文博工作中的应用探索

——以山东大学考古学系的数字化考古教学实践工作为例

唐仲明　陈淑卿

20 世纪 40 年代，现代计算机发明。此后，随着科技的不断进步，计算机信息技术广泛应用于国民经济与社会发展的各个部门，并发挥着越来越重要的作用，考古文博专业在这股浪潮中自然不能置身事外。本文通过山东大学考古学系师生在考古调查、勘探、发掘及资料整理，博物馆教学与研究等方面运用计算机信息技术的实例，讨论相关的应用经验以及将来的发展前景。

一、测绘技术

测绘是指对自然地理要素或者地表人工设施的形状、大小、空间位置及其属性等进行测定、采集并绘制成图。在考古工作中，从考古调查、考古勘探到考古发掘，都需要测绘确定位置、形状、面积等。在后期资料整理工作中，也需要对出土器物进行测绘，以便刊布发掘简报和报告。

传统的测绘方法，技术手段落后，工具简单，测量精度差，成图时间长。近年来，随着计算机技术、光电技术、网络通讯技术、空间科学、信息科学的飞速发展，以全球导航卫星定位系统（GNSS）、遥感（RS）、地理信息系统（GIS）为技术核心，测绘技术有了突飞猛进地发展。考古工作者也越来越多地将现代测绘技术手段运用到实际工作当中，提高了效率，保证了精度，解决了许多过去的“老大难”问题，尤其是定位问题。

1.遥感技术

遥感技术是远距离、不直接接触物体而取得其信息的探测技术，是随现代摄影技术、空间技术与光电技术发展而产生的一门综合性探测技术。遥感考古是采用多种形式，在不同的时间、从不同的角度，从空中对地面进行摄影，利用地貌形态、地物阴影、霜雪、植被及土壤湿度等多种因素在遗址区域所形成的不同标志，揭示地面或地下遗迹的特征线索。

近年来，我国考古工作者与科技工作者（海达数云公司）合作，引入激光雷达技术，采用多元数据融合手段，可以更好地分辨密林覆盖下的地面遗迹。海达公司在我国南方地区（湖北、贵州等地）实施了多个项目，成功地将地表植被干扰消除，找到了部分较为明显的地面墓葬遗迹。

山东大学考古学系在与安徽省文物考古研究所合作开展的凤阳明中都遗址数字考古合作项目中，综合运用航片、卫片（多光谱）资源，结合地面踏查与地下钻探，进一步摸清了明中都皇城的整体布局、遗址分布，为明中都国家级考古遗址公园的规划与建设，提供了最新研究成果的支撑。

2.倾斜摄影测量技术

倾斜摄影技术是国际摄影测量领域近十几年发展起来的一项高新技术，该技术通过从一个垂直、四个倾斜，共五个不同的视角同步采集影像，获取到丰富的遗址（建筑、城市等的）顶面及侧视的高分辨率纹理。通过先进的定位、融合、建模等后期处理技术，可生成真实的带三维坐标数据的三维模型。经过软件处理后，可直接生成传统的大比例尺（1∶1000）二维等高线地形图和政区图等。

相比传统的航测成图，倾斜摄影测量技术的优势是可以用更少的航次，采集到更多、更丰富的数据。缺点是设备整体采购价格偏高，后期处理工作量大，多用于专业的大地测绘与城市规划。该技术在考古工作中的应用探索刚刚开始，主要是应用于古建筑的测绘与三维建模。

3.RTK＋CORS技术

全球导航卫星定位系统（GNSS）支持下的RTK＋CORS技术，为大遗址的控制及精确地面三维坐标的获取提供了坚实的保障。在大遗址研究和保护工作中，除获得精确的大比例尺地形图之外，在涉及考古勘探和发掘工作时，仍然需要获取地面控制点的精确三维坐标，为勘探布点和遗迹测绘提供同步于国家基础大地坐标系统的参照系。传统GNSS系统只能提供精度到米级的坐标点，更高精度的坐标数据需要通过室内后期差分处理才能获得。随着RTK技术（动态差分GPS）以及CORS系统（卫星定位连续运行参考站）的逐步投入使用，考古工作者可以采用RTK＋CORS的模式在野外实时获得厘米级精度的三维坐标信息。

4.地理信息系统（GIS）

地理信息系统（GIS）的引入，为遗址之间关系的研究，引入了新的视角。地理信息系统是在计算机硬、软件系统支持下，对整个或部分地球表层（包括大气层）空间中的有关地理分布数据进行采集、储存、管理、运算、分析、显示和描述的技术系统。随着技术的不断进步，地理信息系统广泛应用于城市规划、公共卫生、国防、资源调查、物流运输等各个方面，在考古学上的应用遍及遗址分析、空间布局等各个方面。[①] 针对校内缺乏师资，但又急需开展相关研究的现状，山东大学考古学系采取与瑞典乌普萨拉大学合作，定期邀请外方专家来华为学生讲授 GIS 在考古学上的应用课程的方式，破解这一难题。

5.山东大学考古学系的实践探索

山东大学考古专业通过对传统设备的熟练使用以及对新技术、新设备的不断学习与引进，已经完整打造出一个贯穿考古调查、考古勘探、考古发掘全过程的数字化测绘工作流程。

(1)在考古调查阶段使用手持式 GPS 标定遗址范围及标本三维坐标，然后在后期室内整理时，利用遥感获得的航片和卫片，结合传统的地形图，使用 GIS 软件进行分析和处理，得出更有启发性的研究成果。从世纪之交开始的鲁东南地区区域系统调查，到薛河流域的系统调查[②]，不仅调查成果在学术界引起了强烈的反响，还产生了 GIS 与调查相结合的学位论文。[③]

(2)在考古勘探阶段，使用航拍(包括前述的倾斜摄影测量)等手段建立拟勘探区域的数字正射影像图(DOM)、数字高程模型(DEM)、数字表面模型(DSM)，在此基础上生成大比例尺地形图(基于数字线划图 DLG)，然后根据前期研究成果和初步勘探结果，结合现场地形，在软件里规划好勘探分区。在现场使用 RTK+CORS 的方式，精确放样布设探孔，并测量探孔的三维坐标。后期在软件中根据钻探结果完成探孔分布图以及典型钻探剖面图。这一工作流程先后在桓台史家、高青店子南、周村逢陵故城、淄博冢子坡、章丘焦家等遗址的调查与勘探中得到了实践及完善，大大提高了放样效率与测量精确度，受到勘探合作方与文物局专家的一致好评。

(3)在考古发掘工作中，使用电子全站仪，在 GNSS 的支持下(给定控制点，保证每日校准全站仪，使所有测绘结果均统一在西安 80 或者国家 2000 坐标系之下)，全面采集发掘区所有遗迹及出土遗物(小件)的三维坐标。在每日的工作总结中，即使用 CAD 软件绘制出当日发掘遗迹的电子图。这一工作流程，保证了图纸的准确性和时效性，减少了人为的工作误差及测量误差，提高了工作的效率，为后期资料整理奠定了基础。

此外，在参与配合基本建设工程的考古工作中，针对工期紧张、地下遗址相对简单的实际情况，创造性地采用了航拍三维建模、结合 RTK 控制点获取精确坐标信息后，直接

① 参见刘建国：《考古与地理信息系统》，科学出版社 2007 年版；张海：《GIS 与考古学空间分析》，北京大学出版社 2014 年版。

② 参见中国国家博物馆田野考古研究中心、山东大学考古学系编著：《山东薛河流域系统考古调查报告》，科学出版社 2016 年版。

③ 惠夕平：《鲁东南沿海地区聚落选址和聚落变迁研究》，山东大学 2011 年博士学位论文。

绘制遗迹总平面图的方法。此方法在配合济青高铁临淄北站建设工程的临淄粉庄1号墓地的发掘工作中，发挥了很好的效果。

二、三维扫描技术

考古发掘工作，是一种不可逆的工作过程。为了将考古发掘的现象保存下来，传统的手段包括文字记录、绘图、照相以及录像。随着技术的进步，三维模型也成为保存遗迹现象的手段之一。目前，有三种主要方法获取研究对象的三维模型：通过三维建模软件，如3D Max、Maya、AutoCAD等制作三维模型；通过三维扫描仪获取三维模型；基于图像的三维模型重建。从考古工作的实际需要来说，后两种方法相对更加符合要求。

三维扫描仪根据其发射介质，可分为激光三维扫描仪和结构光三维扫描仪；根据其是否与扫描对象接触可分为接触式与非接触式。显然，从文物安全角度考虑，采取非接触式扫描仪，是当前的主流。我们通过实际工作发现，三维扫描仪在采集遗迹和遗物的三维数据时，存在着如下的缺点：设备价格高，操作烦琐，后期处理复杂，扫描获取的三维模型纹理色彩还原度不高。

基于图像的三维重建技术是从若干幅图片中计算提取出场景和物体的三维深度信息，根据计算获取的信息，重构出具备很强真实感的物体或者场景的三维模型。与传统的三维建模方式，如利用建模软件以及使用三维扫描仪获取立体模型的方法相比，基于图像重建三维模型的方法成本低、速度快、自动化程度高，因而得到了越来越广泛的应用。在我国考古文博学界，已经有了很多成功的应用。① 在石窟寺考古方向，采用三维扫描仪以及多图像三维建模技术的方法，同样取得了不少研究成果。②

山东大学考古学专业利用多图像三维重建技术，已经构建了包括房址、墓葬、灰坑、古建筑、传统村落、青铜器、佛教造像、画像石、石器、骨器、蚌器等一系列遗迹和遗物的三维模型，并在考古报告撰写、遗产保护规划、公众考古展示、文博考古教学等方面发挥了举足轻重的作用。比如，墓葬平剖面图的绘制，一直以来就是本科田野教学中的难点，现在同学们在掌握传统拉基线测量手工绘图的流程之后，更多的是采用现场拍照，建立三维模型后，再导出二维正射影像图。然后在电脑中采用矢量绘图软件，直接参照正射影像图描摹线图的方法。这一方法的采用，一个是提高了工作效率，将原来在田野工作中需要较长时间才能完成的绘图工作转移到室内，在较短时间内完成；另一个是保证了绘

① 参见周振宇：《多视角三维重建技术在旧石器时代遗址田野考古中的应用》，《考古》2016年第7期。

② 参见田继成等：《三维激光扫描技术在云冈石窟13窟数字化中的应用》，《城市勘测》2014年第4期；谭登峰等：《三维激光扫描仪在四川石窟寺考古测绘中的运用与思考》，中国古迹遗址保护协会石窟专业委员会等编：《石窟寺研究》第4辑，文物出版社2013年版，第334～342页；李志荣、刁常宇：《探索数字化时代石窟寺田野考古的新方法》，中国古迹遗址保护协会石窟专业委员等编会：《石窟寺研究》第5辑，文物出版社2014年版，第219～228页。

图的精确性和质量,减少了在田野工作中各种不利因素产生的测量误差。再如,传统的古建筑测绘,需要人工攀爬到屋面上进行实地测量,现在采用三维扫描仪,成百倍地提高了工作效率,减少了危险,提高了精度。

此外,在田野考古发掘过程中,做到了对整个发掘区进行定期的三维模型数据采集,对重要的遗迹(如规格较高的墓葬,或者堆积复杂的灰坑等)每天进行三维模型数据采集。这样在后期的资料整理以及学术研究中,就有了一个可以进行全方位观察、研究和讨论的基础。

在石窟寺考古工作中,三维扫描技术也发挥着越来越重要的作用。特别是一些摩崖造像,多雕刻在山崖上、山谷边,地势险要,崖壁前空间狭小,按照传统方法,几乎无法进行调查和资料收集工作。自然环境的限制,制约了基础材料的收集与发表,使得深入研究无从谈起。山东大学考古学系的师生,利用三维扫描仪,结合多图像三维重建技术,对平阴洪范池、济南黄石崖、济南玉函山等多处摩崖造像进行了三维数据采集实验,并根据实验结果修改、完善技术路线,目前已经构建出几处摩崖造像的三维模型。根据模型绘制出摩崖造像的龛窟分布图及造像的实测图,为调查简报的撰写提供了条件。

三、数据库技术

考古调查与发掘工作,必然会产生海量的信息。博物馆工作者也需要更深入地了解藏品信息。各级文物行政管理部门,同样需要对辖区内所有遗迹、遗物的信息进行管理。如何更好地存储、管理、分析所有这些数据信息,就成了摆在考古文博工作者面前的一大挑战。

目前,微软公司提供了基于 WINDOWS 系统的小型数据库软件 ACCESS 和 FILEMAKER,方便使用者在此基础上进行适应性再开发和使用。许多考古单位,如北京大学、吉林大学、山东大学等已经使用这些软件编制了适合各自考古调查与发掘任务的信息管理数据库,极大地提高了工作效率。另外,有些敏锐的商业公司也瞄准了考古信息化这一细分市场,纷纷推出服务于考古调查与发掘的数据库软件(如海达数云公司)及博物馆藏品管理软件(博科、易福、中科东策等)。各大博物馆也都在技术支持下开发了适用于本馆的相应软件。在第一次可移动文物普查工作中,国家文物局基于普查结果,也已经构建了一个内部的工作数据库,完成了全部数据的采集、录入、分类与信息统计工作。

四、虚拟现实(VR)技术

虚拟现实技术是一种可以创建和体验虚拟世界的计算机仿真系统,它利用计算机生成一种模拟环境，是一种多源信息融合、交互式的三维动态视景和实体行为的系统仿真。这一特征使得它特别适合博物馆（文化遗产）的展示和体验，使参与者能够沉浸到该环境中，有身临其境的感受。

山东大学考古学系借申报“国家级虚拟仿真实验教学示范中心”的契机，利用2001年成立的山东大学虚拟仿真考古实验教学中心历年来积累的数字化资源（一万余件馆藏文物的数字化成果），与山东大学计算机学院和上海尚特公司合作，开设了考古调查与发掘、科技考古、博物馆教育三个虚拟教学实验平台。其中考古调查平台完成了初步开发，进入测试和试运行阶段。博物馆陈列设计平台，已经投入到文物博物馆专业学生的课堂实践教学工作当中。

十余年来，山东大学考古学系在各级领导的支持下，坚持不懈地探索计算机信息技术在考古学上的应用。主要有以下几点体会：一是充分利用综合性高校的资源优势，打破院系壁垒，与计算机学院开展了多年的深层次合作，共同完成了“山东大学博物馆数字化”“博物馆陈列设计虚拟仿真平台”“数字考古与虚拟考古关键技术研究”等一系列研究课题。二是走出去，多交流、多学习，与中国社会科学院考古研究所、北京大学虚拟仿真国家级教学示范中心、浙江大学文化遗产研究院等单位保持着密切的联系，随时注意吸收兄弟单位在数字化考古工作中的先进经验，并运用到自己的考古教学与科研工作当中。三是勇于实践，通过参与文博单位的各类项目（故宫博物院、浙江省文物考古研究所、安徽省文物考古研究所、南京博物院等），实地检验技术路线，根据实验结果和工作要求，不断改进和完善，最终形成针对不同对象的、行之有效的工作方法、工作流程，既解决了项目单位的实际需求，也为教学与科研工作积累了经验，搜集了材料，形成了良好的正反馈效果。

（唐仲明，山东大学历史文化学院考古学系教授；陈淑卿，山东大学文化遗产研究院副教授）

文史数据库在历史学本科教学中的普及与运用

马　光

数字人文(Digital Humanities),是近年来人文社科领域较为热门的研究趋势之一。目前,学者通常将数字人文定义为:以计算机、互联网等信息化工具为主要手段,通过数字化、可视化、量化等处理方法,对人文社科问题进行研究的方向或者领域。[①] 数字人文包含的领域广泛,为人文研究开启了多种新维度,如快读、远读、共读等。同时,数字人文的运用,也为学者提供了新的思维方式,促使一些新问题的诞生。

目前,国外多所大学和科研机构已成立相关的研究中心,如牛津大学数字研究中心(The University of Oxford's e-Research Centre)、伦敦大学学院数字人文研究中心(UCL Centre for Digital Humanities)。一些大学也开发了一些研究工具和数字人文项目,如哈佛大学主导的"中国历代人物传记资料库"(CBDB)、"中国历史地理信息系统"项目(CHGIS),耶鲁大学主导的"广厦千万间"项目(The Ten Thousands Rooms Project)、普林斯顿大学主导的"中国互赠诗"项目(Chinese Exchange Poems Project),等等。[②] 数字人文组织联盟(The Alliance of Digital Humanities Organizations,ADHO)是数字人文领域的中介组织,其目标是促进和支持横跨计算机领域和艺术、人文、社会领域的数字人文研究与教学,其成员来自全球各国,包括文本分析、电子出版、文档编码、文本研究和理论、新媒体研究、多媒体、数字图书馆、增强现实应用、互动游戏等领域的一线研究者,涉及英语、历史、法语、现代语言、哲学、戏剧、音乐、计算机科学和视觉艺术等多个学科。[③]

武汉大学数字人文研究中心是中国高校的第一个数字人文中心,建立于 2001 年。该中心为数字人文中心网络(centerNet)旗下亚太数字人文中心网络(Asia-Pacific DH

① 参见《新机遇与新可能:数字人文视野下的历史学》,《光明日报》2020 年 8 月 31 日。

② 参见朱本军:《重视新文科的数字基础设施建设》,《中国社会科学报》2020 年 8 月 28 日。

③ 参见武汉大学数字人文研究中心网站,http://dh.whu.edu.cn。

centerNet)的成员单位，至今仍是中国大陆地区唯一的数字人文中心。南京大学高研院建有数字人文创研中心，该中心以“聚焦数字时代焦点问题研究”为导向，提倡以“数字人文”为跨学科研究驱动。2007 年，台湾大学成立“数位典藏研究发展中心”，2012 年改名为“数位人文研究中心”。台湾政治大学也成立了“数位人文研究中心”。2015 年，香港公开大学成立“数码文化与人文学科研究所”，举办相关会议，推动数字人文的学术交流。上海大学、北京大学、南京大学、南开大学、清华大学等多个内地高校陆续举办多场数字人文相关的主题会议，引起了学界的强烈关注。[①]

尽管数字人文的发展取得了一定的成绩，然而，在热闹背后，我们应该看到，国内大部分高校并未展开数字人文在教学中的普及与运用。这可能是由多方面的原因造成：一是数字人文为新兴方向，多数学者接触不多；二是数字人文为跨学科的研究领域，不但需要人文相关知识，也需要掌握一定的计算机技术。这就导致数字人文相关人才的匮乏，进一步导致相关教学和培训的缺失。在历史学本科教学过程中，笔者发现诸多学生连最基本的数据库都未能掌握，遑论灵活运用建立在这些数据库之上的数字人文研究方法。

针对以上现状，笔者认为，可以从最基础的数据库入手，培养学生对数字人文的初步认识和兴趣。目前，各类文史类电子资源浩如烟海，初学者往往不得门径，易陷入茫茫林海中乱打乱撞。针对历史学本科生，我们应选取最精华与最实用的内容，不必太多求全，意在引导学生尽快入门，激发其探索兴趣。结合近年来的教学与科研经验，笔者认为大体可从中外文电子书、论文、综合数据库等几方面着手。

一、中文电子书

1.读秀/超星：http://www.duxiu.comp。商业数据库，科研单位一般都会订购。其镜像网站(如全国图书馆参考咨询联盟：http://www.ucdrs.superlib.net)可提供免费试读，毋须注册。读秀为全球最大的中文电子书网站，不但包括 430 多万种电子书，也包括期刊、报纸、学位论文、外文资料等，总页数超 10 亿。图书馆通常会购买一部分的电子书全文，可下载全本，但是为加密格式，需要用超星自身的软件才能打开。该库的一个特色功能是可提供全文检索，即在“知识”一栏，搜索全网站电子书的文字内容，这就为研究者提供了极大的帮助。绝大部分电子书，可以试读或文献传递。试读页以图片形式展现，可以放大阅读，也可以一页一页地右键另存为图片形式保存到电脑上。文献传递有页数限制。

2.大学数字图书馆国际合作计划：http://cadal.edu.cn/index/home。其前身为 2000

① 参见徐力恒、陈静：《我们为什么需要数字人文》，《社会科学报》2017 年 8 月 24 日。

年发起的"中美百万册书数字图书馆合作计划",免费注册、阅读。目前有266万册中外文图书,以中外文古籍、民国文献、老照片等为主。新网站改版后,比之前进步不小,操作界面友好。目前,该项目的共建单位有121家(中国81家、亚洲18家、欧洲5家、北美17家),共享单位686家。该图书馆已将四库系统、四部丛刊都全部上线,可免费阅读,非常便利。

3.国学数典论坛:http://bbs.gxsd.com.cn/forum.php。民间最流行的文史类古籍交流论坛。该论坛也有一些研究论著的分享栏目,电子书主要来自读秀和国外机构,少量为上传者自扫。在目前版权意识渐强的情况下,该网站面临最大的挑战就是版权问题。

4.爱如生:http://er07.com。全球最大的中文古籍数据库公司。中国基本古籍库、四库系列数据库为其主打,另有方志库、谱牒库、金石库、丛书库、历代别集库、明清档案库、敦煌文献库等古代典籍数据库。此外,还提供近代文献数据库,如申报、大公报、民国日报、顺天时报、红色历史文献库等。以上数据库,均需购买后方可使用,且价格较为昂贵。

5.爱如生古籍论坛:http://forum.er07.com。爱如生公司提供的中国古籍免费论坛,注册后可自由下载,包含常见的四库系列、方志舆图、金石考古、海外大型图书馆古籍等系列资源。最近大概因为版权问题,该网站暂时关闭。

二、中文期刊杂志报纸

1.中国知网:https://cnki.net。全球最大的中文期刊网站,提供简单检索、高级检索、专业检索等检索方式。因其收录期刊最为齐全,且有些是签署协议,独家收录,渐成垄断,几乎每家研究机构都会订阅该数据库。据闻,近年来价格一直飞速增长。

2.国家哲学社会科学文献中心:http://www.ncpssd.org/index.aspx。提供中文期刊、外文期刊全文,主打中文期刊。目前收录期刊数和篇数,不如中国知网、维普等丰富,但全网注册后即可免费阅览、下载。除期刊外,该网站还有免费的古籍阅览,截至目前,已收录古籍7720册。

3.维普期刊:http://www.cqvip.com。偏重科技类期刊论文,收录期刊的种类不够齐全。

4.晚清、民国期刊全文数据库:http://www.cnbksy.com。《晚清期刊全文数据库》收录了1833～1911年间302种期刊,几乎囊括了当时出版的所有期刊,共28万余篇的文章。《民国时期期刊全文数据库》(1911～1949)收录民国时期出版的期刊两万五千余种、文献1000多万篇。两者均可全文检索、PDF下载,比较方便。

5.香港旧报纸数据库:https://sc.lcsd.gov.hk/TuniS/mmis.hkpl.gov.hk/web/

guest/old-hk-collection。香港公共图书馆开发,提供由香港开埠至现时的主要旧报纸免费网上阅览。主要有《香港工商日报》《香港华字日报》《大公报》等。该数据库开发较早,但后期基本上没有更新,所以其界面比较原始,已不太适应现代网络的发展需求。

三、国外电子书与期刊报纸

1.Internet Archive:https://archive.org/index.php。全球最大的公益性电子书网站,成立于1996年。所收电子书主要为外语古籍和部分中文古籍(如"四库"、海外图书馆的特藏等)。此外,尚有海量的期刊杂志、老照片、录音、视频、网页等。该网站和一些大图书馆有密切合作关系,部分资源来自微软和谷歌所扫描的电子书。

2.Google books:https://books.google.com。谷歌图书,本来雄心壮志,将古今中文图书一网打尽,一统电子书江湖,后因版权问题搁浅。目前,除书目检索外,一些非版权电子书可全文下载,部分有版权的电子书可在线试读。

3.HathiTrust:https://www.hathitrust.org。公益性电子书网站,内有大量公版书可全文浏览或部分阅读,大部分图书可全文检索。不同国家的IP浏览权限不一。该网站和一些图书馆有合作,图书馆可通过合作或购买的方式,获取更高的阅读和下载权限。

4.世界数字图书馆:https://www.wdl.org/zh。联合国教科文组织协办的电子书网站,于2004年正式启动,总部位于巴黎。该网站包罗万象,提供图书、地图、手抄本、影片与照片等,供全球读者免费阅览和使用。该网站为联合国教科文组织和世界32个公共团体合作建立,使用者可以用阿拉伯文、简体中文、英文、法文、葡萄牙文、俄文和西班牙文等多种语言查询。作品精选自全球各大图书馆藏品,数量虽然不太大,但多为精品。

5.Library Genesis:https://libgen.is。245万册电子书(32.22TB)、8000万篇文章,均可自由下载。该网站除下载外,还可以自行上传,故其来源多样化,图书种类繁多。

6.Booksee:http://en.booksee.org。基本同Library Genesis。

7.各类常用的外文期刊数据库导航:https://dwz.cn/04OMn1iC。较多,不再一一列举,在图书馆电子资源导航处,按分类查询即可。

8.美国国会图书馆旧报刊数据库:https://chroniclingamerica.loc.gov。可全文检索,免费在线阅览和下载。该数据库收集1777~1963年间美国发行的报刊杂志3000多种,操作界面友好,清晰度也较高。

9.欧洲数字图书馆:https://www.europeana.eu/en。2004年12月,Google启动建造全球最大的数字图书馆计划,对欧洲各国图书馆产生巨大冲击。为使欧盟国家的人民充分了解本国历史瑰宝和文化遗产,从而与Google抗衡,法国于2005年4月组织欧洲19个国家联合创建数字图书馆,希望在数字图书馆方面形成统一的欧盟体系。

Europeana 最初命名为"European Digital Library",但随着越来越多的博物馆、美术馆等机构加入,该名称已不够准确,于是更名为 Europeana(拉丁文,意为"things European")。Europeana 建设目标是通过构建统一的网络平台来整合欧洲具有代表性的文化遗产资源,如古籍、旧报纸、绘画、照片、音乐、文物等,为人们了解欧洲历史文化提供一站式浏览与检索服务,实现欧洲数字文化资源更广泛的传播与共享。[①]

10.大英图书馆旧报刊数据库:https://www.britishnewspaperarchive.co.uk。可全文检索,收费,个人可注册缴费,收费合理。对于研究世界史或中英关系史的学者而言,此数据库为必备工具。

11.韩国历史文献相关网站大汇总:https://www.haijiaoshi.com/archives/156。韩国目前保留了不少的古籍,其中很多都是用汉字写成的,比较著名的有《高丽史》《高丽史节要》《朝鲜王朝实录》《承政院日记》《备边司誊录》等。这些资料,有的已经影印出版,有的虽尚未整理出版,但是很多都已经扫描发布到网上了,可以免费查阅甚至下载,这就给学术研究带来了不少的便利。

12.日本国会图书馆电子资源:https://dl.ndl.go.jp。另外还有东洋文库,以及早稻田大学、东京大学、京都大学、日本外务省外交史料馆等图书馆的电子书资源,可自行搜索。

13.Gale Scholar-Archives Unbound:https://dwz.cn/0bz5szYB。Gale Scholar 是 Gale 公司的大型数据库集成产品,为用户呈现 1 亿 7000 万页、跨越全球 500 年历史的珍稀原始文献资源,最早的历史资料可追溯到 15 世纪,资料类型包括图书、地图、照片、报纸、手稿、期刊、视频和音频等。资源异常丰富,价格自然也非常昂贵,国内一些大型图书馆已有订购。内有大量中美关系史、中国海关总税务司等档案史料,强烈推荐!

四、搜索引擎

鸠摩搜索:https://www.jiumodiary.com。目前最稳定、功能最强大的电子书搜索引擎。其他引擎也有,如大力盘、超能搜、大圣盘等,但不稳定,内容杂七杂八,感兴趣的话,自己搜索即可。

五、书目联合检索网站

对于本校图书馆没有的图书,如何以最便捷的方式查询其他图书馆馆藏信息?这时

① 参见汪静:《Europeana 发展现状及启示》,《数字图书馆论坛》2017 年第 3 期。

候,就需要联合检索目录了。

1.WorldCat:https://www.worldcat.org。全球最大的图书与期刊联合目录,多语种,集成了全球各大图书馆的馆藏目录,目前有20亿笔资料目录。可注册,建立自己的书目库,支持书目导出、引用等。

2.开世览文:http://www.cashl.edu.cn/portal。中国高校人文社会科学文献中心,提供多所主流高校的联合目录检索服务(虽然不太精确),可提供图书馆馆际互借服务。本校图书馆没有的图书,可通过这个平台,或中国高等教育文献保障系统(http://www.calis.edu.cn)申请馆际互借。

3.山东大学图书馆馆际互借专属服务入口:http://lib.cnlsp.cn/reader/index.html?tenant=a000582&auth=true。

六、综合数据库导航

1.山东大学图书馆数据库导航:http://www.lib.sdu.edu.cn/dataBank/digitalresource.html。

2.香港大学图书馆数据库导航:https://libguides.lib.hku.hk/az.php。华语学术圈中,购买中外文数据库最多的图书馆之一。

3.哈佛大学图书馆数据库导航:https://dwz.cn/RWvoupQA。数据库繁多,仅供开眼界。

4.中国国家图书馆数字资源:http://www.nlc.cn。内有古籍、民国图书、民国期刊等免费数据库,以及部分商业数据库,可注册后使用。

5.上海图书馆数字资源:https://library.sh.cn。同国图。尤其是家谱特藏系列,部分提供全文阅读。

以上仅为基础资源导航,不免挂一漏万,但大致已将重要的文史电子资源做了简要介绍。与传统的书本教学不同的是,数据库的教学,需要较强的实践操作能力,这就对教学提出了更高的要求。在教学中,一方面需要介绍这些数据库,另一方面需要学生通过具体的实践来掌握相关数据库的应用技术。掌握这些基础数据库之后,学生可根据自己的兴趣和研究需要,做进一步的拓展工作。

在具体教学实践中,笔者认为应考虑理论与实践相结合的教学方法。课堂上,教师可先将一些基本的数据库,按照学科的实际情况,分门别类,加以简要介绍,以便让学生有一个概览。这部分内容,教师可以先设定一个主题,比如“电子书网站”,然后让学生分组去自己查找相关资源,并在课堂上作报告、汇总和总结。这样做,可以调动学生的积极性和主动性,避免被动的接受和“填鸭式”的教学。只讲不练,效果不佳,故还需要加上实践部分。实践部分，教师可以布置一个主题，比如"从近代外国报纸看孙中山""Gale数据库中的鸦片史"等，或让学生选择一个自己感兴趣的问题，检索相关数据库。教师在总结时，可重点考察和点评以下几方面的内容，如检索思路、关键词选取、所用数据库是否齐全、是否掌握高级检索功能等。通过具体检索案例教学，教师能让学生迅速掌握相关检索技巧，以便为将来更为复杂的数字人文研究打下坚实基础。

（马光，澳门理工大学人文及社会科学学院副教授，山东大学兼职博士生导师）

基于建构主义教育理念的新生导读课教学创新*

——“媒体识读”教学设计与实施

赵爽英

针对大一新生开设导读性课程，使其顺利完成从中学到大学的衔接，一直是各国高等教育机构探索的方向之一。20 世纪 80 年代，美国高等教育机构探索出新生研讨课模式。美国的新生研讨课共存在五种课程模式：扩展性新生教育课程、基础学习技能研讨课、单一主题研讨课、多主题研讨课和专业研讨课。① 其中，前两类课程属于适应性转换的新生研讨课，后三类课程属于学术性转换的新生研讨课。② 该类课程一般采用小班研讨的方式，人数为 15～25 人。③ 主要教学方式是：在教授主持下，就师生共同感兴趣的某一问题，以小组方式进行讨论与探究，形成师生和生生之间的有效互动。④ 调查发现，此类新生研讨课能够促进学生的学习成果，对学生学习能力、团队精神的培养以及专业方向选择、毕业率的提高都有积极意义。⑤

受美国高校新生研讨课模式启发，21 世纪初，我国一些高校也陆续在本科教学改革中引入新生研讨课。如南京大学从 2007 年开始尝试开设新生研讨课，并以学科导引式、前沿专题式、实践探索式和跨学科式四种范式设计课程，取得了比较明显的教学效果。⑥中国人民大学将新生研讨课设定为新生教育与学术引导有机结合的混合型研讨课，解决

---

* 2019 年西北大学教学成果培育项目“新闻传播学科实践教学模式的创新”(XM05190120)的阶段性成果。

① 参见黄锦坤：《美国大学的通识教育》，北京大学出版社 2006 年版；林冬华：《美国新生研讨课全国调查 20 年：背景、发展与启示》，《中国高教研究》2011 年第 11 期。

② 参见王辉、潘敏：《新生研讨课发展历程及中美新生研讨课类型划分》，《教学研究》2013 年第 6 期。

③ 参见丁宜丽：《新生研讨课：美国本科教育的特色课程》，《中国大学教学》2005 年第 8 期。

④ 参见张红霞：《美国大学的新生研讨课及其启示》，《中国大学教学》2009 年第 11 期。

⑤ 参见徐波：《美国高校新生研讨课的现状、特点及启示——基于三次全美高校新生研讨课调查结果的分析》，《现代大学教育》2012 年第 2 期。

⑥ 参见蔡颖蔚等：《南京大学新生研讨课的探索与初步成效》，《中国大学教学》2010 年第 9 期。

大一新生的学术性、学习适应性问题。[1] 上海大学新生研讨课的课程设置，并不以知识传授为主要目的，而以改变学生的知识观和学习观，培养学生好奇、发问、探索、兴趣等为主要教学目标。[2] 上海大学原副校长叶志明总结其为新生开设的研讨课"大学学什么"时指出，此类课程应具备这样几个特征：课程短暂却能引发学生的思考与讨论，小题大做而非知识的密集讲授，案例式教学而非系统性讲授等。[3]

由于多种原因，新生研讨课模式并未在全国高校普遍推广，一些院校采用了专业导读课或通识课的方式完成大一新生的学习转型。在授课方式上，不少高校则采用大班授课模式。大班授课的问题是，由于学生人数较多，小规模的研讨活动往往难以有效展开，整个教学活动的设计与执行都必须考虑学生人数多带来的问题，例如教学互动问题、学习反馈机制设计问题、调动全班同学学习积极性问题等，均与小班授课不同。同时，面向专业院系开设的新生导读课，也需要和本业发展方向及专业培养目标相结合，制定更符合专业面貌的新生导读课。

我从 2017 年开始为西北大学新闻传播学院新生开设专业导读性课"媒体识读"，学生人数在 120 人左右。在教学实践中，大班授课出现的问题给教学活动的有效展开带来不少困难，课堂教学活动的组织方式以及教学内容的设计等，都会遇到以往教学中不曾遇到的教学难题。在解决这些难题的过程中，我借鉴了国内外新生研讨课中包含的建构主义教育理念，结合专业特点与学情面貌，探索出较为适合大班授课的专业导读课教学模式，积累了一些较有成效的教学经验。

一、专业特点、培养目标及教学思路的设定

新闻传播专业的培养目标，一方面是培养适应现代媒介发展需要的专业人才，另一方面也为社会输送具备媒介处理能力的复合型人才。认识媒体、了解媒体，是新生进入专业学习的第一步。

从学科特点看，新闻传播专业为应用文科，实践性较强，专业技能学习与学生的专业理论相辅相成，甚至可以说，大量专业理论来自于实践；同时，理论的认知高度又决定了学生业务能力的深度。实践是理论的源泉，理论是实践的灵魂。仅重视理论不重视实践，学生会流于"纸上谈兵"；但是过于强调实践而忽视理论，又会使学生落入"匠人"的窠臼，缺少创新性和开拓性。只有理论与实践并重，才能培养出适应媒介发展需要的高素质人才。媒介技术的发展，不断推动着新闻实践与理论的突破与创新，要适应社会现实

---

① 参见旋天颖、黄伟：《大学本科新生研讨课的经验与分析》，《中国大学教学》2014 年第 2 期。

② 参见叶志明：《大学新生研讨课"大学学什么"教学札记》，《中国大学教学》2017 年第 4 期。

③ 参见叶志明：《大学新生研讨课"大学学什么"教学札记》，《中国大学教学》2017 年第 4 期。

的快速变化，教学活动就需要从激发学生自我学习能力中寻找突破点。

此外，新世纪的大学生的媒介素养也在不断发生变化。作为“网络原住民”，大部分“零零后”学生更熟悉社交媒体的使用，懂得如何利用网络资源完成学习任务。同时，他们更适应虚拟社交模式，反而不习惯现实课堂中面对面的交流方式。学生媒介素养的变化，既给教学活动带来挑战，也带来机遇。

面对种种变化，新闻传播专业的新生导读课应该教什么，如何教，我在建构主义的教育理念中找到了教学设计的灵感。建构主义的教育理论中，知识不是被动接受，而是认知主体主动建造起来；知识是开放的，知识的建构具有社会性，个人知识的习得过程也是开放的。在具体的教学活动中，学生成为建构知识的主体，教师需要从学生自身的实际情况出发，引导学生通过新旧经验的相互作用，丰富和改造已有的知识经验，完成新知识的主动建构，并鼓励他们探究复杂的知识问题，发散思维。①

建构主义教育理念对解决新闻专业教学困境有重要意义。建构主义学习理论强调以学生为中心的学习方式，并十分关注对学生原有知识经验的提炼、转化。既然在互联网环境下成长起来的“零零后”大学生具备丰富的媒介经验，为何不以此为起点进行教学设计？与此同时，新闻传播学科理论的快速变化，也让学科知识变得更开放，恰恰顺应了建构主义知识观中“知识开放性”的理念。故建构主义教育理念下的新闻人才培养，应强调从学生原有的媒介认知出发，通过建构性的课堂教学设计，引导学生将原有媒介感知和媒介经验转化为专业认知，并在兴趣驱动下主动建构专业知识，寻找学习方向，为专业学习打下基础。

基于建构主义教育理念，我坚持以“专业转化”为核心思路进行教学设计，通过研讨型教学活动的设计，引导学生重新审视习以为常的媒介现象；通过专业实践重塑学生的媒介实践体验。在此过程中，一步一步将学生将原有的媒介认知引向学科化的理论学习和专业化的实践训练中。

二、研讨＋实践的教学设计

根据教学目标，我将媒体识读的课程内容设计为两条线索：知识研讨线索和实践体验线索。两条线索相互配合，并行展开。知识研讨在先，实践在后。具体做法是：先在知识点内进行研讨式教学，即围绕一个知识点，让学生通过观察媒体提出问题，然后进行课堂研讨；在研讨活动之后，马上布置实践性作业。这样设计教学流程目的，是先让学生重新审视习以为常的媒体，通过课堂研讨，反思、反观和批判；然后再进行专业实践，通过制

① 参见高文等主编：《建构主义教育研究》，教育科学出版社2008年版。

作完成一个媒体产品,体会个人化的媒体实践与专业新闻生产之间的差距,进一步感知新闻传播专业的专业性。这样设计教学流程的内在逻辑是:学生在没有进入新闻传播专业学习之前,是以受众身份接触媒体,当开始专业学习后,需要将受众身份转化为生产者的身份,这个转化过程,就是激发学生思考本学科专业性的过程。

根据"媒体识读"的基本知识框架,我设计了三个教学模块:认识媒介技术、认识媒体内容、理解媒体与社会。在每个教学模块内,按照"观察媒体并提出问题→课堂研讨→媒体实践"这样的流程推进。由于新生专业知识薄弱,故在媒体观察任务中,我一般都会给学生提供必要的分析框架,要求学生按照给定的框架展开媒体观察与问题探究。在实践性作业布置中,则给学生提供可模仿或参照的作业模板,让学生"照葫芦画瓢",使实践作业既有难度,又不至于无法完成。如此设计,既能充分挖掘学生原有媒体实践经验,又能让他们感觉到专业媒体生产的难度,体会专业媒体生产与个人媒体使用的差异。

比如"认识媒体"的知识模块中,我给学生布置的作业分为三个层次:先选择一个媒体进行观察,在给定的框架下汇报观察结果,这是第一层次作业。紧接着,我会就学生观察媒体的结果提出问题,并设计课堂研讨的题目,让各小组课下准备,课上讨论。这是第二个层次的作业。完成课堂研讨之后,我会再布置第三层次的作业,媒体实践——完成一份校园社区报,或者拍摄一个校园生活短视频,进一步体会专业媒体生产。三个层次的作业包含着教学设计的建构主义思路:将学生已有的媒介感知转化为媒体观察,通过课堂讨论达到专业性认知,最后进入专业实践。

为了体现专业教学的学科前沿性,在设计课堂讨论题目时,我会将最新的学术前沿问题融入到课堂讨论中。比如在"媒介技术"知识模块的讲授中,我给学生布置的课堂讨论题目是:"互联网时代,传统媒体会消失吗?"这个话题涉及本学科很多前沿理论知识,学生通过课堂讨论,不仅能够感知到媒介技术在整个学科知识体系中的位置,同时也能够触摸到学科发展的最新前沿。

在媒体实践的教学活动中,专业感知需要通过确立作业标准、完善作业点评等方式呈现,点评者可以是老师也可以是专业媒体人士。通过媒体实践引发学生思考的问题是:专业媒体生产和个人化媒介实践(尤其是社交媒体实践)的差异点在哪儿?理论研究和专业实践的关系是什么?这些问题都在激发学生思考学科专业性。

三、教学活动的组织与设计

对于大班课堂,研讨和实践都需要很好的教学组织,否则难以产生有效的教学效果。在几年的教学实践中,我逐渐认识到,教学平台和教学手段的拓展、学习小组的组织以及学习反馈机制的设计,对实现教学目标具有关键作用。

教学平台是教师与学生产生教学互动的公共领域。以往，这个领域主要是教室，教学活动也主要在教室内完成。教室对学习活动的约束显而易见，尤其是实践教学，很难在教室中完成。要突破教室的时空约束，就必须有延展教学活动的教学平台，实现课堂教学的开放性。此外，教学手段的多元化，也能帮助教师打破讲与听的单一教学模式，让教学活动更丰富。

多年教学实践中，我发现利用学生常用的网络软件、手机 App，不仅能建立服务于课堂教学的互动平台，同时还能提供更多教学手段，丰富教学形式。例如，大班授课中师生之间的互动很难有效展开，社交媒体则提供了很好的交流途径。课程教学中，我一般都会建立专门服务于课堂教学的微信群或 QQ 群，某些课堂上没有解决的问题，可以通过微信群或 QQ 群课下解决；课下学习中遇到的问题，可以随时通过微信群或 QQ 群解决。问卷星是我最近几年开发出来的教学工具之一。这个软件的功能原本是问卷调查、考试或者投票，但是通过巧妙设计，完全可以成为课堂中丰富教学形式的工具。比如，知识点理解考试、学习问题反馈以及作业投票评比等，都可以借助问卷星完成。百度网盘具有强大的存储功能和半开放性特点，能够实现课程资料分享、作业提交等功能。

多样化教学平台对教学活动的支撑效果非常明显。一部分教学内容可以借助教学平台延伸到课下，课堂教学内容可以更凝练、更有效。同时，课堂教学的开放性得以实现。更为重要的是，学生经常使用这些服务于教学活动的软件，并不需要投入额外资金，也无需学习使用方法，学生用起来方便、顺手。唯有教师需要经常了解学生们的媒体使用习惯，不断更新软件，并将之开发利用，丰富教学形式。

由于学生人数较多，组建学习小组是应对大班授课的有效方法之一。在多年教学实践中，我发现组建学习小组容易，进行有效团队合作不易。学习小组的有效性，与组长的组织能力、同学之间的合作关系以及每一位同学的投入度都有关联。经过实践，我发现多次分组并注重细节，是实现学习小组有效性的较好途径。

多次分组需要一定的技巧。一般而言，在不同学习阶段，要有不同的分组形式。一个学期内，我一般会进行 2～3 次分组。第一次分组是在开学之初，由于新生之间较为陌生，故按照学号、男女比例搭配、生源地等因素进行分组，组长由教师指定或学生自荐。经过两次小组作业后，全班同学开始相互了解，同时组内矛盾也会出现，此时需要重新分组。第二次分组，全班同学可以按照各自意愿自由结合。此次分组，我会要求各小组进行自我命名。“零零后”学生很在意自我标签的设计，小组命名能够很好地提升小组认同感，加强学生合作意识。第三次分组往往是根据作业内容展开（一般布置拍摄视频的作业），以完成作业为目标聚合有共同兴趣的同学。多次分组的好处是能够及时解决小组合作中的问题,使小组学习更高效。

学习小组的建立,能够分解大班教学的压力,增加师生、生生互动,培养学生的团队意识与合作能力。当然,学生的复杂性也常常让学习小组的合作出现各种问题,教师要以各种方式不断释放小组内部矛盾,并通过学习目标的设定以及有效评价机制的设计,将小组合作引向积极方向。

有效评价和反馈机制,既能为学生的学习结果提供参照,也是对学生学习热情的激励。结合学习小组的分配,我设计了三种教学评价模式:第一种相对简单,就是通过作业打分排序,以此呈现各个学习小组任务完成情况,或者全班投票评选最佳小组作业,让学生们进行自我评价。第二种反馈模式是邀请专业媒体人进行作业点评,同时与学生们进行课堂互动。第三种反馈模式是寻求学生作业的公开发表。如将优秀学生作业通过微信公众号发表,让学生从作品的公开发表中获得成就感。当然,我也会将优秀作品推荐到校园媒体或者地方社会媒体,让学生在与校园媒体或地方社会媒体的接触中,更深刻领悟专业媒体的要求和标准。

学习反馈也要及时,否则学生的学习兴趣很容易因时间过久而降低。及时且用心的学习反馈,是鼓励学生跟上老师步伐的积极手段。很多时候,教学效果不尽人意,并非是教学本身的问题,而是课堂组织方法、教学时机把握等等方面出了问题。在以学生为中心的教学设计中,感知学生心理活动与学习情绪,也是教育者必须拥有的教学能力。

结 语

通过多元教学平台建设、学习小组的组建以及教学反馈机制的设计,"媒体识读"课很好实现了"研讨+实践"的课堂教学设计。学生在媒体观察与媒体实践中,不断感知学科专业性,逐步确立起正确的专业学习方向。经过多年教学实践,"媒体识读"也取得了较好的教学效果,不仅学生满意度高,学生的专业学习能力也有明显提升。此外,大量课堂作业获得公开发表,为学生积累了学习成果,不少课堂作业还成为学生此后申报各类竞赛项目的原始素材。

但是,"研讨+实践"的新生导读课教学,对教师提出更大挑战。在不同教学活动中,教师的身份有时是研究者,有时又是策划人、导演,甚至是主持人、裁判员——各种角色都需要教师一人完成。教师不仅需要扎实的专业知识与专业技能,同时还需要有充分的课堂组织能力和协调能力,对教师的个人能力提出更高要求。

(赵爽英,西北大学新闻传播学院副教授)